東京骨灰紀行

小澤信男

章蓓蕾——譯

目錄

01

閒情漫步逛兩國

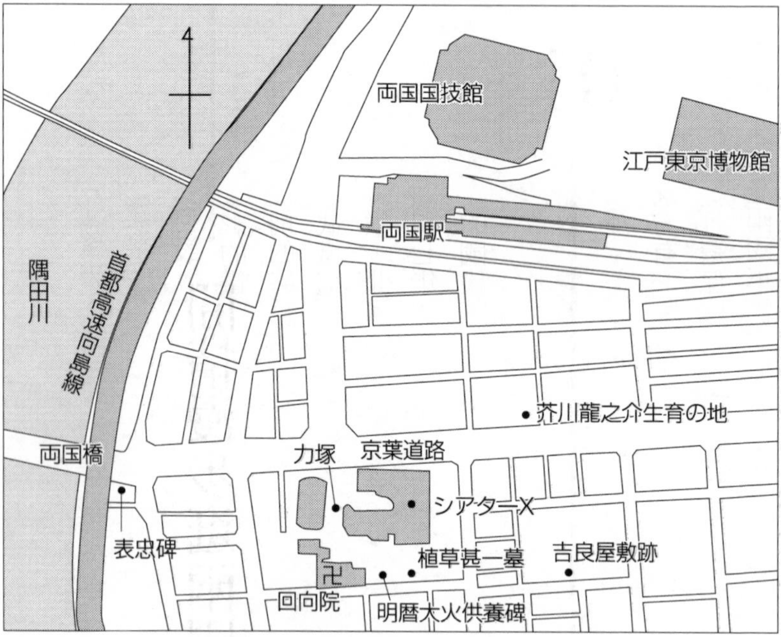
両国国技館
江戸東京博物館
両国駅
隅田川
首都高速向島線
芥川龍之介生育の地
両国橋
力塚
京葉道路
シアターX
表忠碑
植草甚一墓
吉良屋敷跡
回向院
明暦大火供養碑

1

從ＪＲ兩國車站月台向北望去，國技館的綠色巨型屋頂近在眼前，緊鄰它的右側，有一座長著四隻腳的白色建築，看起來就像一張大桌子上面堆滿白盒子。那是「江戶東京博物館」。不知當初為何設計成這種形狀。

前方較低處有個看不到人影的鐵路貨運月台，那裡就是鐵軌的終點。月台對面有一座車站，依稀可以看出，從前的終點站是在那兒。兩國車站於明治三十七年（一九〇四年）開始營業，當時是總武鐵道的終點站。總武鐵道後來被國家收購，變成國鐵總武線。車站剛開始營業的時候，北邊是一塊廣闊的調車場，現在的國技館和江戶東京博物館都還沒建造。直到昭和七年（一九三二年），總武線的電車才越過隅田川，駛達御茶之水車站。但是之後的國鐵蒸汽火車（ＳＬ），還是以兩國車站作為起點與終點。

說起日本鐵路中轉站的原型，譬如當年的新橋車站就是一個例子，這座車站現在已在「汐留 SIO-SITE」完成復建，大家可以參考一下。這類車站的結構，大致就是一條長途鐵軌直通月台，月台前方有一座站舍。走出車站之後，大東京就在面前等候你去探訪。目前東京仍在使用並且還保留昔時樣貌的車站，應該就只剩上野車站的中央大廳了。好，現在就讓我們從兩國車站開始閒步漫遊大東京吧。

走出驗票口，我們踏入一座高達兩層的車站建築，略帶弧度的窗框充滿昭和初期的氣息。大正時代發生關東大地震之後，這座樓房也是災後重建的建築之一。後來雖然還曾遭遇東京大空襲，但是這座車站卻逃過毀滅，倖存至今。也因此，我們現在才能經由這座建築追憶往日情懷。

出了車站若向北走，路旁除了國技館之外，還有舊安田庭園、東京都慰靈堂等著名景點，但我們今天還是先向南走吧。穿過陸橋下方，繼續向前行進。沿著車輛川流不息的京葉道路往前走，很快就能看到回向院的山門出現在道路對面。這座半圓柱狀的山門顯得非常前衛，走進山門後，正面有一座三層樓房，是回向院的大殿。每次來到這兒，心裡總覺得有點異樣。江戶錦繪和明治風俗畫裡的回向院，大殿是面朝西方，巨型屋頂顯得十分宏偉，境內各處插滿了勸進相撲和出開帳（揭開佛像的帷幕供信徒禮拜叫做「開帳」，佛像被迎往外地出巡叫做「出開帳」）的旗幟。但現在的大殿正面卻轉了九十度，變成一座朝北的建築，不僅如此，還被夾在「兩國CITY CORE」和住友不動產的大樓之間，總之，回向院已發生一百八十度大轉變，跟從前完全不一樣了。

從前的國技館就建在今天「兩國CITY CORE」的位置，當時國技館因為特殊的屋頂形狀被民眾稱為「大鐵傘」。舊的國技館建於明治四十二年（一九〇九年）。那頂巨大的鐵傘下面曾舉辦過各種活動，譬如大相撲、拳擊賽、菊人形展等。第二次世界大戰結束後，美軍接管國技館，並改為紀念館，大相撲比賽則移到藏前舉辦。美軍管轄期間結束之後，國技館交給日本大學改為講堂。其實這座建築物早已老化，前些年才終於決定拆除。舊國技館拆除後的空地上，現在建起一座複合式大樓，從前舉辦相撲比賽的「土俵」，剛好就在大樓的ㄈ形中庭裡，大樓的管理單位還設置了標誌，是一塊很大的圓形不鏽鋼板，位置就在實驗劇場「X劇院」的正前方。

除了這個從前的「土俵」之外，附近還有個跟相撲關係密切的景點。那就是位於回向院參道左側的「力塚」。這座紀念塚建於昭和十一年（一九三六年），是一塊聳立地面的巨型天然石碑，上面刻著「力塚」二字。石碑下面埋著歷代退役力士的部分骨灰和髮髻，環繞四周的石牆上刻著諸位力士的名字，譬如：橫綱玉錦、武藏山、男女之川、大關清水川、關脇雙葉山等，都是我少年時代的英雄。

我先到大殿參拜一番，再繼續向左前進，道路盡頭就是墓地入口。入口的前方右側豎著許多石碑，構成一片碑林，都是歷史悠久的古碑。

最靠近入口的角落，有一座四方形石塔，塔頂安置寶珠，塔身呈紅褐色，頗具石塔的典型風範。碑石上有一行字，仔細打量，依稀能夠認出上面寫著「明曆三丁酉孟春十八日十九日萬靈六親眷屬七世父母為焚燒溺水諸聖靈等增進佛果」。

沒錯，這就是明曆三年（一六五七年）陰曆一月燒毀江戶城市區那場大火的慰靈塔吧。在那場大火中燒死的居民多達數萬人。後人為了祭祀大火的犧牲者，決定立碑紀念。後來終於在十八年後的延寶三年（一六七五年）興建完成。

繞到石碑的側面，我看到碑上刻著「奉謝十萬檀施功德呈武陵城下」等字樣，下面還有一些模糊的字跡，依稀可讀的內容為「且貧窮下賤……諸靈魂等」「繫囚牢獄病患……諸精靈等」「捨市殃罰殺害……靈魂等」。

我一面抄寫碑上的文字一面心生畏懼。原來，這塊石碑不僅是為了紀念那場大火中燒死、溺死的亡者，連江戶城裡的路倒死者、獄中囚犯、打鬥砍殺事件中的喪生者，以及各種意外暴斃者，全都供奉在此。真是一塊擁有大慈悲心的石碑！是啊，佛陀願意接引好人前往極樂淨土，當然也會眷顧惡人吧。參觀了這群彼此緊鄰的碑林之後，下面還是把重點集中在明曆大火吧。

2

天正十八年（一五九〇年）八月一日，德川家康班師進入江戶城，之後，大江戶的城市興建計畫正式付諸實行。除了修築神田上水之外，還以「町」為單位，進行都市計畫的土地劃分，另外還建造負責鑄造錢幣的「金座」。慶長八年（一六〇三年），家康成為征夷大將軍，展開由全國大名按封地分別出力建設江戶城的「天下普請制」。

江戶城所處的武藏野台地，地勢從西向東延伸，形狀很像一條星魚，麴町台地位於星魚的正中央，江戶城樓的天守閣建在星魚的尖角前端。城樓四周被譜代大名的宅第團團圍住。家康還命人建立日本橋，作為通往全國各地的五條道路的起點，同時又把城內的山丘剷平，把剷下的泥土拿去填平市內的沼澤地，接著再把這片填平的地區，建成環繞城樓的商業區，叫做「下町」。於是，日本規模最大的新生地就此誕生，這裡不但有魚店、蔬果店，還有青樓、佛寺，以及從事各種職業的百工百業，全都聚集在這個地區。

時間過得很快，江戶城建設完成後，一眨眼就過了五十年。到了明曆三年的冬季，一月十八日那天下午，本鄉菊坂上的丸山本妙寺發生了火災。當時剛好吹著西北風，湯島、神田、日本橋立刻受到波及，到了黃昏時刻，火勢移向隅田川沿岸，並順著河流延燒到本所深川，直到半夜丑時三刻（凌晨兩點至兩點半左右），好不容易才控制住。

然而，第二天十九日早上，小石川傳通院附近的武家宅第卻又發生了另一場火災。這次的大火一直延燒到牛込、市谷，接著火苗又越過城河，燒向江戶城樓裡的北丸、本丸、二之丸、三之丸，最後只剩下西丸逃過這場災難，整座城樓幾乎燒光了。

到了十九日的黃昏，麴町又發生了火災。這次不僅櫻田門外的大名宅第全被燒毀，火勢甚至蔓延到新橋、芝的海邊，凡是能燒的東西都燒光之後，火勢才鎮住。據當時的資料顯示：「燒毀的屋敷（大名宅第）共有五百多棟，御旗本（下級武士）住宅七百七十多棟。與力和同心（幕府的下級官員）的值班場所『組屋敷』的受損狀況不明。其他被燒毀的建築還包括佛堂與神社，總共三百五十多間，道路兩側都是商家的町屋街，燒毀了四百町，若把道路分為兩側的『片町』來計算，總共燒毀八百町，死者人數約有十萬七千四十六人。」（《武江年表》）

當時有一種叫做「草紙」的繪本小說，也對明曆大火的慘狀有所描述。譬如其中有一本記錄火災現場的小說，書名叫做《武藏鐙》（淺井了意著／一六六一年），書中有一段文字寫道：大火燒起來之後，人人抱著值錢的家當跑到日本橋橫山町西本願寺門前的廣場上避難，「突然，一陣猛烈的旋風吹來，西本願寺的大殿立刻冒出了火苗，其他幾間寺廟也隨之開始燃燒，路上堆積如山的各種家具用品很快就陷入一片火海，聚集在路上的群眾也驚慌地四處逃竄，有些人爭先恐後跳進水井或水溝，有些人則被同伴推下去，很不幸地，這些人後來都溺死在水裡，而留在路上的群眾則被大火燒死。死者共有四百五十多人。」

另一方面，當時負責掌管日本橋牢屋的奉行（典獄長）石出帶刀，因為眼看火勢兇猛，便當機立斷釋放獄中所有犯人。但在放走囚犯之前，他也向大家呼籲：「等到大火熄滅之後，請大家回來服刑。」他這項創舉後來成為江戶發生火災時的慣例。但因為當時是第一次試行，看守淺草御門（淺草橋南端）的官吏聽說大批囚犯從監獄逃了出來，便趕緊關上城門。那些囚犯因為受不了大火烤炙，都企圖躍過城壕，各尋生路。接二連三跳下的囚犯像雪崩似的，紛紛掉進護城河。據上述的《武藏鐙》記載，當場淹死在河裡的人數高達兩萬六千人，小說裡還刊載了描寫當時情景的插圖。而更慘的是，兩天後，江戶遭到暴風雪侵襲，已被燒成一片焦土的城區又增添了許多亡者。

等到大火熄滅後，江戶城裡到處堆滿燒死、溺死、凍死的屍體。這些屍體後來如何處理的呢？據《武江年表》記載：「幕府在本所撥出一塊長寬各二町（約兩百公尺）的土地，在地上修建墳墓，興建寺院，命名為『國富山無緣寺回向院』。火災中遇難的死者全都視為無家可歸的遊民，由幕府用船隻把這些屍體運到回向院安葬。」

以上就是回向院創建的由來。回向院在院內挖了一個大坑，把所有遇難者的屍體埋在坑裡，等到這座萬人塚建成後，回向院還在寺內舉行供奉法事。前述的小說插圖也描繪了當時進行法事的情景。回向院原是淨土宗寺廟，開山祖師是增上寺的和尚，但現在的廟號卻是「諸宗山回向院」，意即「信仰任何宗派的亡者都能在此受人祭拜」。這種解釋當然並沒有錯，但從更現實的角度來看，或許回向院現在的廟號更想表達的是，富國的重要性遠高於孤魂野鬼吧。

「明曆大火」又叫「振袖火災」，傳說起火的原因，是因為有人在本妙寺祭拜亡者時，燃燒一件少女穿的振袖和服，因為處理不當，所以引起火災。另外還有傳說認為，那場大火其實是有計畫的縱火事件。因為連續起火了三次，顯示犯人具有縱火的決心。《江戶是這樣建成的》（筑摩學藝文庫）的作者鈴木理生在書中指出：「江戶時代較具代表性的囚犯縱火事件中，這是第一次『得逞』的計畫行動。」作者在書中透露，第一次是慶安四年（一六五一年）的「由井正雪事件」，第二次是在第二年的慶安五年發生在戶次（也叫「別木」）的「庄左衛門事件」，但這兩次計畫都在事前被人識破，所以並沒有成功。

事實上，由於當時幕府推行天下普請制，強迫全國的大名承包江戶的建設工程，所以全國各地的財政透支情況十分嚴重，失業率不斷提高。而面對這種落伍閉塞的情況，當時若是沒有一個人站出來企圖打破僵局，才更令人稱奇呢。不過，由囚犯策劃的第三次縱火行動雖然達到了目的，幕府政權也像風中殘燭般開始搖搖欲墜，但幕府最終還是沒被推翻。只是，江戶城的天守閣被大火燒毀，卻是令人遺憾的事情。而大火之後的市內重建工程，則給失業的浪人提供了工作機會，暫時解決了他們的溫飽問題。另一方面，也因為這場明曆大火，江戶城區的第一期建設成果可說是徹底毀於一旦。所以在火災之後，江戶城裡立刻開啟了第二期建設熱潮。

明曆大火之前，隅田川上除了千住大橋以外沒有第二座橋。因為河川在當時算是重要的軍事分界線。所以火災發生時，大批群眾被火勢趕到河邊後，不想被燒死的人，最後都淹死在河裡。據回向院收藏的死者名單顯示，那次大火的死者共有兩萬零二人，這個數字應該是根據死者家屬申報累積得出的總數。而事實上，當時也有許多無法查明身分的死者都被埋進了萬人塚，還有許多屍體已被河水沖進大海。所以很有可能，那場火災的死者人數甚至多達十萬人。

寫到這兒，我不禁深思，這麼多人在瞬間被迫死於非命，是多麼悲慘的事情！後人怎能不到收容無辜犧牲者的回向院去祭拜一番？也因此，明曆大火之後，隅田川上首先建起一座跨越河面的圓弧狀木橋，橋寬四間（七・三公尺），橋長九十四間（一百七十一公尺），橋身直接通往回向院大殿。萬治二年（一六五九年），這座木橋建成了，最初的名稱叫做「大橋」，又因為西端橋頭位於武藏國（今天的東京），東端位於下總國（今天的千葉縣北部），所以也叫做「兩國橋」。從此，橫跨武藏國和下總國這兩個律令國的大川（隅田川）不必依靠渡船，而可直接步行到達對岸，民眾都非常感激這座大橋帶來的便利。後來「兩國橋」就變成了它的正式名稱。

兩國橋落成之後，隅田川的東岸開始進行開發建設，本所、深川都被劃入江戶的城區範圍。不過，兩國橋東西兩端的城市建設構造不太一樣。西端是以江戶城樓為中心，城樓周圍有內城河、外城河，把城樓團團圍住，區內的道路縱橫交錯，蜿蜒曲折，總之，這個範圍的建設重點是要建成一座樞紐城市。相對來說，兩國橋東端的道路和運河都呈直線狀，縱橫交叉成十字形，這個地區的建設目標是以水運連結米倉、木材倉庫等地，使這裡成為市民生活的機能中心。兩國橋兩端的城市建設完成後，城區被劃分為八百零八個町，從此「大江戶八百八町」的時代展開了序幕。

兩國橋的東西兩端各有一座廣場，廣場上搭滿各式各樣的小攤子。西端的廣場叫做「兩國廣小路」，東端叫做「向兩國」，沿途的街道兩側全是經營旅店或餐廳的「町屋」。自從兩國橋完成後，兩國一直是江戶的交通中轉站。春天在這裡舉行相撲競賽，夏季在河邊舉行煙火大會。隅田川上還有撥弦弄樂，載歌載舞的屋形船。「夜裡來乘涼，千人扶欄登上橋。」（其角）。「俯瞰川面嘆不如，路過仰望兩國橋」（蜀山人）。這幅歌舞昇平的繁榮景象，等於是用十萬屍骨灌溉獲得的果實吧。

換句話說，江戶初期城市建設的缺陷剛好被明曆大火一下子燒光了，就像板擦把黑板上的字跡擦掉一樣。之後，幕府又在空地上展開新的都市計畫。或許，還有一種可能，說不定放任那些浪人縱火的幕後主使者，就是幕府當權者也不一定。總之，舊城區燒毀之後，幕府決定化災為福，在這塊空地建造象徵政權穩固的標誌，也就是前面提到的回向院和兩國橋。

其實我的推論還可從另一項事實獲得印證：江戶城樓的天守閣被燒毀之後，就一直沒有重建。事實上，德川幕府在之後的兩百多年間，能夠長期掌握政權，應該也跟這項事實有關。儘管幕府對外宣稱的理由，是為了節約經費，但是江戶城樓裡從此看不到天守閣，等於是幕府向全國公開宣布和平都市宣言。

以這種方式強調和平政權帶來的效力，似乎直到今天仍在發揮作用。假設現在的皇宮裡建起一座天守閣，就算是感覺遲鈍的東京市民，每次看到天守閣，也不禁感慨：對啊，趕走德川家族的那戶人家，現在還住在這裡呢。然而，今天的皇宮裡並沒有天守閣，所以我們去參觀時都忍不住讚嘆：傳說從高天原的岩洞之門降到人間的那位天神的後代（天皇），現在就住在這裡啊。

3

參拜完明曆大火供奉塔之後，向左前進，立刻看到前方有幾座排成一列的石塔，看起來很像柱廊，塔身也是紅褐色，跟剛才參拜過的供奉塔一樣。其中三座石塔的正面刻著「南無阿彌陀佛」幾個大字，最靠前方的兩座就是紀念安政大地震的供奉塔。

安政二年（一八五五年）十月二日的半夜亥之二時，換算成現代的時間，大約是晚上十點半左右吧。江戶發生了規模六點九級的直下型大地震，市內的八百八町全被震得支離破碎。根據當時的紀錄顯示，原本就是填海造地的本所深川「震得特別厲害，道路兩側的房舍全都倒向道路中央」，「很多倒塌的房屋裡冒出火苗」，西部台地上的住宅倒是沒有受到什麼損失，但「沿途的武家、町屋、寺院等，能夠保持整棟完整的建築非常少。市內的倉庫牆壁全部震倒，被斷垣殘壁壓死的居民非常多」。「市區內共發現男女死者四千二百九十三人，傷者兩千七百五十九人。據說後來埋葬在寺院裡的犧牲者包括武家、浪人、僧尼、神職人員、町人、百姓等，總計約

六千六百四十一人。」（《武江年表》）

倒塌或燒毀的民家約有一萬四千多家，燒毀面積約二・二平方公里。慘劇發生時也出現了滑稽的畫面，譬如地震來襲時有人正在洗澡，結果被浴池裡掀起的大浪淹死了。新吉原五町的青樓在地震中倒塌，有些嫖客正在睡覺，所以才能死裡逃生，但是「身上的衣服和佩刀卻都不知去向，他們從驚駭中恢復鎮定之後才各自返家」。大地震之後，大工（木匠）、左官（泥水匠）的工資都提高了很多，各種物價也跟著飛漲。當時流行一種叫做「鯰魚畫」的浮世繪，主題是災後重建工程中得利的職人或商人，因為當時大家以為地震是鯰魚翻身造成的，所以這些職人和商人都用這種方式感謝鯰魚讓自己賺到大錢。

安政大地震的兩年前，嘉永六年（一八五三年），美國海軍將官培里率領四艘被稱為「黑船」的美國艦艇抵達浦賀，這件事在江戶居民之間造成極大的震撼。另一方面，尊皇攘夷運動這時也在全國各地如火如荼地展開。就在這時，首都發生了地震。地震之後過了三年，井伊直弼成為幕府的大老，採取高壓手段鎮壓尊皇攘夷派，兩年之後，直弼在江戶城樓的櫻田門外被人暗殺。

野口武彥在《安政江戶地震》（筑摩新書）書中也明白地指出，這場地震後，「德川幕府的善後工作做得不理想，所以在十二年後被推翻了。……通常在巨大災難後不能好好處理善後的話，這種政府是無法長期執政的。」

慶應三年（一八六七年）十月大政奉還。第二年的四月，德川幕府把江戶城移交給明治新政府，「江戶」改名為「東京」，同時把年號改為「明治」，開始實施「一世一元制」，也就是「一代天皇只有一個年號」。從此葵花（德川家的家紋）凋謝，菊花（天皇家的家紋）綻放。

幕府政權雖然巧妙地避開明曆大火帶來的危機，但終究還是因為安政大地震而被推翻。任何門第、門閥只要持續了兩百年以上，遲早都會患上動脈硬化症。說起來，那幾座安政地震供奉塔，等於就是幕府的供奉塔吧。其中一座建於安政三年，是地震一周年紀念法事時豎立的石碑，背面寫著：「金百兩永代供養」，另一座是為了追悼地震犧牲者，於慶應二年（一八六六年）建成。主要是由前述那些在「鯰魚景氣」中受益的木匠和泥水匠捐款興建。

兩百年之間的興衰，全都化為紅褐色的供奉塔矗立在我面前。這幾座石塔組成的角落，表現得多麼隨性又直接！

第三座石塔上有六個字：「南無阿彌陀佛」，第四座石塔刻著「天明三年七月七日八日信州上州地變橫死之諸靈魂等」，兩座石塔似乎都是為了紀念天明三年（一七八三年）淺間山大爆發而建的供奉塔。據說當時火山的岩漿淹沒了山麓所有的村莊，就連一戶人家也沒剩下，火山灰甚至還飄降到江戶城裡，流到江戶的河水裡充滿了硫磺味。所以說，回向院不僅奉祀江戶的亡靈，就連東八州（箱根關卡以東的八個藩屬國）的暴死冤魂也一併納入供奉範圍。

4

繞到紅褐色石塔的後面，我看到一旁有幾塊大小不一的墓碑，背靠石塔而立。仔細打量一番，這才看清墓碑上寫著「溺死人」之類的文字。這個角落好像是海難死者的地盤。墓碑的基座上還刻著「樽廻船井上」、「勢州白子」、「參州平坂」、「出羽庄內」等字。有一座墓碑做成帆船形狀，船帆上刻著一排死者的戒名。

緊鄰明曆大火供奉塔的後面，有一座顏色鮮亮的黃色石塔矗立在那兒，而且很明顯地，比周圍其他石塔都高。原來這座石塔叫做「海上溺死群生追福之塔」，只見墓碑正面刻著「南無阿彌陀佛」，背面刻著兩行字：「維時文政十年丁亥六月創建　安政三年丙辰六月再建」。捐獻者是「菱垣迴船十組問屋」。問屋即是批發商，這家問屋跟「樽迴船組合」一樣，都是往來上方（關西）與江戶之間的定期航線貨運批發商。

海運在江戶時代是物流的主要手段，除了灘和伏見的日本酒之外，譬如像紡織品、和紙、柴魚乾、橘子等各種生活物資，都是利用船隻大量運送。從上方（京都）運到江戶的產物被視為高級品，而新生都市江戶的物產，一般人都認為品質不佳。然而，世事難料。當年不知曾有多少船隻在遠州灘的海上遭難。後人雖然建立過合祀供奉塔，祭祀那些被大浪打成碎片的船員，但後來發生安政大地震的時候，那座石塔卻震塌了。所幸在大地震的第二年，供奉塔又重新修建完成。看來這座石塔採用的石料，應該是從上方運來的吧？因為它已有一百五十年的歷史，顏色還是那麼鮮亮。我現在才明白，回向院不僅供奉海難死者，而且接納的範圍廣及全國各地。

在眾多石碑當中，有個角落是水子供養（「**水子**」**是夭折的胎兒**）專用區。區內有一座團體共用的供奉碑，還有一些名聲響亮的名人墳墓。其中有幾座特別引人注目，譬如有一座側面雕刻蓮花座浮雕的石塔，正面刻著：「繫囚牢獄病患疾亡諸靈等」、「捨市殃罰殺害……」等字。這是回向院為了紀念創寺十年，於寬文七年（一六六七年）為獄中暴斃的囚犯，及受刑喪命的死者而建的供奉塔。

水子供養區的角落旁邊，有一座石碑，於明治二年（一八六九年）建成，跟其他石碑的落成時間相差很遠。石碑正面刻著「溺死四十七人墓」。據刻在側面的碑文說明，在石碑建成的那年，也就是明治二年的正月，有一艘肥後（熊本）的軍艦在上總附近海灣沉沒，共有兩百六十多人溺斃，其中包括步兵四十七人，為了紀念這些步兵，所以在這裡設立了供奉碑。這些士兵原本是到江戶來參加戊辰戰爭。他們好不容易打了勝仗，正要凱旋返鄉的路上，卻不幸遭遇海難。軍方為了向他們表達哀悼之意，除了在家鄉為他們建立佛塔，也在回向院立塔憑弔，希望幫助亡魂早日獲得解脫。不過那艘軍艦總共淹死了兩百六十多人，卻只在這裡供奉其中的四十七人，這對「供奉祈福一切諸靈」的回向院來說，似乎不太合適吧？這座石碑的旁邊還有一座天然石薄片製成的石碑，上面寫著：「第三大隊槍手招魂碑」，建碑的時間跟石塔一樣，也是明治二年。石碑背面並排刻著七個人的俗名，彷彿在誇耀什麼似的，應該也是戊辰戰爭的勝利者吧。

九段上的「東京招魂社」（後來改名為「靖國神社」）是在明治二年陰曆六月建造完成。按照政府規定，只有征討德川幕府獲勝的政府軍官兵，才有資格在社裡接受祭祀。現在豎立在我面前這兩座石碑，跟「東京招魂社」都在同一時期建成。寬文七年建造的石塔位於中央，兩座石碑分別立在石塔的左右兩側。也就是說，中央是來者不拒的供奉塔，裡面供奉著獄中暴斃的囚犯與受刑喪生的死者，左右兩邊的石碑卻只祭祀篩選過的死者，石塔跟兩座石碑之間，其實有一道萬丈深淵般的裂痕！原以為這些石碑只是隨意排列在此，看起來都沒什麼差別，誰知仔細觀察才發現，其中存在不少令人訝異的疑點。我不禁有種預感，如果我換個角度進行探訪，類似的景象一定會不斷出現吧。

也可以說，江戶・東京的兩百數十年的歷史，都濃縮在我面前這個角落裡了。日本的年號變成平成是在二十世紀末，那時這裡即使在中午，也是綠蔭蒼蒼，一片昏暗。但到了二十一世紀的現在，周圍的枝葉已被修剪一淨，牆邊的竹叢隨風發出沙沙聲響，給人留下光明歡快的印象。

墓區中央的參拜所從前是一座木造小屋，現在已用新型建材改建為一棟半圓形屋頂的建築。參拜所的正面豎著一塊巨大的墓碑，仔細一看，原來是鼠小僧次郎吉的墳墓。

鼠小僧次郎吉在文政年間至天保年間，前後約十年的時間裡，偷偷潛入許多大名的宅第偷竊，前後總共行竊一百次，偷到的錢財總額約一萬兩千兩，全都被他拿去賭博、玩樂用光了。最後，鼠小僧終於在天保三年（一八三二年）八月被捕，之後在品川斬首示眾，得年三十七歲。其實像鼠小僧這種死刑犯放在回向院裡受人祭拜，並不是什麼稀奇的事，但因為鼠小僧名氣很大，所以死後有人為他捐贈墓碑，碑上還刻著他的戒名：「教覺速善居士」。他的故事甚至寫成劇本上演，就連歌舞伎裡擔任鼠小僧的演員，都有人為他建造供奉塔。也因此，從明治、大正到昭和時代，鼠小僧之墓一直是回向院裡受人祭拜次數最多的墳墓。顯然，這裡的參拜所對於墓地位置的安排，完全是根據逝者受歡迎的程度來決定。

三田村鳶魚曾在《竊賊列傳》一書中激憤地指出，大家都說鼠小僧是劫富濟貧的俠盜，這種傳言其實是騙人的。鼠小僧不過是個普通小偷而已，真不懂大家為何把他捧得那麼高？事實上，鼠小僧之所以受到大眾歡迎，主要是因為他敢戲弄大名，就像他戲弄百姓一樣，同時他還把當時並不流通的大判（大型金幣）小判（小型金幣）都帶進了賭場！因為在他那個時代，盜賊偷竊十兩就要砍頭的，但是鼠小僧前後卻偷了一萬兩千兩！如此說來，鼠小僧也算是個英雄吧。他那個早該砍下一千兩百次的腦袋，最後只砍了一次就算前帳結清了。據說前來參拜的民眾都認為，鼠小僧的碑石能給人帶來好運，參拜的民眾都喜歡順便削下一塊碑石帶走。所以現在鼠小僧的墓前放置一塊石頭，叫做「御前立」，供大家隨意削鑿。不過這只是傳說，我站在這塊「御前立」旁邊，可從來沒看到有人動手去削石塊。難道是因為最近的庶民手裡都有些股票，家裡也裝置了 SECOM 防盜系統嗎？說不定對現代庶民來說，他們會覺得自己比較可能是鼠小僧偷竊的對象呢。

鼠小僧的墳墓後面有幾座古代的名人墳墓，譬如像國學大師加藤（橘）千蔭，畫師兼戲作家山東京傳和他的弟弟山東京山等。千蔭、京傳在文化年間去世，京山則在安政五年因霍亂病逝，去世時虛歲九十九歲。京山的文才遠不如他的兄長，一般人都認為他是個利用兄長名聲，又活得很久的傢伙。但他曾經負責策劃出版鈴木牧之的《北越雪譜》，為後代留下這部不朽的紀錄文學，若論一生的功績，應該也不輸他的兄長。

加藤千蔭曾經擔任過町奉行所與力，他的墓碑安置在三層基石上面，碑上以浮雕方式刻著「橘千蔭墓」等字。京傳在京橋開了一家菸草袋店，本名叫做岩瀨醒，京山的本名叫做岩瀨百樹，除了這對兄弟的墳墓之外，他們經營當鋪的父母墳墓也在這裡，碑上寫著「岩瀨家之墓」，三個墓碑都只有一層基石，上面孤零零地豎著一塊石碑，可能是江戶時代町人墓的標準規格吧。現在這三座墳墓都是東京都的指定古蹟。

5

越過鼠小僧之墓前方，我繼續朝向通往墓地的參道對面走去。那裡有一座圓柱狀的六角形石塔，塔身上寫著「家畜諸動物百萬頭回向堂」，旁邊全是寫著寵物名字的塔婆板，一片靠著一片，排列得整整齊齊，看起來就像一道厚厚的木板牆。一切眾生皆有佛性。各位只要看看「涅槃入寂之圖」就能明白，圍繞在佛陀身旁的眾多動物，不是都在哭泣嗎？自從回向院創建以來，或許江戶城裡野狗野貓的靈魂都嚮往被人接引到這裡來吧。這座回向堂建於昭和三十七年（一九六二年），六角形石塔則是在昭和四十七年建成，之後又把馬頭觀音安置在塔中。老實說，回向院雖然號稱日本最大的無緣寺（供奉孤魂野鬼的寺院），不論地震、雷電、火災或海難的死者，都能在此接受供奉，但現在看到眼前為數眾多的塔婆板，再推算一下供奉塔婆板的檀家（施主）人數，這幅景象還是令人感到震撼。

我繼續登上幾級石階，朝向墓地前進。前方的遠處有一座露天的阿彌陀佛坐像。這塊四方形墓地的面積不大，幾乎一眼就能看清全境，四周蓋滿了高樓和民屋。說起來，回向院創建時的土地面積約為長寬各二町（一町約為一百公尺），在當時算是非常寬闊了。關東大地震之後，回向院又在市川國府台開設了分院。之後，很多施主也把墳墓遷到新墓地，眼前擠在這片狹窄墓區裡的墳墓，應該是那些心懷執著，堅持要在兩國的回向院主寺安眠的施主吧。

長眠在這片墓園裡的，究竟有哪些施主呢？我就從總數三百二十多座墳墓當中，挑選兩座向大家介紹一下吧。其中一座的位置在中央通道盡頭倒數第二排，從那一排的轉角向右轉，走到靠近中央的位置，就能看到一座墳墓的墓碑基石上刻著「植草氏」，墓碑側面寫著「淨諦院甚宏博道居士」，這是作家兼散步雜學愛好者植草甚一的戒名。昭和五十四年（一九七九年）十二月去世，享年七十一歲。據說喪禮當天這裡聚集了許多年輕人，喇叭演奏家日野皓正還為逝者吹奏了送葬曲。我也是一名散步愛好者，在此先向前輩植草先生合掌一拜。植草家位於日本橋小網町，是歷史悠久的棉布批發商。植草先生的墳墓斜後方還有一座墳墓，墓碑上寫著：「平田禿木之墓」。平田先生曾在號稱「明治的青春」的《文學界》雜誌任職，昭和十八年（一九四三年）三月去世，享年七十歲。他是專門研究英國文學的著名學者，跟明治女作家樋口一葉有過一段情。真是羨煞人也。我在他的墓前合掌默禱一番。平田家是一間畫具染料批發商，店鋪開在日本橋伊勢町。

說到日本橋，有人形容這塊商業區是「梵鐘天天賣，江戶的春天」。這裡聚集了各種批發商，也是全國的物產集散地。明治政府推行文明開化運動之後，國外舶來品大量湧到這裡。有名的商社「丸善」的總社也設在日本橋，難怪日本橋的小巷裡養出一堆擅長洋文卻不會打算盤的花花公子。

譬如本名叫做喜一的平田禿木，平時總是裝成摩登文人的模樣；植草甚一為了發揚世界主義精神，還跑到紐約去遊學了一圈。不過他們離開人世之後，終究還是長眠在老家附近的兩國。真是好命啊。

下一章就讓我們一起去逛逛日本橋吧。

02

新聞舊聞日本橋

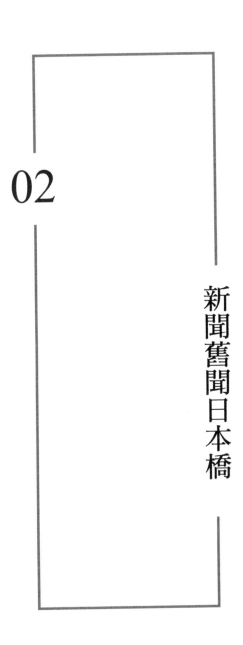

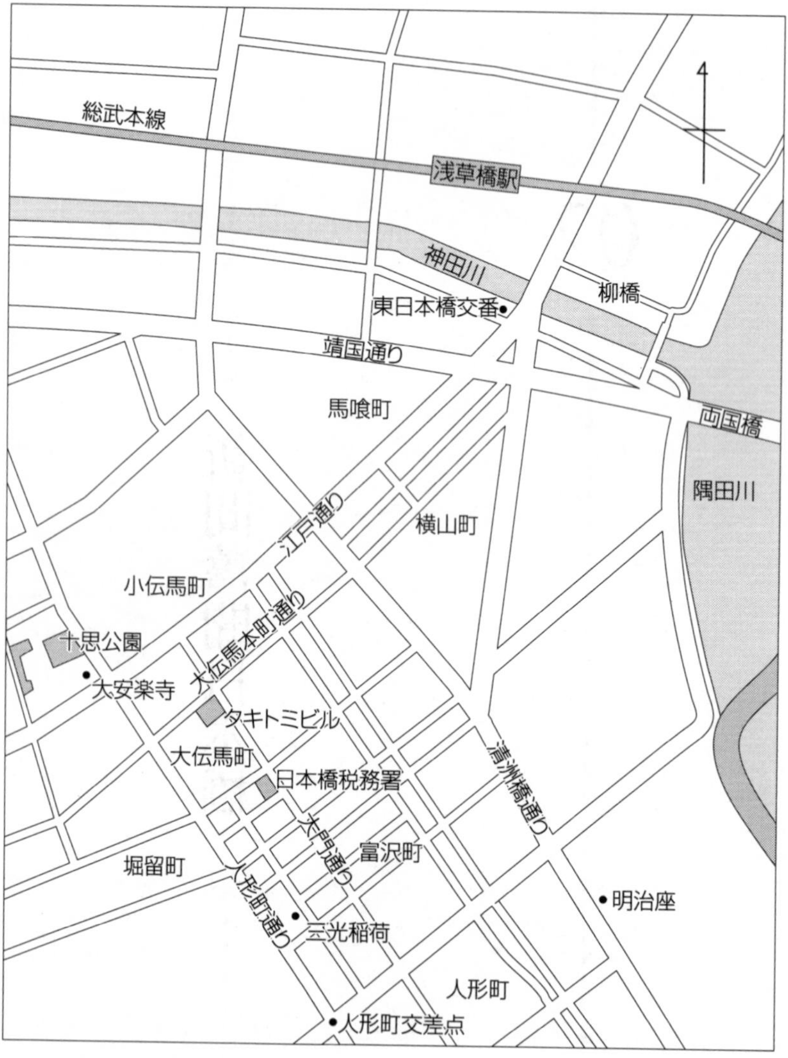
総武本線
浅草橋駅
神田川
柳橋
東日本橋交番
靖国通り
両国橋
馬喰町
隅田川
江戸通り
横山町
小伝馬町
大伝馬本町通り
十思公園
大安楽寺
タキトミビル
大伝馬町
日本橋税務署
清洲橋通り
大門通り
富沢町
堀留町
人形町通り
明治座
三光稲荷
人形町
人形町交差点

1

走出ＪＲ總武線淺草橋站的東口，順著樓梯向下走，出車站之後向右，沿著江戶通前進，路邊有很多人形批發商，我一面欣賞櫥窗裡的人形一面繼續向前，很快就來到淺草橋。只見橋頭的樹壇裡豎著一塊石碑，上面刻著「淺草見附遺跡」。淺草見附跟赤坂見附、四谷見附都是同類的城門，是幕府為了防止外敵入侵而設置。當時只要越過這道城門，就算進了江戶城。

越過淺草橋後，我已從台東區進入中央區。這座橋下流過的河川叫做神田川。向左遠望，可以看到柳橋前方的隅田川，這條河的源頭在井之頭，全長超過二十四公里，淺草橋是隅田川的終點，河流從此入海。我看到泥灰色的河面上，二十幾艘屋形船正悠然航向前方。天保五年（一八三四年）發行的《江戶名所圖會》裡面也寫道：「此處可租小船前往各地遊覽。」所以我腳下這個位置在江戶時代正是遊船的起點碼頭。

回想起來，這片河面也曾被冷落過一段時期。昭和三十六年（一九六一年），隅田川因為受到工業廢水汙染，整條河流不斷散發惡臭，有名的兩國花火大會宣布停辦，記得當時那些經營遊船生意的船家，幾乎全都倒閉了，大家只好上岸去開天婦羅餐廳。不過出人意料的是，昭和五十三年（一九七八年），每年定期舉辦的隅田川花火大會又復活了，那些之前上岸經營天婦羅餐廳的船家，也都跟著重新做起遊船生意。現在的屋形船已不再用手划，都變成動力馬達的汽艇，船家還供應船客天婦羅和卡拉ＯＫ等餐飲娛樂服務。目前規模最大的遊船碼頭在柳橋周圍，有些船家甚至擁有數艘遊艇組成的船隊。這種頑強的生命力，真是令人佩服！

不一會兒，我來到淺草橋的橋頭，這裡原本有一座附帶瓮城的城門。城門已在明治六年（一八七三年）拆除，但從當時的照片仍可看出，木橋的橋頭有一道門柱上面架著一根梁木的「冠木門」，進門之後，裡面有一座廣場，四周用石牆圍住，右邊是木造的城門，共有兩層，外型跟今天的北之丸公園的田安門一樣。當時經由奧州街道（日光街道）往來江戶與京都之間的旅人，走到瓮城裡面的廣場後，都先把行李放下休息一陣，然後才踏上京都的旅程吧。

我在前一章提到，明曆大火的時候，因為守衛的官員把這座淺草御門關上了，所以才造成大批民眾燒死淹死的慘劇。據當時的報導文學《武藏鐙》記載，火災發生後，住在神田、日本橋等地的下町庶民為了躲避大火，紛紛逃到淺草橋前面，「成千上萬的民眾拖著附有輪子的大木箱，企圖逃往淺草。」但因為這座城門被瓮城圍住，所以民眾前進的速度越來越慢，而且淺草橋下游的柳橋當時還沒建造起來。柳橋是在四十年後的元祿年間才建造的。據《武藏鐙》的作者形容，當時「守衛就像被惡魔附身似的，看到監獄的囚犯即將破門而出，便大聲吼道，敢跨出這道門的，通通給我抓起來！說完，砰的一聲，守衛就把方木盒形狀的淺草門關上了」。

這下可不得了。「從傳馬町到淺草門前的那條路上，大約有一塊長寬各約八百公尺的空地，但現在已經擠滿群眾和附車輪的大木箱，就連一小塊立足之地都沒有。」不久，有些附車輪的大木箱著火了，周圍的民眾受不了火焰的烤炙，紛紛奮力躍出石牆，結果都掉進牆外的城河裡。「總數約有兩萬三千多人，全都層層堆疊在長寬各約三百公尺的河裡，最後那些人終於把城河都填滿了。也因為河面早已堆滿屍體，後來再想跳河的人，必須踩過那些屍體才能跳進水裡，這些人不但全身毫髮未傷，還有很多人漂到對岸被人救起。」

造成這場慘劇的囚犯究竟是些什麼人呢？

城門前方這條道路的盡頭是小傳馬町，那裡有一座監獄，江戶城裡的小偷、扒手、殺人犯，還有政治犯，全都關在這裡。監獄裡也有刑場，杖刑或斬首的道具一應俱全，也是江戶時代最有名的景點之一。所以看守淺草見附的官員聽說小傳馬町監獄的犯人全都逃出來，而且正朝著自己的方向奔來，全都嚇壞了。

《武藏鐙》對這段歷史也留下紀錄：「當時監獄的典獄長叫做石出帶刀，他看到猛烈的火勢正朝向監獄逼近，立刻告訴所有囚犯，如果大家都燒死在這裡，實在太慘了，等於就像我親手殺了你們一樣。既然如此，不如把你們暫時放出去。大家都拚命跑出去，各自設法逃命去吧。但等火勢熄滅之後，你們都要到下谷的蓮惠寺來報到。我現在是冒死救下你們的性命，如果你們想報答我，就用行動救我一命。」石出帶刀宣布完畢，立刻命人打開牢門，獄中囚犯都流著淚，雙手合十致謝後，各自逃命去了。後來等到火勢熄滅後，幾乎所有的囚犯都按照當初的約定，回到下谷的佛寺報到，而這些犯人後來都獲得減刑一級的獎勵。只有一個不守信的傢伙沒有按照約定重返牢籠，但他最後還是被抓了回去，並受到了重罰。

我覺得上面這段故事不太合理。因為淺草見附距離監獄只有幾百公尺，像釋放囚犯這種大事，為什麼獄卒不把訊息準確地傳達給城門守衛呢？據說當時還流傳謠言說，那些逃走的囚犯計畫去搶劫藏前的米倉。

災難經常引發意想不到的狀況出現。據說關東大地震（一九二三年）的時候，也有數萬人拖著附輪子的大木箱逃到本所被服廠舊址，那些木箱裡的家財物品後來被火苗引燃，整個廣場燃燒起來，溫度炙熱萬分，簡直就像個大型平底鍋。當時關東周圍也開始傳出各種謠言，造成了悲慘萬分的災害。其實大正時期的通信系統比明曆時代進步多了，誰又想到，反而會助長流言的傳播呢？若是上述重大災難發生在行動電話十分便利的今天，情況又會如何呢？關於這個問題，我將在其他的篇章裡再來論述。

據《武藏鐙》內容記載，當時釋放的囚犯人數共有「數百名」，但其他資料則指出，釋放的囚犯有「一百三十多人」。前者似乎有「以少報多」的嫌疑。但從結果來看，大部分囚犯都平安地逃過劫難。可見碰到危難時，大家還是應該丟下一切，專心逃命才能活下來。自從明曆大火創下釋放犯人的先例，後來江戶城裡遇到火災釋放犯人，就變成了慣例。但是按照規定，火災後三天之內，犯人必須回到回向院報到。如能遵守約定的犯人，就能接受罪減一等的獎勵。

好，介紹完這段歷史，今天就讓我們一起去參觀小傳馬町牢房遺跡吧

2

越過淺草橋，橋頭有個三角形的路口，我茫然地站在那兒，不知該往哪走。眼前共有由右至左大小不一的六條道路。一條是遠處的「京葉道路」，過了兩國橋以後叫做「靖國通」，右前方有一條斜穿靖國通的道路，叫做「江戶通」，左邊也有斜穿過來的道路，叫做「清杉通」，江戶通和清杉通之間夾著一塊三角地帶，叫做「橫山町」，町內也有兩條小路。這個三角形路口就是從前的「兩國廣小路」，也是江戶城裡最熱鬧的地區。車站另一頭的回向院那邊則叫做「向兩國」。這個由六條道路組成的三角形路口地帶，在明治、大正、昭和三個時代都是繁華街，現在卻變成六條道路的交叉口，路上車輛絡繹不絕，完全看不出從前的繁盛景象。我想這裡應該算是東京市中心變化最大的場所之一吧。現在行人穿越路口必須利用地下道。我從C3口走下去，又從C1口走出來。

地下道出口的位置正好是「新道問屋街」的入口。這條街道很窄，地面鋪著石塊，右邊是馬喰町，左邊是橫山町，都是從江戶時代沿用至今的町名。這條街在《江戶切繪圖》裡只是一條黑線，大概因為這條路真的很窄吧。我再翻開另一張印刷物，是安政六年尾張屋再版的「日本橋北・內神田・兩國濱町明細繪圖」，我手裡這張是最近重印的，圖中的新道問屋街的右邊是江戶通，左邊是橫山町問屋街，三條路平行，跟切繪圖裡畫的一樣。現在的地圖都把道路畫得非常寬，寬得讓人覺得切繪圖反而更易看懂各町之間的位置。

我必須修正一下前面所說「頑強的生命力」，其實，這裡才是全東京生命力最頑強的地方，因為這裡的町名從江戶時代一直保留到現在呢。譬如馬喰町、小傳馬町、大傳馬町，都是江戶時代陸運中轉地的代表，堀留町、小舟町則是水運中轉地的代表，豐富的物資在這裡頻繁地進行交易，路邊全是一間接一間從事各種買賣的批發店。

明治時代的女作家長谷川時雨在《舊聞日本橋》開頭指出，當時的主幹道並不是現在的江戶通，而是橫山町・大傳馬町那邊的另一條路。時雨生於明治十二年（一八七九年），她不但在這個地區出生，也在這裡成長。《舊聞日本橋》是她的回憶錄，雖然在昭和十年（一九三五年）才出版，內容寫的卻是明治時代的日本橋物語。

當時鐵道馬車的馬匹一面走，一面把馬糞拉在軌道上。鐵道路線的去程跟回程經過的地點不一樣。前往淺草的路線會經過大傳馬町附近，「那條路是東京等級最高的街道，路上有很多批發店。」從淺草的回程路線經過馬喰町、小傳馬町，那裡是「一條新開闢的大路，等級很低。德川時代的傳馬町牢房遺跡仍然矗立在空曠的平地上」。明治三十六年（一九〇三年），東京市內電車開通後，鐵道馬車就漸漸淘汰了。淺草橋通往馬喰町的道路進行了拓寬工程，路面鋪上往返兩條軌道。所以書中提到的「新開闢的大路」，就是現在的江戶通。

夾在江戶通和橫山町問屋街之間的新道，現在仍在原處。永井荷風在《日和下馱》中寫道：「橫山町附近的小巷地面也鋪著漂亮的石塊，道路兩側全都是販賣長門筒袋物（裝菸管的皮包和裝菸絲的布袋）或毛筆的批發店，整條小巷給人的感覺就像一座倉庫。」所以說，新道在當時大概就像永井荷風描寫的那種小巷吧。今天的新道路面狹窄，沿途堆滿紙箱之類的雜物，確實令人感覺「就像一座倉庫」。

我順著新道的主幹道往前走，向左轉，就到了橫山町問屋街。道路兩邊的商店裡塞滿各式各樣色彩鮮豔的商品，每家店門外都貼著「恕不接待業外人士」的告示，但在這條街上往來的行人，也不全是進貨的批發商。我一面前進一面打量陳列在店裡的無數衣物，突然覺得這裡的衣服總量，恐怕足夠分配給地球上全人類每人一件吧。這裡的每座高樓外牆都掛著跟建築等高的看板，上面寫著商品名稱：毛巾、領帶、帽子等。據《中央區三十年史》記載，在這裡做生意的批發商共分二十一類，除了衣服之外，還有皮鞋、皮包、化妝品等各種日常所需物品。難怪從江戶時代到現在，人們都口耳相傳：只要去一趟橫山町，任何東西都能買到手。

不一會兒，我就走上了大傳馬本町通，大傳馬本町和橫山町的分界線是從前的護城河。河岸對面的街景跟這邊完全不同。城河現在雖已填滿，但是河岸這邊跟橫山町通那邊的店面寬度不一樣。河岸這邊的高樓寬度，似乎跟從前那些大店的店面一樣寬，可能從前這裡全都是專門供貨給小批發商的大批發店吧。《舊聞日本橋》所說的「等級最高的街道」，就是指這裡。

我繼續走到下一個十字路口，左角有一座七層樓建築，叫做「瀧富大廈」，這個位置就是從前「大丸吳服店」的所在地。

「毅然聳立在十字路口的那棟巨大的倉庫式建築，是一家有名的吳服店。對於附近居民來說，『大丸』永遠都那麼引人注目。市面上出現了什麼新商品，大家就不約而同地聚集在『大丸』的門前。譬如像鐵道馬車第一次出現在東京街頭的時候，還有西洋人到達日本引起轟動的時候，大家都跑到大丸的門口，就連參加『開帳』典禮之後稍作休憩，也是在大丸的門口。」

「大丸」原本是一家創業於京都的老店，寬保三年（一七四三年）才把店鋪搬到江戶來，直到明治末期，大丸一直都矗立在這個十字路口。據說大丸曾經號稱「日本橋文化，繁華街中心」的象徵，地位遠遠高於「越後屋」（現在的三越百貨公司）和「白木屋」。嗯，真了不起。不過到了平成時代的今天，這裡已是一條毫不起眼的大樓街。

想到這兒，我又忍不住多看了幾眼。順便說明一下，現在位於東京車站八重州口的「大丸」，是在昭和二十九年（一九五四年）車站大樓落成時才重新開業的。

我面前這個十字路口，跟「大傳馬本町通」交會的道路叫做「大門通」，左轉順著大門通一直走，就能到達吉原的花街。喔，我是說三百五十年之前的江戶時代。根據路邊告示板的說明，吉原的花街在明曆大火時全都被燒毀了，後來，花街遷到「淺草田圃」重起爐灶，改名叫做「新吉原」，所以現在的大門通跟從前的「吉原」毫無關聯。當年吉原花街的中央大道叫做大門通，而現在的大門通只是借用那個街名而已。

其實我為了深入了解這條同名的道路，也獲得了不少知識。《江戶名所圖會》裡介紹大門通的文字如下：「因為從前吉原町還在這裡的時候，有一條大門通，所以借用此名。今天的大門通沿途開了許多金屬製品店，也有許多馬具師聚居在此。『梵鐘天天賣，江戶的春天（其角）』。」讀了這一段，我才恍然大悟，難怪路邊並列一家接著一家的甲冑店、馬鞍店、馬鐙店等，還有販賣燈籠、燭台、鐵盆等物品的商店。我正忙著四處張望，突然看到一輛手推車，車上載著一座用菰草裹住的梵鐘，旁邊幾個人正連推帶拉地設法把推車拖走。上述的俳句「梵鐘天天賣，江戶的春天」，是江戶的著名俳人其角的作品，可能其角是想用誇張的手法表現元祿時代的繁華吧。這首俳句十分寫實。而俳句中描寫的景象，就曾在大門通這個舞台上演出。

金屬製品批發店大多聚集在大門通的入口附近。《舊聞日本橋》裡還有一段描寫：「有些商店專賣火爐，有些商店是以鐵盆和石製洗手盆為主要商品，有些商店只賣紙門的拉手和一些瑣碎的高級小物，此外，還有一些大批發店，譬如像專賣刀劍的『笹屋』。」時雨能把這條街道介紹得如此詳盡，正因為她從小在這兒長大。長谷川家的位置在瀧富大樓前面那條道路的對面，路邊的「住友生命日本橋大傳馬町大樓」後面有一座車庫，長谷川家就在車庫附近的道路中央。切繪圖上有一條小路叫做「廄新道」，現在這條小路已拓寬為兩線車道的大路。

江戶、明治、大正時代的東京，一般民家都是平房或兩層樓房，當時的道路雖然狹窄，一般民家的土地面積卻很寬闊，每家都有庭院和水井。時雨在書中也提到當時的水井。長谷川家對面有兩戶比鄰而居的人家，一家是兩層樓房，院子裡還有噴泉，另一家是賣煎餅的小店。「兩家之間拆除兩面圍牆，在院子裡挖了一口水井，引進神田上水送來的清水。鹽煎餅店的老婦專門負責看守水井。而我家後面的水井引進的是玉川上水的清水。」

讀到這一段，我真是大吃一驚。江戶子最自豪的事情，就是誕生後第一次洗澡，能用水道水（用水管引到附近水井的河水，並非現代的自來水）給嬰兒洗身子。但我萬萬沒有想到，同樣是用水道水洗澡，卻還分「神田組」跟「玉川組」，而且兩組的分界線就在這條街上。神田上水的水道水來自井之頭池的池水，玉川上水的水道水則來自多摩川上游的羽村堰，兩組水道水都流經漫長的距離，最後終於流進江戶的水井，這兩條上水的建設可說是江戶先人創造的一項偉業，即使在江戶變成東京之後，後人仍在利用這兩條水道。明治三十年代，政府開始把木管水道逐漸換成鐵製的改良水道。長谷川家的長女出生後第一次洗澡，鹽煎餅店老太太說不定也來幫忙，並在洗澡水裡加了些神田上水的清水吧。說起來，長谷川時雨真不愧是超級江戶子呢。

金屬製品批發店的商品都是由鍛冶屋（鐵匠）負責製造，所以附近也住著很多鐵匠，從早到晚都能聽到叮叮咚咚的鐵鎚敲擊聲。這裡頻繁進行交易的貨品，不僅是柔軟的纖維，也包括堅硬的金屬製品。有一本昭和五十五年（一九八〇年）發行的《中央區三十年史》，書中列舉的資料或許有些陳舊，但據這本書記載，當時小傳馬町共有金屬製品批發商二十一家，大傳馬町還有兩三家江戶初期創業的大型機械公司，這些公司負責銷售的產品包括建築資材、產業機械等，寶井其角筆下描寫的「江戶的春天」，顯然在這條街上延續了很長一段時期。

我們今天要去參觀的小傳馬町牢房遺跡，距離大門通很近，就在街道入口的右斜前方，但我今天打算繞遠路，先順著大門通往從前的吉原方向走去。

「過了大丸之後，一路沿著大門通來到長谷川町、富澤町，附近幾乎全都是大型吳服批發店、粗布批發店。」這些批發店大多跟大丸一樣，經營者都來自關西或伊勢。《舊聞日本橋》還提到附近的地名：「堺町、和泉町、浪花町、住吉町、大坂町，還有離得稍遠的伊勢町，這些町名都來自那些老闆在關西的出生地。」事實上，當時的江戶就等於是上方的殖民地吧。今天這些町名早已重新規劃，據《中央區三十年史》指出，大門通的西側是堀留町二丁目，東側是富澤町，加上大傳馬町的話，三個町裡聚集了許多大型批發公司，「每年在三個町裡成交的交易金額將近兩兆日幣，實在令人難以想像。」附近的建築全都是不起眼的高樓，路上幾乎看不到人影，但在每天早晚通勤的尖峰時段，肯定滿街都是幹練的紡織商社職員吧。

我繼續前進，不一會兒，就看到日本橋稅務署出現在前方。那是一棟位於街道轉角的古樸六層樓建築。啊，原來是建在這條滿地鈔票的街道中央啊。不過，最近這裡的高層大廈越來越多，因為大批發公司受到物流革命的影響，相繼歇業或倒閉，所以附近的景色也發生了變化。

關於富澤町的名稱由來，有個民間流傳的故事，內容如下：慶長年間（一六〇〇年前後），幕府抓到一名強盜頭目，叫做鳶澤甚內。官府正要處罰他的時候，德川家康向這個強盜提議說：乾脆你到我們強盜偵察隊來上班吧？甚內則回答說：那我必須養活一批嘍囉啊。德川家康便把大門通附近那片沼澤地賜給了甚內，讓他在那裡經營舊衣收購站。此後，甚內派出嘍囉在江戶城裡到處遊走，一面收購舊衣一面蒐集情報。而當年舊衣站所在的鳶澤町，後來就變成了富澤町，今天這裡甚至發展成了極有經濟實力的地區。

後來，又有個叫做庄司甚內（後來改名甚右衛門）的青樓老闆向幕府提出請求，希望幕府在江戶城裡劃出一塊專門經營風俗業的地區，把那些無人管理的湯女風呂全都集中在一起營業。元和三年（一六一七年），幕府批准了庄司甚內的建議，在鳶澤町前方圈出一塊長滿蘆葦的沼澤地，並開始進行填土造地，挖掘壕溝的工程。於是，吉原花街從此誕生了。庄司甚右衛門也變成吉原的町長。據說他原本是被家康打敗的北条家的家臣。

很快地，強盜甚內和敗將家臣甚內的帶領下，這片蘆葦沼澤地被開發成為市街。但令人惋惜的是，這塊遊客群聚的新生地才剛填平沒過多久，吉原就搬到淺草去了，前後僅僅維持了四十年的繁華景象。當年的吉原大門應該就在我剛才經過的稅務署那個位置，整個吉原花街則位於大門的前方，長寬各約二町（兩百公尺），再往前走，就是人形町了。

大江戶當年就是這樣開發出來的。如果從「奧州街道」的角度眺望，旅人走出淺草御門之後，就算是踏上通往奧州的旅程了。道路左側有不夜城吉原花街正在等待嫖客前來逍遙，右側則是我們即將前往參觀的牢屋敷。兩個世界都是一塊四方形土地，都被壕溝緊緊圍住，彷彿是形狀極為相似的天堂與地獄。走過這段街道，前方就是天人兩隔的悲慘世界。

3

現在就讓我們一起去參觀江戶的牢房遺跡吧。

過了稅務署之後向右轉，走上「人形町通」之後，再向右轉。這附近都屬於堀留町，第二次大戰末期，這裡並未受到東京大空襲摧殘。大門通東側的橫山町、大傳馬町、富澤町等地卻都被燒得一乾二淨，西側的人形町、芳町、小舟町等地，還有「昭和通」對面的本町，全都逃過了燒毀。這條大門通便成為分界線，一邊是火場的遺跡，一邊是毫髮未傷的街道，站在這裡看著兩邊，不免令人產生奇異的感覺。我有個同年代的朋友，當時因為千住郊外的老家被燒毀，他只能跑到父親上班的堀留町來避難，結果平安地在東京的市中心迎來戰爭結束的日子。這裡就是如此充滿奇蹟的地方。

現在周圍幾乎全已改建為高樓大廈，但在小巷裡，還是能看到像三光稻荷之類保留戰前懷舊氣氛的遺跡，我一面隨意瀏覽一面繼續朝著小傳馬町十字路口前進。沿著江戶通往北走，越過馬路後轉向左側，立刻看到路邊的大安樂寺和十思公園。小傳馬町牢屋敷遺跡就在這裡。

根據切繪圖顯示，整座牢房呈四方形，周圍用一道壕溝圍住，東西兩側各有一座小橋。牢房的總面積為二六七七坪（八八五〇平方公尺），四周建了一圈高達七尺八寸（二．三六公尺）的土牆，高牆頂端還裝置防止犯人逃跑的柵欄。從西側外門進入牢房大院後，正面是審問大堂，右邊是長方形連棟式的同心宿舍，以及典獄長石出帶刀的官邸。左邊也是一座長方形的連棟式木造建築，建築內隔成一間連著一間的房間，分別是二間牢（共有兩間，每間的大小為二十四疊榻榻米，兩疊約一坪）、大牢、揚屋（共有三間，每間的大小為十五疊榻榻米），最裡面是揚座敷（共有三間，每間的大小為十八疊榻榻米）和百姓牢。行刑的房間叫做「拷問藏」，在西邊，刑場則在牢房的東側角落。

「十思公園」的位置大約就在從前的牢屋敷正中央，以這裡為中心，加上環繞周圍一圈的空地，剛好構成整座公園。公園對面的大安樂寺外面有一道貼瓷磚的石牆，牆壁的中央嵌入一根石柱，柱上塗了紅漆的刻字寫著：「江戶傳馬町刑場遺跡」。後方有一座延命地藏佛像，旁邊是紅色屋頂的弁天堂。一望即知這裡是什麼地方。咦！難道從前是在路邊斬首啊！我有點訝異。經過大殿前面的賽錢箱時，我丟了些零錢進去，然後繼續前進。

假設我們現在順著時光隧道回到江戶的市街，應該立刻會發現，那條通過小傳馬町十字路口的大路，應該比現在縮短一半。沿途還有壕溝、土牆，所以路旁的景色應該跟現在完全不同。不過，唉，大概也差不多吧。

那個時代的世界總是一片寂靜。附近的石町有一座報時鐘，每天定時敲鐘報時，大江戶的四百十町的居民都聽得到這裡的鐘聲，就像一首川柳詩形容的那樣：「石町鐘響傳江戶，百姓聞聲忙起居。」事實上，當時就連犯人處死的時間，都得聽鐘聲行事。因為這個緣故，「石町報時鐘」現在是東京都的重要文物，已被移到十思公園，掛在園裡那座時尚的鐘樓上。仔細想想，當時即將處死的犯人登上臨終的舞台時，嘴裡發出的慘叫聲應該會越過土牆，傳遍四方吧。就連大丸吳服店那邊應該都能聽到。

日本橋是全國五條街道的起點，但幕府卻把牢屋敷設在日本橋的附近，斬首示眾的刑場也設在道路旁邊。由此可知，這是幕府精心設計的結果，因為幕府想讓民眾用眼睛觀看，用耳朵傾聽，也因此，大江戶才能維持長期的太平盛世。

十思公園裡面有一塊史蹟解說板，據板上的文字說明，在兩百七十年之間，這座牢屋敷總共收容過數十萬名入獄者，這個數字非常籠統。還有一種說法指出，平時這座牢房裡經常關押著三、四百人，每天都有數人從大門送進去，也有數人因被處死或在獄中暴斃，而從後面的「不淨門」拖出去。照這種狀況判斷，可以說，幾乎沒有人活著出去吧。所以小傳馬町二丁目等於就是地獄一丁目嘍……喔，原來俗語常說的「地獄一丁目」就是指這裡啊？

江戶時代入獄者受到的待遇根據身分而定，而且差距相當大。一般庶民被關在大牢，下級武士或僧侶被關在「揚屋」，「揚座敷」則專供上級武士使用。不過，後來到了幕府末期，入獄者的人數遠遠超出牢房的收容極限，特別像安政大獄的時候，曾經把一千人關在一個房間裡，就連武士也跟平民一起關進大牢。甚至像吉田松陰之類的愛國志士，後來也被關在大牢裡。幕府這種做法又引起了更多不滿，討伐幕府的聲浪也越來越高，最後，德川家持續十五代的榮華富貴，終於在一夜之間瓦解。

時至今日，幕府已經結束一百四十年。現在的十思公園已成為令人暫忘都心喧譁的空間。四周除了寺院之外，還有中小企業的辦公大樓、舊十思小學的校園等，圍繞在公園周圍。園裡有許多鴿子正在曬太陽，木椅上零星地坐著幾個平時白天無處可去的閒人。所以我也加入他們，在木椅上坐下。

4

慶應四年（一八六八年）陰曆七月，日本的新政府把江戶改名為東京，九月，改年號為明治。小傳馬町牢屋敷改名為囚獄司，原本在牢屋工作的同心、下男等員工改稱看守。原本世襲的牢屋奉行石出帶刀則被免職。

新政府任命的囚獄長（典獄長），是岡山藩士小原重哉。其實他在不久之前，還因為密謀暗殺官員的嫌疑被關在大牢裡，就在他即將問斬的瞬間，明治維新獲得全勝，小原重哉也因此免除一死。他就任囚獄長之後，立刻著手改革，首先把「揚座敷」改造為囚犯病房，規定牢房內每個月必須舉行一次大掃除，犯人的寢具都拿出去曬太陽，同時還取消了幕府公認的牢內官吏制度。因為之前的監獄裡，某些囚犯會被安排幕府公認的職務，命令他們幫忙管理其他囚犯。這些由囚犯擔任的職務名稱包括：牢名主（從前當過牢名主的囚犯）、隅之隱居（在門口負責守望）、二番役（負責照顧病患）、添役（囚犯頭目）等，小原重哉自己坐牢的時候被這種階級制度欺負得很苦，所以他就任後立即取消了這種制度。這項創舉稱得上是一大改革。可見改朝換代有時還是必須的。小原重哉後來成為法官，專門研究監獄法並且成為貴族院議員。

明治八年（一八七五年），牢屋敷的犯人全部遷到新建完工的市谷監獄。顯然這時的小傳馬町牢屋敷已經不敷使用。因為那時正值改朝換代的初期，不斷有人誹謗批判新政府，所以必須把這些人抓起來。

小傳馬町牢屋敷拆掉之後，原來的佔地空了很長一段時間，大家都把那塊空地叫做「牢屋之原」。牢屋敷剛剛拆掉不久，那塊空地就算白送也沒人想要。明治十二年，長谷川時雨的父親深造成為日本政府認可的十二名代言人（律師）之一。不久，一位政府高官向深造表示，想把那塊空地免費送給他，但深造拒絕了。

「雖然大家都說那地方不乾淨，但從前關在裡面的，也不全是壞人。從前跟現在不同，那時冤死的人不知有多少呢。我好像都能聽到被砍頭的犯人在那裡哭號呢，好討厭。腦袋砍掉了還能咻地一下向前奔跑呢，好像在說快跑啊，快跑啊。太恐怖了。（中略）總之那種地皮啊，我可不想要。」

原來真的有人聽過慘叫的聲音。但他說不要這塊地，更可能是出於江戶子的傲氣吧。其實那時他只要說一聲「好」，立刻就能獲得一塊日本橋附近的地皮，這裡的地價可是「一升黃金換一升土」呢。那麼，那塊空地後來究竟被誰買去了呢？據《中央區三十年史》記載，後來那塊土地的買主是大倉喜八郎和安田善次郎。

然而，只靠新興暴發戶的手段和能力，還是無法把那塊空地開發成市街。「『牢屋之原』上搭起許多小劇場，路上擠滿了看戲的觀眾，氣氛十分熱鬧。想必地主是想用這種方式趕走地上的髒東西吧。原本位於主幹道的鐵道馬車軌道拆除後，那條道路變成了商店街，不淨門前的道路和原本大牢周圍的壕溝已被填平。這塊地區的對面後來建了四座寺院：新高野山大安樂寺、身延山久遠寺、村雲別院、圓光大師寺。另外還把憲兵營地也移到了從前的牢屋敷大門口。如此一來，不潔之地就算被四周團團鎮住了吧。那些寺院還沒完工之前，中央的空地曾經是露天舞台，經常演出走鋼索、雜耍之類的特技表演。」其中最受歡迎的，是說書藝人在小劇場表演的怪談故事。兩百七十年之間發生在這塊土地的冤恨情仇，深深震撼了觀眾的心弦，隔壁寺院的梵鐘也常在故事中被說書人提起。「說故事的藝人說出了人性缺陷造成的恐怖結局，每天從早到晚，劇場裡擠滿了觀眾——到了晚上，十字路口的夜間小攤，櫻花茶店門外的長凳周圍，熱鬧的氣氛讓那些受驚的年輕觀眾心靈受到撫慰。」

以上這段文字摘自《舊聞日本橋》。作者在書中深切追憶往日情景，並告訴讀者：能把不淨的邪魔趕走的，其實是藝能的力量。

我還讀過另一本書，書中文字也證明了當時這裡的市井繁榮景象：

「這裡經常上演各種節目。許多小販從各地趕來擺攤販賣烤海螺、爆蠶豆、橘子水……隨著季節變化，小販也在這裡叫賣甜玉米、烤板栗、椎樹籽之類的零食。小劇院的門外掛著紅白條紋的帷幕，一個男人盤腿坐在木門前面，一手抓著響木和奇鞋牌，一手圈在嘴邊喊道：門衛在此，門衛在此。節目的內容千奇百怪，有人把野狗用鐵鍊拴著，然後把活雞舉到狗鼻子前面，野雞立刻發出一陣尖叫；還有頭戴小碟，形狀怪異的河童，跳進水窪裡不斷划水發出嘩啦嘩啦的聲響。」

上面這段文字摘自明治作家中勘助的《銀匙》。勘助出生於明治十八年（一八八五年），小時候都是伯母負責照顧他。那位伯母經常背著勘助到這附近來玩。勘助的父親在美濃今尾藩的藩主家裡當管家，藩主的宅第在神田東松下町，從那裡步行到牢屋之原只需花費幾分鐘。勘助在書中寫道：「我最喜歡看的表演，是鴕鳥跟人類的相撲。男選手的頭上綁一條扭成繩狀的手巾，身上穿著劍道的護胸，鴕鳥則不斷跳上跳下，彷彿在向男人挑戰。跳了半天，鴕鳥開始生氣了，便抬起腳砰砰砰地踢過來。有時鴕鳥被對手壓住脖子，就算鴕鳥戰敗；有時是男人被鴕鳥踢中，只能嘴裡喊著：『糟了！糟了！』落荒而逃。」

順便再向各位介紹另一位作家的作品吧。這位作家從小體弱多病。

「天氣晴朗的日子，阿婆常背著我到各處寺廟去逛廟會。我家住在濱町，離我家最近的寺廟是清正公（加藤清正），人形町的水天宮、大觀音、牢屋之原的弘法大師，有時阿婆還背我走過日本橋通，去拜河岸西邊的地藏菩薩。」

這段文字摘自谷崎潤一郎的《幼小時代》。出生於明治十九年的谷崎是富家少爺，谷崎出生時，他的外祖父經營的谷崎活版印刷廠，專門負責印行日本橋蠣殼町的股市快報。當時他們全家才從外祖父家搬出來，遷到濱町定居。那位擔任保姆的阿婆經常背著他，從濱町一路走到牢屋之原。從前東京的廟會非常多，出門隨便逛逛，就能碰到哪裡正在舉辦廟會。

對了，值得一提的是，東京下町的居民把這種趴在保姆背上的少爺叫做「味噌滓」。上面介紹的兩位作家，幼時分別由保姆背著從牢屋之原的南邊和北邊走到這兒。說不定，他們還曾在路上擦身而過吧？明治十二年出生的長谷川時雨跟谷崎一樣，也是出身名門的千金小姐，而且具有十分細膩的觀察力。如果聽到有人說她是味噌滓，說不定會翻白眼瞪著對方吧。以上摘選的幾段文字，描寫的都是明治二十年代某一天的牢屋之原。

5

大正十二年（一九二三年）九月一日關東大地震發生之後，東京的下町幾乎全部化為焦土。不過日本橋周圍地區很快就展開了災後的復興建設。譬如像大安樂寺和身延別院都遷到其他地點重建。昭和三年（一九二八年）年底，十思小學新校舍建設完工，接著，十思公園也開始對外開放。當時建成的公園大致也就是現在的模樣。

「十思」這個名詞據說來自漢文書籍《資治通鑑》裡的「十思之疏」一詞，意思是指「臣子勸諫天子必須具備十個條件」。但是這所下町的小學又不是學習院，為什麼取了含意如此深奧的校名呢？據資料記載，十思小學創立於明治十年，當時東京市內的行政區是大區小區制，日本橋周邊被劃分在第一大區內，十思小學則是十四小區的學校。因為「十四」的日文發音跟「十思」一樣，所以才取了這個名字。原來如此！原來是來自諧音字！從前那個時代，幾乎每個人都擁有漢學素養呢。劃分行政區之後，牢屋遺跡的位置在十二小區，十四小區則在牢屋遺跡的西邊。明治末年，十思小學曾經遷到大師堂境內，那時學校是一座木造的兩層建築。後來因為震災復興建設，才改建為三層的鋼筋樓房。

東京市在大地震之後的表現實在很了不起。由於最初提出的復興計畫被市民指責為畫大餅，相關單位只好在刪減經費的狀況下，建成了隅田川十二橋，以及像昭和通之類的市內主要幹道。事實上，這些建設後來也讓東京市民深受其益。另一方面，震災後的小學也跟上述各項建設一樣造福公眾。重建後的校舍不但堅固耐震，還有配套的小公園，兩者共同擔負各町防災據點的重任。重建的校舍雖是鋼筋水泥構造，室內的牆壁和地面都鋪上板材，冬季採用熱水片暖氣，廁所採用水洗式便器，所以各町的學童都對自己的學校引以為傲。

然而，震災後學校雖然提升了硬體等級，軟體卻朝向詭異的方向前進。隨著戰局逐漸升級，日本開始走向軍國主義。到了昭和十六年春天，小學終於改名為國民學校。這項變革雖在日本各地同時進行，但我現在看到「十思國民學校」，心底還是不免生出特別的感覺，或許是我過於主觀吧。然而，這個地點確實跟吉田松陰有關啊。

吉田松陰在第二次世界大戰中曾是日本人克己奉公的典範。他為了學習如何提高國防能力，曾想搭船前往國外，最後卻以失敗告終。松陰曾向社會宣傳：為了萬民安泰，全國必須忠君。但他的呼籲並沒有獲得共鳴，最後，松陰告訴其他的知識分子：你們去爭自己的功業吧，我還是要當忠義之士。說完沒過多久，他就被處死了。松陰的人格裡擁有一種純潔感人的力量，死後漸漸被染上一層神格化色彩，並在二次大戰中成為特攻精神的範本。這種精神就是「一君成功萬骨枯」。

「縱使身朽武藏野，生生不息大和魂。」這是松陰被拉到刑場時，大聲朗誦的絕命詩，唸完之後，他便從容赴死。我唸初中的時候整天聽到老師講述這段故事，聽得我耳朵都要長繭了。而詩中的「武藏野」正是我正在閒逛的市街。松陰從西部長州長途跋涉來到江戶，或許這首詩正是他對牢屋的印象吧。赴死之前，他用洪亮的聲音朗誦詩句，肯定是想讓土牆外的行人也能聽到。只要願意傾聽的人，一定就能聽到。

十思公園的角落裡豎立著一塊刻著「松陰先生終焉之地」的石碑，旁邊還有一塊刻著上述絕命詩的詩碑。立碑的時間是昭和十四年（一九三九年），也就是中日戰爭的第三年。兩塊石碑當時應該安置在更醒目的地方。因為合乎時代需要嘛。現在則靜悄悄地藏在公園東邊的樹壇裡，也是因為現代的需要吧。

公園北邊的樹叢裡還有一塊大石碑，必須抬頭仰視才能看清。碑上用特別的篆書刻著「忠魂碑」三個大字，旁邊還有一行字：「明治丙午夏 希典書」。明治丙午年就是明治三十九年（一九〇六年）。這塊碑既是陸軍大將乃木希典親筆題字，應該就是日俄戰爭的紀念碑吧。我猜這塊紀念碑一開始就豎立在這兒，後來十思公園開始施工，為了更加完善地保存石碑，所以又在石碑下面增建了底座。

寫到這兒，我想起上野公園的梯形樹壇裡也有一塊乃木希典親筆題字的石碑，上面寫著「忠魂碑」三個字。另外在兩國橋東邊橋頭的樹壇裡，有一塊寫著「表忠碑」的石碑，是陸軍大將大山巖的手跡。深川公園的廣場角落也有一塊寫著「忠魂碑」的石碑，出自澀澤榮一的手筆。其實東京市內各區，不，恐怕日本全國各村鎮，都有類似的石碑豎在當地，石碑背面都刻著那個區或村鎮派赴戰場的出征者或犧牲者的姓名。東京飛鳥山公園也有一塊巨大的「明治三十七八年戰役紀念碑」，上面刻著大約兩千名北豐島郡的出征者姓名。

按照慣例，我面前這塊日俄戰爭紀念碑的背面，應該刻著日本橋區的軍人名單。但我繞到石碑背面一看，不禁大吃一驚。原來石碑的背面只剩兩個四方形的凹槽！上下兩個凹槽都是長方形，一個呈直立狀，一個呈橫臥狀，應該是曾經有過什麼東西嵌在這兩個槽裡。

這座背面有欠缺的忠魂碑腳下，還有兩塊小型副碑，像部下似的佇立兩旁。從忠魂碑的對面望去，右邊那塊副碑上寫著「表忠碑」，建立於昭和七年（一九三二年），背面也跟忠魂碑一樣，有兩個上下排列的凹槽。上面的洞裡嵌著介紹立碑由來的緣起文，下面的洞裡嵌著參加日清戰爭（中日甲午戰爭）的二十六名出征者姓名，以及滿州事變（九一八事變）的十名犧牲者的官階與姓名。據緣起文的內容指出，這塊副碑並不是日清戰爭的時候建立的，而是在為滿州事變、上海事變（一二八事變）中犧牲的區民建碑時，也想同時表彰參加日清戰爭的從軍區民。我在這裡所寫的「滿州」二字，是現代當用漢字的寫法，石碑上刻著的卻是「滿洲」，這是從前的寫法。

一般來說，副碑的格式應該都是模仿主碑製作的，所以根據副碑的格式推測，忠魂碑背面的凹槽裡，應該曾經嵌進兩塊銅板，一塊記錄日俄戰爭時從這個區派往戰場的犧牲者姓名，另一塊則是建碑由來的緣起文。兩塊銅板鑄造完成後，嵌進石碑背後的凹槽裡。因為這裡正是「梵鐘天天賣」的金屬製品批發街，附近也有很多鐵匠聚居。像這種浮刻文字的銅板，正好也是當地擅長製作的特產。怪不得這幾塊石碑看起來很特別，因為是日本橋區的石碑啊。

至於那兩塊銅板，究竟是什麼時候被誰挖掉的呢？我想，應該是戰爭的時候，政府向民間徵收金屬的結果吧。真令人難以置信。這可是忠魂碑呀。不該拿去融成槍砲吧？不過，當時那個時代，就連路燈（一八七五年）橋身都得拆掉上繳政府呢。如此說來，日俄戰爭的勇士被刻在銅板之後，又再度被送上了戰場吧。

也可能是戰後專偷金屬的小偷幹的吧？當時那個年頭，所有不起眼的金屬製品，譬如像火場廢墟的水管、寺廟的銅屋頂，還有上野西鄉隆彥銅像上的牽狗繩，都逃不過被偷的命運。

忠魂碑左側還有一塊狀如寶塔的小型石碑，上面刻著「和平之礎」四個字，設立時間是昭和四十三年（一九六八年）三月十日，碑上的文字顯示，這塊石碑是為了告慰參加支那事變（抗日戰爭）、大東亞戰爭（第二次世界大戰）與各次衛國戰役的諸位先烈英靈建立的。三月十日是日本的陸軍紀念日。日俄戰爭中，日軍在這一天攻陷了奉天（瀋陽）。三月十日也是東京大空襲的日子，第二次世界大戰末期，東京在一夜之間被美軍炸死了十萬人。如果把無數燒死者的姓名都刻在碑上，光是日本橋區的死者姓名就不知需要多少塊石碑，說不定十思公園會變成一片碑林吧。今天，在這忠魂碑的角落，空氣裡瀰漫著二十世紀的苦澀與混亂。繁茂的樹木矗立四周，不經意地遮住了許多東西，陽光正從葉縫中射向下方。

近年來，日本橋周邊的居民人口越來越少，學童人數也逐年遞減，平成二年（一九九〇年），十思小學正式結束校務，跟日本橋小學合併成為一校。具有文化財價值的舊校舍現已改建為「中央區立十思廣場」，進駐廣場的機構都是跟老人有關的設施，譬如銀髮族諮詢中心、居家長照服務站等。

6

言歸正傳，還是讓我繼續向各位介紹牢屋敷吧。

我們已在兩國回向院看過鼠小僧次郎吉的墳墓，他被捕之後也被關進了小傳馬町牢屋敷。天保三年（一八三二年）八月十九日，鼠小僧在遊街示眾之後，在品川刑場梟首示眾。行刑當天，犯人坐在沒有馬鞍的馬背上，從牢屋後方的不淨門被人拉出去，然後故意繞遠路前往鈴之森刑場。次郎吉身上穿著黑色麻布和服，裡面還穿了印花棉布內衣，腰上繫一條八端織腰帶，臉上還化了一層薄妝。

「遊街示眾」是指犯人跟著列舉罪狀的木牌，在戒備森嚴的警衛包圍下繞行市內一周的活動。這種刑罰具有殺雞儆猴的作用，同時也是犯人在江戶市街的最後巡禮。犯人穿著一身鮮豔醒目的服裝，一面前進一面向沿途擁來看熱鬧的群眾大聲吟唱絕命歌，也可以說是吹哨壯膽的表演。犯人在遊行隊伍裡就像明星一般引人注目，事後甚至還被大眾反覆傳誦，換句話說，遊街示眾其實是官民聯手向社會呈現的一項演出。

江戶時代的死刑分好幾種：下手人、死罪、獄門、磔刑（綁在木柱上用長槍刺死）、炮烙、鋸刑（鋸斷脖子）等，處死的方法以及處理屍體的方式，都是根據罪行的輕重等因素而定。譬如像「下手人」，就只是砍頭而已；「死罪」犯人的遺體則會被當成武士試用刀劍的道具；「獄門」是把砍下來的腦袋放在木台上，連續三天供人參觀。據說那座木台的高度雖號稱六尺，其實木台的底部有二尺埋在土中，所以木台的高度剛好跟一般人的眼睛一樣高。東海道沿線的刑場設在品川宿前方的鈴之森；奧州・日光街道的刑場設在江戶至千住宿之間的小塚原。幕府把刑場設在這兩個地點的目的，是要警告沿途的旅人，不要在江戶幹壞事，否則就會像這些犯人一樣。

幕府末期，日本開始對外開放門戶，歐美人到了日本以後，經常責難日本的死刑過於殘酷，所以明治新政府上台後，立刻廢止了從前的死刑。但是中世紀的西洋也曾把犯人的腦袋掛在城門上供人觀賞呢。何況還有像十字架、斷頭台之類的刑具，還是他們發明的。老實說，人類行為向來具有共通性，但有時卻因地域或時代的差異，而被判定為野蠻或文明。

總之，上述的刑罰就是我們的文化，也因此，還有人會在斬首前想在臉上化層薄妝。這真是值得讚揚的好習慣！

鼠小僧的故事後來果然被大眾不斷傳誦，就連戲劇也把他的故事搬上了舞台。在他被處死後二十五年，也就是安政四年（一八五七年），歌舞伎狂言作者河竹默阿彌的〈鼠小紋東君新形〉主角（鼠小僧）亮相時唸了一段風靡一時的台詞：「我雖從小愛偷東西，總把別人的東西當成自己的，帶回自己家，但我從沒做過兇殘邪惡的事情。」儘管鼠小僧是把從大名宅第偷到的金子拿去豪賭，觀眾卻覺得非常痛快，理由或許是因為鼠小僧偷了富人的財產之後，又平均分給庶民吧。

就在這齣歌舞伎上演的那一年，江戶出現了兩名前所未聞的小偷。兩人後來都被關進牢屋敷。東窗事發的兩年前，也就是安政二年三月六日，這兩名小偷大膽地闖進江戶城樓本丸的金庫，背走兩個裝著兩千兩小判的箱子。更驚人的是他們不畏辛苦，曾在行動前六度潛入金庫，還事先做好了備用鑰匙。小判偷回來之後，兩人把金幣埋在地下，不久，江戶發生大地震，兩人便趁這個機會，藉口在震災後販賣木材賺了大錢，開始從事高利貸生意。然而，一連串的好運之後，終於還是被人抓到了把柄。於是，浪人藤岡藤十郎和野州遊民富藏，「在安政四年二月二十六日，因事跡敗露，被捕入獄，五月十三日，兩人在遊街示眾之後，於千住處以磔刑。」（《武江年表》）

這件史無前例的竊盜案，兩名小偷最後雖然被繩之以法，卻也證明當時的社會治安已經出現破綻。德川幕府用來維持兩百五十年政權的制度顯然已出現金屬疲勞。事實上，就在十年後，政府軍便長驅直入，揮師進入江戶城，德川幕府也在一夜之間瀕臨瓦解。

明治十八年（一八八五年），河竹默阿彌的劇本〈四千兩小判梅葉〉舉行首演。故事內容就是上述的偷竊事件，這時一般大眾對德川家已經毫無忌憚。舞台的帷幕拉開，第一幕的場景是在四谷見附的城壕邊，兩名主角正在商議去哪裡下手。其中一人說，鼠小僧有什麼了不起，小角色一個而已。另一人則提議，要偷就去偷公家的金庫。於是大膽的富藏跟謹慎的藤十郎，兩人便聯手幹下這件史無前例的大案。等到事跡敗露後，兩人都被關進大牢。在傳馬町大牢那一幕裡，觀眾還見識到展現形式美為主軸的敘事風格。

第四幕也是這齣戲最重要的壓軸戲。帷幕拉開後，觀眾看到舞台右邊角落裡，「隅之隱居」坐在七片榻榻米疊成的坐墊上，旁邊還有一排臨時鋪設的單片榻榻米坐墊，上面分別坐著派有公職任務的犯人，譬如像「隱居」、「平之隱居」、擔任「二番役」的富藏，以及其他數名負責看守獄門的囚犯。「牢名主」坐在十片榻榻米疊成的坐墊上，身邊也有一排部下，譬如像「穴之隱居」、「若隱居」、「三番役」、「四番役」、「五番役」等，都是三、四個人擠在一塊榻榻米坐墊上。其他還有許多地位較低的囚犯，密密麻麻擠成一堆，比現代的滿員電車看起來更擁擠。

第四幕一開始，演員輪流回顧從前的往事。從天保十三年（一八四二年）幕府實施改革以來，違反禁令偷賣奢侈品的商人，一個接一個被送進大牢。「新來的囚犯貢獻了大量金錢和物資，我們這大牢，從來都沒那麼富裕過呢。」所以當時那些囚犯，甚至連曬乾的食材都不肯吃。再回頭看看新近入獄的囚犯，全都是些不懂規矩的傢伙。劇情進行到這兒，觀眾這才聽懂，富藏似乎第二天就要被綁赴刑場了。因為牢名主拿起了事先準備好的包袱交給富藏說：「我國有史以來，你是頭一個幹下這種驚天大案的盜賊，本想為你準備一身豪華的穿戴，送你上路的，但如今的世道太不景氣，大牢裡也跟外面一樣，什麼事都辦不成。所以只能為你準備一件條紋棉布和服，再加一條博多織腰帶，你可不要怪我。」隅之隱居也送給富藏一串紙折的數珠。富藏先向牢名主表示謝意，再向所有的囚犯道別。牢名主說：「哎呀，快點告訴管帳的，叫他們準備酒菜啊。大家都表演一段自己得意的歌舞，熱熱鬧鬧地為他送別。」一說完，牢房裡所有的囚犯都開心地載歌載舞，興高采烈地開了一場歡送會。

真有這種事嗎？哎，這可是千真萬確的事情！這部劇作是默阿彌親自走訪入獄者之後寫成的。「這裡是地獄一丁目，二丁目在這裡是不存在的。」當舞台上的富藏唸出這段有名的台詞時，背景音樂響起鐵匠敲打鐵鎚發出的叮叮咚咚聲響。因為跟牢房一街之隔的小傳馬上町，正是鐵匠聚居的地區，每天從早到晚，都能聽到鐵鎚的敲擊聲。這部歌舞伎的舞台上，是以這種方式忠實展現「有錢能使鬼推磨」的現實。

第二天，犯人在牢屋敷接受宣判。富藏從西大牢被獄卒押解出來，他穿著條紋棉布和服，腰上繫著博多織腰帶，腳上穿著白繩帶草鞋，脖上掛著粗麻繩和一串紙折的數珠。藤十郎則從東大牢押解出來，他身上的和服印著黑色五骨扇家紋，跟富藏一樣穿著白繩帶的草鞋，脖上掛著粗麻繩和紙折的數珠。兩人站在官員面前聽候宣判。當時的藤十郎三十七歲，富藏三十三歲。宣判完畢，兩人被拉出牢屋敷。這時牢房裡的犯人向他們喊道：「日本最偉大的小偷！」藤十郎唸道：「今天是這世上的……」富藏接著唸道：「最後一眼了。」唸完，太鼓齊鳴，舞台開始旋轉。

舞台旋轉了一百八十度，背面的另一座舞台轉到正前方，只見左右兩端都是土牆，正中央後方是祖師堂，舞台背景則是明治十八年的牢屋之原。這天夜間的街頭正在舉辦佛事，參加「萬燈練供養」的民眾擠得水泄不通，南無妙法蓮華經的團扇太鼓不斷敲擊，遊行群眾配合鼓聲翩翩起舞。遊街示眾的隊伍終於隆重登場。

當時遊街示眾的路線是根據罪刑輕重而定，輕罪的犯人只在日本橋周邊繞場一周，重罪的犯人則從日本橋走到江戶城樓，然後繞城樓一圈。藤十郎和富藏應該是先走到當初兩人決定聯手作案的四谷見附去看最後一眼。兩人的目的地千住，是小塚原刑場的所在地，而他們被判的「磔刑」，則比獄門更重一級。因為他們「作案手法驚動幕府，兩人都罪大惡極」。

犯人被綁上高約二間（約四公尺，一間約為一百八十公分）的磔柱，兩臂也被固定在橫木上，整個身體看來就像個「大」字。接著，在這傳說的市街中，別離的鮮血灑遍大地。

對了，下次就讓我們去逛逛千住吧。

03

傳說的市街千住

千住大橋
隅田川(荒川)
素盞雄神社
真養寺
コツ通り
日光街道
西光寺
円通寺
旧黒門
南千住駅
回向院
新吉原総靈塔
延命寺
浄閑寺
首切り地蔵
大関横丁
日比谷線三ノ輪駅3番出口
昭和通り
明治通り
土手通り
一葉記念館
国際通り
吉原大門

1

搭乘東京地鐵日比谷線到達三輪車站後，從三號驗票口走出車站，立刻看到前方的大關橫丁十字路口。昭和通和明治通在此交會，車流偶爾停滯片刻，又立刻向前飛馳而去。我看到綠燈亮了，也跟著邁開步子，朝向今天的預定路線前進。

過了十字路口，我順著道路繞進小路。今天要去參訪的榮法山淨閑寺就在街角，周圍出奇地安靜。這是一座淨土宗寺廟，創建於明曆元年（一六五五年）。穿過樸質的山門，鋼筋建築搭配瓦頂的大殿出現在眼前，是一棟看來既宏偉又簡樸的平房。

我在大殿外面行了一禮，從左側繞到大殿後方的L形墓園。密密麻麻的墓碑排列得非常整齊，墓碑與墓碑之間的通道非常狹窄，但我每次到這兒來，都看到通道打掃得極為整潔。大殿後面有一棵枝椏伸向四方的榛樹，樹下有一座四方形石屋。屋頂上面安置一塊底部是石雕蓮花座的墓碑，看起來特別高大。碑上刻著「新吉原總靈塔」幾個字，背面則刻著「昭和四年八月重修」。

石屋的一半在地下，側面的牆上有幾個窗洞。越過小洞可以看到部分放在昏暗室內的骨灰罈。現在這裡應該沒有新的骨灰罈存進來了。因為新吉原早已消失。但作為土耳其浴業者的聚集地，這裡仍然保留著風俗產業的傳統。

吉原從日本橋搬遷到「淺草田圃」，是在明曆三年（一六五七年），淨閑寺則是在兩年後創建的，也就是說，新吉原和淨閑寺大約是同時到這兒來創業的先驅。

當時從各藩的大名、精於此道的玩家，以及八五郎、熊五郎之類庶民嫖客，幾乎所有的男人都認為，如能經常到吉原玩樂，是男人最值得驕傲的事情。吉原也是江戶時代的時尚流行發源地。「夜晚的吉原」跟「早上的魚河岸」和「中午的芝居町」，並稱是「每天消費千兩黃金的地方」。文人雅士曾經留下詩句形容吉原的榮景：「暗夜在吉原，燦爛如月夜」（其角）以每天營業額千兩黃金來計算，其中大約一成是營業稅，全都得上繳幕府。這也是幕府認可吉原花街公開營業的理由。吉原也在幕府為首的各方壓榨下，發展成為象徵繁榮大江戶的亮麗舞台。

但在這個舞台後台的一角，卻又是另一番景象。武陽隱士在《世事見聞錄》（文化十三年（一八一六年））裡曾提到當時的吉原。

作者在書中寫道，當初庄司甚右衛門在日本橋開始經營青樓的時候，手下擁有妓女三、四百人，「但現在吉原町的妓女人數，已達到三、四千人。妓女之外還有藝妓和賣唱女，也多達三、四百人。日本橋以外的青樓都設在號稱『御構場所』的地方，譬如像『深川六所』，以及品川、千住、板橋、內藤新宿、小塚原、根津、谷中、市谷、赤坂、本所松井町、入江町等地。」

所以說，吉原是幕府認可的花街，「御構場所」也叫做「岡場所」，則是幕府默許的青樓。吉原跟岡場所的關係，或許跟戰後的紅線地帶（特殊飲食店街，也是政府默認的賣春地點）與藍線地帶（私娼街）有些相似。不過，這些跟我們這一章的主題似乎無關，我還是言歸正傳吧。

「妓女其實不該受到責備，該受到譴責的，是叫做『亡八』的妓院經營者。……他們先用微薄的代價把民家的愛女搶來，像籠中鳥似的把那些女孩關起來」，然後再強迫女孩接客，如果女孩不從，就不給她們吃飯，或把她們毒打幾頓。女孩若是企圖逃走，「除了被責打強迫服從，有些女孩甚至被竹尺打得昏死過去，或被脫光衣服」，吊在房梁上，由妓院老闆親自痛打。「『亡八』這種職業，就像這樣整天作威作福。」

年紀漸長妓女會被妓院趕出去，當初賣身欠下的債款尚未還清，身心卻已病勢沉重，「如果病勢沉重，難以恢復健康，又沒人照顧的話，等於就是坐等餓死。也有些妓女會用各種方法自殺，譬像上吊、跳井、刎頸、咬舌……。像這些暴斃的妓女，有些人可能會依法接受驗屍，但絕大多數的個案都被隱匿起來，而以所謂『投入』的方式埋進投入寺院的『總墓』。」

這段文字裡提到的「投入寺」，就是這座淨閑寺。而在兩百多年之間，被投入那個叫做「總墓」的大坑裡的妓女總數，高達兩萬五千多人。淨閑寺現在還保存著十本死者名簿，據名簿的紀錄顯示，死者大部分都是二十多歲的女孩。

《世事見聞錄》裡也提到這些暴斃的妓女。

暴斃的妓女屍體「手腳全被捆住，然後用一張粗草蓆裹著埋進土裡。其實這是那些妓院老闆施行的祕術。因為據說貓狗死後用這種方式埋葬，就會墮入畜生道，下輩子還會變成畜生」。可見那些亡八們也對自己的所作所為感到畏懼吧。武陽隱士在書中寫道：「禮、義、廉、直、孝、悌、忠、信，因為他們忘了這八種德行，所以叫做『忘八』。」而「亡八」的發音跟「忘八」相同，所以妓院老闆被叫做「亡八」。武陽隱士在書中嚴厲批評他們是「人面獸心之輩」，身上穿著真絲和服，外面還披著進口綢緞製作的外套，「幹他們那一行的人，跟其他人不一樣，他們的臉色紅潤，體格肥胖，穿戴豪華，出手闊綽，而且揮金如土，不論走到哪裡，任何人都能看出他們是妓院的老闆。」

甚至到了後世的我們這一代，仍然有人提出證言：

「青樓老闆是一種貴族，他們供養的檀那寺（家廟），都偏愛像寬永寺、青松寺、東．西別院之類的大廟，像投入寺之類的地方，他們根本看不上。」（岩野喜久代，《大正．三輪淨閑寺》，一九七八年，青蛙房出版）

寬永寺是德川將軍家的菩提寺（家廟），芝的青松寺則是曹洞宗的江戶三大名剎之一，東西別院即是本願寺。

那些短命的妓女為什麼都葬在淨閑寺呢？讓我們從「江戶切繪圖」裡尋找答案。我手邊有一張「今戶箕輪．淺草繪圖」，是最近印行的嘉永六年尾張屋版。

繪圖的正中央有一塊塗成灰色的四方形，這裡就是新吉原。周圍一圈是綠色的田地，再靠外面一圈，有很多紅線標出的寺院。從這張圖裡可以看出，當時從淺草到上野一帶，幾乎所有町裡都聚集了許多寺院。我猜這張繪圖在當時，應該是新吉原的觀光手冊吧。前往吉原的最佳路線是先搭豬牙船，順著隅田川駛進「山谷堀」（市內的城渠），登上河邊的堤防後，再從衣紋坂下山後抵達花街。河邊那道堤防叫做「日本堤」，是為了荒川（隅田川）氾濫時保護江戶市區不受波及而建。堤防的北側就算江戶城外了。

當時妓女的遺體等同於貓狗的屍體，必須被拋棄在城外。正好在這片城區跟郊外的交界處，有許多寺院聚集在此。我們可以想像一下，扛著屍體的工人正要朝向堤防前進，他們沿著花街的中央大道，一路向西，前往隅田川畔。結果到了河邊一看，最先映入眼簾的，就是淨閑寺。我現在打量著手裡的切繪圖，彷彿聽到那些工人欣喜地嚷著：太好了，找到地方了。

安政二年（一八五五年）十月二日，江戶發生了直下型大地震，喪命的妓女共有一千人。據說地震發生後，妓女們爭先恐後都想逃出去，但吉原的大門卻關得緊緊的。那次震災造成的大量遺體，後來也被埋在淨閑寺，寺裡為她們建了「新吉原無緣塔」。後來有些人覺得這些妓女死得太慘，便紛紛解囊為她們豎立墓碑。現在的總靈塔還保留了當初無緣塔的蓮花基座與笠石（石牆最上面的石塊）。

大正十二年（一九二三年）九月一日發生關東大地震，新吉原全部燒毀。地震來襲時，許多妓女用腰帶彼此捆在一起，最後集體淹死在現在NTT吉原分社附近的弁天池裡。當時妓院裡引導妓女逃命的幾名男僕也跟大家綁在一起，結果池裡堆滿屍體，甚至疊得高出水面。那幾名無人認屍的男僕，後來也被葬在這座總靈塔裡面。

火勢一直燒到淨閑寺前方才終於撲滅。震災後，附近開始進行道路擴建工程，區劃整理，並且開通了大路，小巷也被拓寬了。但淨閑寺的境內面積反而比從前縮小了，不僅如此，還另外建造了石屋，並且重新把墓碑整頓一番。整建後的淨閑寺就是今天大家看到的模樣。

昭和二十年（一九四五年）三月十日發生東京大空襲的時候，日本堤、三輪周邊以北地區都很幸運地逃過燒毀的命運。那時淨閑寺前面有一間「人偏屋鞋店」，老闆家的少爺荒木經惟當時才剛滿四歲，長大成人之後，變成了日本著名的攝影師。荒木經惟親口描述過火災當時的情景：「空襲時，我們全都逃到淨閑寺的墓園去避難。那時我看到周圍的天空都被燒成紅色，所以我現在最喜歡紅色。」

在那場大火裡，「人偏屋」的招牌和寫著「名物下駄」（特產木屐）的看板都被平安地保存下來。那家鞋店的招牌現在雖然看不到了，但附近的大街小巷，仍然保留了些許東京的昔日風貌。從那之後，大江戶後來發生過十幾次大火，每次火災中，新吉原都被燒得一乾二淨，但不知為何，淨閑寺周圍卻始終奇蹟般地逃過了劫難。

每次到這裡來，石屋的正面總能看到有人供上的鮮花，右邊的牆上嵌著一塊很像題辭紙卡的黑色正方石板，上面刻著兩句詩：

「生來陷苦海，死在淨閑寺／花醉」

原來如此，這裡有兩萬五千名女孩長眠於此。這兩句詩則是川柳詩人花又花醉於大正二年發表的作品。旁邊還有一行字：「昭和三十八年十一月川柳詩人俱樂部・橫濱川柳懇談會」。

不經意地回過頭，永井荷風的石碑近在眼前。這塊石碑其實是一道大谷石堆砌的石牆，位置就在大殿後方的牆外，石牆緊倚大殿而立，牆上嵌著一連四片黑石，看起來就像一扇小型屏風。石牆前方的地面呈長方形，一端有塊像枕頭似的基石，上面安置一座石雕，看起來很像包裝紙包好的禮盒。這就是荷風的「筆塚」。石雕的禮盒裡面保存著荷風愛用的小型毛筆和他的兩顆牙齒。筆塚的位置就在總靈塔的正前方，充分顯示荷風願與兩萬五千亡靈相伴於地下的決心。筆塚的設計者是谷口吉郎。

荷風在日記《斷腸亭日乘》的昭和十二年六月二十二日那天留下一段文字：

「我死之後，後人若要為我建墓，就在淨閑寺墓園的娼妓亂墳堆中，找一塊地，立一塊碑吧。石碑不可高過五尺，上面只刻『荷風散人墓』五字足矣。」

雜司之谷靈園的永井家墓園裡有一座「永井荷風墓」，高約五尺的墓碑上就刻著這五個字。除了地點之外，這座墳墓當然沒什麼可以挑剔的。不過荷風的知己卻覺得有點遺憾，因為一個人的長眠之地畢竟不可等閒視之啊。筆塚旁那扇小屏風的左角記載了建碑的緣由：「谷崎潤一郎與後輩四十二人為表達對故人的追思之情」，所以「在這裡建立荷風碑，並把故人的紀念物埋藏於此」。建碑的日期是「荷風去世四周年紀念日　昭和三十八年四月三十日　荷風碑建立委員會」。

上面摘選的幾段文字，只是碑文的說明。這道石牆其實是一塊詩碑，碑文的主體是荷風的詩集《偏奇館吟草》裡的一首詩，題目叫做〈震災〉，整首詩都用明體字雕刻而成。荷風在詩中嘆息，江戶的餘韻與明治的文化都已化為灰燼。「現在，我還有什麼可以欣賞的？我是個明治人。已經走進歷史的明治人。」

所以荷風認為世界正在走向衰退嗎？就算事實如此，可能也只是生在美好時代的上流社會人士的世界觀吧。不過，荷風其實也遭受過戰火的摧殘。他在麻布的「偏奇館」裡收藏了萬卷書籍，戰爭中全部化為灰燼。後來在逃難的路上也遇到各種災難。或許這段末世餘生的經驗給他帶來極大的刺激，等到戰爭結束後，荷風已不把顏面排場放在眼裡，整天只跟淺草的舞女混在一起。

這塊荷風的詩碑跟花醉的川柳碑是在同一年建造的，第二年，東京奧林匹克運動會舉行了開幕典禮。之後，東京便迅速邁向高速公路和高層建築的時代。野田宇太郎提倡的「文學散步」，也是從那段時期開始。淨閑寺與龍泉的一葉紀念館是當時最受歡迎的觀光路線。每天從早到晚都有嚮導舉著旗子，帶領旅遊團在這兩個景點之間穿梭。每年四月三十日是荷風的忌日，淨閑寺總是在會議室舉辦「荷風忌」，許多荷風粉絲不論男女老少都會趕來參加。

2

走出淨閑寺，沿著白牆繼續向右前進，左側的公寓那邊就算台東區了，淨閑寺這邊則屬於荒川區。原來如此！把這條路的弧線跟切繪圖對比後可以看出，這條路就是山谷堀上游的音無川。昭和四年（一九三九年），音無川加蓋成為暗渠，直到昭和七年為止，這條路的左側是東京市下谷區，右側則是東京府北豐島郡。由此可見，東京的行政區分界線雖然常有變化，但是江戶的範圍從以前到現在並未改變。

我順著大路向北前進，穿過常盤線的高架橋，來到國道四號線，也就是「昭和通」。這條路越過「明治通」之後，改名叫做「日光街道」。但不知為何，前面提到的「今戶箕輪・淺草繪圖」裡，「昭和通」完全不見蹤影，從「上野通」往「金杉通」的道路叫做「日光道中支線」。這條路又跟半途出現的「昭和通」合而為一，過了大關橫丁之後原本的名字竟然不見了，而改名叫做「日光街道」。反正現在從我手上這張切繪圖看起來，結果似乎就是這樣。

切繪圖上的「日光街道」左側連續有三間寺院並列路旁：公春院、真正寺、觀音堂。三間寺院就是按照這樣的順序，分別把門柱豎在路邊的民宅區當中。每間寺院的門內有通道，大殿座落在通道盡頭。現在我看到的實際狀況，就跟切繪圖裡畫的一樣，每間寺院的大門內都有一段道路，沿途土地都規劃為商業區，叫做「門前町」，只是面積都不大。而原本是曹洞宗補陀山圓通寺的「觀音堂」，現在幾乎是直接位於馬路旁邊。這間寺院就是最先悼祭彰義隊員的地方，也因為這個原因，上野戰爭中被砲火損毀的黑門，後來也搬到圓通寺境內一角，在此陪伴著德川幕府的遺老墓碑群。

上野戰爭結束後，圓通寺是唯一獲准供奉叛軍的寺院，因為住持佛磨和尚與施主總代表三河屋幸三郎都跟德川幕府的交情匪淺。慶應四年（一八六八年）陰曆五月十五日的激戰中，上野山全部燒毀。「隊員相繼戰死山中，遺體遭受風吹雨淋，泥土掩蓋，卻無人出面幫忙掩埋，我身為僧徒，實在無法袖手旁觀」、「兩百三十名陣亡者的屍骨，於六月九日由敝寺負責收屍」。以上兩段文字，是第二年五月圓通寺為了舉辦一周年法事，向政府提出的請願書中的部分內容。後來政府同意把彰義隊員的骨灰經由「金杉通」運到圓通寺，或許也是因為這裡算是江戶．東京的郊外吧。圓通寺的施主總代表三河屋幸三郎原本是一名賭徒，後來改邪歸正，成為幕府的御用商人，圓通寺在他和其他施主的努力下，不僅收購周圍土地，建設成門前町商業區，寺院境內的面積也有所擴展。

圓通寺從前因為擁有一百座觀音像，所以叫做「百體觀音堂」，但在安政地震時，建築物全部震毀。現在的圓通寺大殿已在數年前改建為鋼筋建築，殿內正面安置一座金色巨型觀音像。所以切繪圖裡的「觀音堂」又在現代復活了。

從前的觀音堂大殿也是一棟簡樸的平房。殿前左側放著那扇破破爛爛的黑門。其實黑門在明治四十年（一九〇七年）從上野搬到這裡來的時候，早已破爛不堪，之後，相關單位進行整修時，曾把門幅縮小了一些。昭和初年，黑門的修復工作終於完成，但沒過多久，又開始出現腐蝕現象。儘管如此，這扇門扉仍然保持百年前上野戰爭時的外觀。但老實說，現在這扇新的黑門剛剛整修完工時，我心裡有點失落。已經變成這樣了，還修什麼呢？門柱上的名牌上寫著：「昭和六十一年三月三十一日整修完工」。之後，又經過二十多年的風雪摧殘，新的黑門卻沒再發生腐蝕，顯然是後來的防腐加工發揮了功效。現在的門扉上可以看到許多彈孔，其實都是仿造效果。黑門就是歷史資料。

圓通寺境內有個被鐵絲網圍住的角落，網內零星散布著許多大小墓碑。黑門也被這道鐵絲網圈在裡面。角落裡靠近大殿的位置有一座五輪塔，但沒有標示名稱。這就是彰義隊員的墳墓，只有墓前的香爐上刻著「戰死墓」三個字。旁邊有一座用石牆圍住的「死節之墓」，最早由三河屋幸三郎建在自己的別墅裡暗中祭拜，明治十一年（一八七八年）才遷到這裡。墓碑的三面都刻著戊辰戰爭的犧牲者姓名，總數大約有一百人，近藤勇、土方歲三的名字也在其中。政府准許幕府軍犧牲者的親友祭拜亡者，是在明治七年（一八七四年），而這座墳墓當時立即遷到圓通寺來，膽子實在夠大的。

這個角落裡，我還看到佛磨和尚的墳墓、三河屋幸三郎的彰顯碑，以及許多名人的紀念碑，譬如榎本武揚、大鳥圭介、天野八郎、新門辰五郎、高松凌雲……總共約有三十多座。另外有一塊石碑，上半部折斷了，只剩下面一半寫著：「次郎之碑」。這是彰義隊員肥庄次郎的墓碑。原來他參加上野戰爭後，又回到吉原去當幫間（男藝妓），藝名叫做松迺舍露八。據說他生前交代周圍的人：「我家沒有家廟，等我死了，就把我葬在眾多彰義隊員長眠的圓通寺吧。」所以在這座折斷的石碑後面，後人按照他的遺言，幫他造了一座外型頗為可愛的石塔。

令人納悶的是，彰義隊卻不像新撰組那麼受歡迎。其實明治二十三年（一八九〇年）第三次勸業展覽會的全景館裡，曾以上野戰爭作為演出節目，並且獲得觀眾的好評。但後來又發生了甲午戰爭、日俄戰爭，所以全景館的節目主題也很快就變成這兩場戰爭。更重要的是，彰義隊的殘餘隊員後來都各尋前途去了。除了我在前面提到的著名幫間肥庄次郎之外，譬如像大日本印刷廠創業者佐久間貞一、日本女子大學創校者之一的戶川殘花等。換句話說，後來大家對彰義隊的整體觀感變得較為複雜，而且之後的日本又經歷了東京大空襲，所以當年那場只有上野山一角燒毀的戰爭，就根本算不了什麼了。如今，這個角落只在人們腦中留下片段的想像：在那場短短的半日戰爭中，留在戰場的無數死屍迅速地被政府軍抬走，送進招魂社（靖國神社）接受祭拜；另一方面，彰義隊員的兩百數十名死者卻被同伴拋棄在塵土之中。眼前這個角落的樹蔭下，眾多石碑冷漠豎立，無言地望著不同的方向。

3

走出圓通寺之後，繼續向北前行。日光街道上的車流正朝向千住大橋湧去，這條路到了前方岔口分為兩條路，微微向左斜行的那條似乎是從前的舊路，於是我便踏上了那條路。果然如我所料，那條路就跟切繪圖上標示的一樣，直接通往「牛頭天王社」，也就是今天的「素盞雄神社」，我便順著那條路來到神社西邊的角落。

直達神社門前這一段路，叫做「日光道中支線」。從前的旅人都是經由這段岔路先到神社，然後才返回主幹道。或許他們是來這兒抽抽菸，休息一下吧。我向前殿的賽錢箱裡丟了幾個零錢，然後在四處閒逛了一會兒。

前殿的右前方有一座綠蔭茂密的岩山。殿前有一座鳥居聳立，左右兩側各掛一只大燈籠，上面分別寫著「飛鳥社」、「天王宮」。據說這座岩山本身就是神體，名字叫做「瑞光石」。《江戶名所圖會》裡面也有這座神社的鳥瞰圖，社名標示為「牛頭天王社」。相傳在一千兩百年前的某一天，這座從上古時代流傳下來的岩山頂端突然發出祥瑞之光，接著就有兩名老翁從天而降，向世人傳達神諭。這段傳說也就是「素盞雄神社」創建的由來。神社裡供奉的守護神是周邊地區最具影響力的神祇，在祂守護下的居民多達六十一町。長久以來，信眾都稱這裡的神祇為「天王」，但是明治維（一八七二年）新以後，可能因為「天王」的日文發音「テンノウ」跟「天皇」一樣，所以從明治五年開始，神社就改名為「素盞雄神社」，但是社內定期舉辦的祭典，還是叫做「天王祭」。

岩山的山麓周圍插滿白色小旗，團團圍在山腳下，每面旗上都寫著「蘇民將來子孫也」。傳說在很久很久以前，有個叫做「蘇民將來」的人看到「素盞雄尊」（日本神話中開天闢地的神祇伊奘諾尊的第三個兒子）遭遇困難，便向他伸出援手。素盞雄尊為了表示感謝，便把避免感染疫病的祕訣告訴蘇民將來。後來，蘇民將來的後代子孫全都在疫病蔓延時逃過了劫難。或許這段故事給蘇民將來的子孫帶來了勇氣，他們便想造福更多眾生，所以後來還在岩山上建了富士講的石碑，主動承擔起富士信仰象徵的重任。其實這附近是平原地形，這座岩山在這裡原本就很醒目突兀。也因此，這裡才得到「小塚原」這個地名。

身負多項重任的瑞光石可不是等閒的守護神。因為南千住周邊的小學都是以「瑞光」作為校名。原本最多的時候曾經排到「第六瑞光小學」，但近年附近居民逐漸減少，所以第四瑞光小學和第五瑞光小學已合併為「汐入小學」。有趣的是，這些小學的畢業生全都是氏子（受到同一個守護神庇佑的子民），所以大家對三年一次的盛大祭典都願意熱心參與。每當沉重的「宮神輿」（神社的神轎）在六十一町進行繞行時，周圍群眾一擁而上，把宮神輿擠得左右搖晃，有時甚至還把神輿撞壞，最後只得花大錢修理。真沒想到啊，東京現在竟還有這麼強健的守護神！

神社的正殿旁有一塊芭蕉碑，路邊豎著一塊案內板，上面的字體看起來十分精緻美麗，仔細閱讀才發現，原來是《奧之細道》的開頭第一段：

「登舟相送至千住上岸，想到此去前途三千里，心中甚感悲涼，不免為傳說的市街灑下離別淚。春將歸，鳥啼魚落淚　芭蕉翁」文字下方刻著頭戴旅人頭巾的芭蕉像。

芭蕉踏上旅程是在元祿二年（一六八九年）春天，他從深川上船，行至千住上岸，然後順著日光街道北上。現在的千住大橋北端小公園裡有一塊芭蕉出發紀念碑，一般推測他上岸的地點，大概是在隅田川北側的左岸。但我覺得芭蕉應該在右岸上岸。他跟送行的親友一一話別後，再步行越過大橋，那樣的構圖應該更美。素盞雄神社的這塊芭蕉碑建於文政三年（一八二〇年），現在是荒川區的文化財，左岸那塊出發紀念碑建於昭和四十九年（一九七四年），現在是足立區的文化財。

「心中悲戚戚，上野谷中花滿梢，不知何時再相見。」讓芭蕉流淚不捨的，應該是大江戶整座城市吧。但今天能在這裡看到這塊芭蕉碑，也算是緣分。因為我現在正在閒逛的南千住，正是碑文中提到的「傳說的市街」。

向右轉身正要離去時，一抬眼，我看到正前方有一塊石碑。這塊安置在神社境內一角的石碑，緊貼大樓後牆而建，碑上寫著：「明治三十七八年戰役紀念碑　希典書」。

不知為何，每次在這附近閒逛，總會看到類似忠魂碑的石碑。乃木希典究竟揮筆留下多少墨寶？我橫著身子鑽進高樓後牆與石碑之間的空隙，看到石碑背面寫著：「本千住町出征軍人」等字，下面還列出了名單，總共分成六段，全部共有一百七十人。所以說，這是一塊出征軍人的彰顯碑。

我想起飛鳥山公園的那塊巨型石碑，上面也寫著「明治三十七八年戰役紀念碑」，石碑背面刻著北豐島郡全郡的出征者姓名。名單是按照村町分類，密密麻麻大約刻了兩千人的名字。而這座神社從前也在北豐島郡之內，所以這塊石碑上的一百七十人，應該也會重複地刻在另一塊石碑上。不過，這裡才是那些出征者的守護神掌管的範圍，當然應該再立一塊屬於當地居民的石碑。

這種石碑雖然全國各地都能看到，但仔細想想，這座神社裡，不可能沒有一塊這樣的石碑。雖說全國各地都千篇一律地立碑，但是每一塊石碑的製作格式都不一樣。譬如刻在這塊碑上的一百七十名出征者，雖有姓名，卻沒寫兵階，也沒有註明像步兵、騎兵、工兵之類的兵種。因為他們在這裡地位平等，都是為同一位守護神扛抬神輿的氏子。當然其中也有人戰死沙場，所以才在這裡為亡者建立了鎮魂碑。

4

走出素盞雄神社後向東走，前方有個兩條道路交會的路口，其中一條是車輛川流不息的「日光街道」（國道四號），另一條是從南千住車站那邊延伸過來的「白骨通」（都道四六四號線）。兩條路合成一條道路後通往千住大橋。江戶時代的「日光街道」就是現在這條「白骨通」，而從日本橋至宇都宮的那條路則是「奧州街道」，前者跟後者有部分重疊。今天我的目的地是白骨通，但我決定順著日光街道東側的步道往回走，先朝著三輪的方向前進。

走了一段路，來到日蓮宗運千山真養寺的門前。大殿是一棟鋼筋建築的兩層樓房，境內的環境顯得十分擁擠，站在門外就能直接看到大殿。門邊有塊解說板，據板上的文字說明介紹，明治四十年，日光街道拓寬時，真養寺的境內被分成兩半。原來如此，我看到遙遠的道路對面，似乎有一塊寫著「真養寺廟西墓地靈園」的看板，還有被石牆遮住的佛塔。切繪圖裡的真養寺境內面積是細長的長方形，後來拓寬的日光街道直接從境內的正中央穿過，所以真養寺的境內現在只剩下從前那個長方形的兩端。日俄戰爭後的東京曾經進行過各種開發建設，我想這裡也算是具有紀念價值的開發案例。

切繪圖裡的真養寺前方還有一座西光寺，從寺前的轉角向東轉，一直走到道路盡頭，就可抵達切繪圖裡用紅色方框標示的「火葬寺」。我打算先到那裡看看。

江戶時代著名的儒學家寺門靜軒在《江戶繁昌記》第五篇（天保七年（一八三六年））〈千住〉一章裡寫道：

「淨土寺後面有個火葬場。從早到晚，火苗不斷，從不熄滅，每天都要燃燒無數屍體。夜晚生火焚燒，晨風吹散灰燼。今天輪到回向院，明天輪到永代寺，各地寺院都把屍體轉送到這裡來。」

這裡有一座附近十九座寺院共同使用的火葬場，東西約六十多間（約一百多公尺），南北約五十多間，也就是說，整片用地大約是長寬各一百多公尺的一塊四方形土地。靜軒繼續在書中介紹：「焚屍的方式按照收費而定。」多付錢就可把屍體裝在棺材裡焚燒；要省錢的話，就把屍體直接放在火中燃燒。送葬的人把屍體送到後，暫時離去，第二天早上再返回火葬場。「可憐原本完整的血肉之軀，這時已化為散放餘溫的一把灰燼。送葬者用筷子撿起骨塊，將之粉碎後裝進小罐。」雖說日本直到最近的埋葬方式，仍以土葬為主，誰又能想到，在一升金子只能換一升土地的大江戶，城區邊緣曾經開了好幾處類似上述的火葬場。尤其是在流行病猖獗的時期，火葬場總是有燒不完的屍體。江戶時代的考證家齋藤月岑曾在《武江年表》裡記載了安政五年

（一八五八年）霍亂大流行的情景：

「小柄原、深川靈巖寺、桐谷、四谷狼谷、落合村……以及其他附設墓園的寺院，全都混雜不堪，棺木堆積如山……周圍不斷有惡臭撲鼻而來……從八月朔日至九月底，城內的武家寺院當中，因為此病喪生的男女共有兩萬八千多人，其中火葬者約九千九百多人。」著名的浮世繪畫師安藤廣重，還有墳墓設在本所回向院的劇作家山東京山，都在這場傳染病大流行中病逝了。

這段文字裡的「小柄原」其實就是「小塚原」（「小柄原」的日文發音こづかはら，跟「小塚原」的發音一樣）。據史料記載，當時有個人從火葬場經由「金杉通」返回上野廣小路，他在路上看到許多棺材陸續運向火葬場，於是暗中計算一下，結果發現棺材的總數竟然高達一百七十三！（立川昭二，《江戶病草紙》，筑摩學藝文庫）

明治十年（一八七七年），這座火葬場改組成為公共設施，不再僅限那十九間寺院才能使用。明治十九年，江戶又發生了痢疾、傷寒、霍亂等疫情，火葬場從早到晚燒不完，周圍的居民經常提出抗議，所以第二年的四月，火葬場終於停業，整座設施都被遷移到西邊的町屋去了。所以說，後來的「東京博善社町屋葬場」的起源是在這裡啊。

前方轉角處豎著若葉幼稚園的看板，走到那個轉角向右轉，立刻就能看到西光寺。這座寺廟是淨土宗大本山增上寺的分院，也是若葉幼稚園的經營者。所以現在這條小巷裡的氣氛十分平和，除了幼稚園之外，還有一棟四、五層樓的公寓和幾家公司的辦公室。如果把切繪圖跟眼前的景象重疊起來觀察就能發現，從前的火葬寺就在小巷的盡頭。不過，世事無常，往事如煙，現在在附近的居民已跟那座火葬場毫無關聯了。

但那座長寬各一百公尺的四方形火葬場，從前就在這個位置，這一點是不會錯的。我轉眼打量四周。看吧，小巷前方的天空裡有一根煙囪。裊裊輕煙正從煙囪口升向青天。那個位置，即使到了今天，仍在燃燒著什麼！

於是，我以煙囪為目標向前走去。穿過磚牆與民家之間的縫隙，繼續往前走，前方出現一座木材堆成的小山。原來我已站在一家錢湯的火爐前面。這家錢湯位於一棟公寓的一樓，上面幾層都是住家。

從前的火葬場，現在的錢湯。堆積如山的薪柴，從早到晚不斷燃燒。一切眾生悉皆成佛。啊！不論古今，我們都為了前往極樂天堂而積德行善。千住這地方，真的是傳說中的市街。

5

我終於來到「白骨通」。道路兩邊都是充滿懷舊氣氛的商店街，店前步道的上方架起連成一體的拱頂狀遮雨棚。

常盤線的高架橋在我的南邊，常盤線跟日光街道的交會點則在北邊。南北之間的這條路，長度約五百公尺。這條路為什麼叫做白骨通呢？因為這裡從前叫做「骨之原」（日文發音「こつがはら」跟「小塚原」的發音相近）。也因為這裡從前是刑場，曾經埋藏過無數遺骨，只要隨便挖一挖，就能挖出無數白骨。

翻開手裡的切繪圖，圖上的千住大橋南端有個町屋聚集的地區被塗成灰色，這裡就是「小塚原町」，也就是所謂的千住下宿區（廉價旅店區），大橋北端的北千住是上宿區。據《世事見聞錄》記載，在幕府默認的賣春地點一覽表裡，千住和小塚原都名列其中。下宿區前方全都是塗成綠色的田地，田裡有一條塗成黃色的道路貫穿而過。這條黃色道路跟現在的白骨通幾乎完全一致。猜想旅人都曾走在這條獨一無二的路上，一直走到淺草山谷町。就在切繪圖上的道路右側角落，有個四方形的方框，框裡寫著「刑場」兩字。

再介紹一段《江戶繁昌記》的紀錄文字吧：

「官府將此空地劃為刑場，重罪犯人於行刑後，曝屍於此，以示儆尤。後又在此興建淨土寺，安置地藏菩薩，以使孤魂野鬼也能成佛。此處因而唸佛之聲不絕於耳，縷縷香火，日夜綿延。此乃德刑之恩澤，萬民感戴，千古傳誦。」

翻譯成現代話就是說，幕府把這片荒野變成刑場，犯了重罪的犯人都在這裡處刑，死後便把屍體丟在這兒，起到殺雞儆猴的作用。後來幕府又在這裡興建寺廟，安置地藏菩薩，好讓那些孤魂野鬼都能超生。但願德川政權與嚴刑峻罰早晚受人膜拜，流傳千古。文章的表達方式充滿嘲諷之意，卻很符合寺門靜軒的文風。

奧州街道的小塚原和東海道的鈴森，都是出入江戶的門戶，所以幕府在這兩個地方開設了刑場。傳言的真實性有待考證，據說在大約兩百二十年之間，這兩個刑場處刑的犯人共有二十萬人；另一種傳說則認為，光是小塚原刑場就處刑了二十萬人。如果傳言屬實，就表示每天都有兩三人在這裡斬首或被處以磔刑。靜軒的紀錄文獻是以現在進行式寫下了上述文字。接著，他繼續寫道：「去年，淨土寺的隔鄰又建了法華寺。從此風流雅士，絡繹不絕。如今原野景觀已不再荒涼。」

同一條街上開了兩間寺院，這裡當然就不可避免地變成了觀光勝地。而位於街道前方的下宿區，也就逐漸發展成為人煙嘈雜的鬧市。

我繼續朝向「刑場」前進。穿過拱頂下的白骨通商店街，一路邁向南千住車站。

不一會兒，我已來到車站西口。原本十分密集的民家屋舍不見了，只見站前聳立著幾棟三十層左右的高樓。其實車站東口早已建起包括「汐入新城」在內的幾棟高樓，沒想到西口也已開始進行都市更新了。難怪每次到這裡來，都會發現鐵門深鎖的商店變多了。不，應該說，再過不久，這條路就會成為一條繁華熱鬧的白骨通吧。

很快地，終於快要走到「回向院」了。即將到達常盤線高架橋的地點，右側路邊有一棟白色建築，正面牆上印著金色葵紋。老實說，如此巨大的德川家紋，還挺少見的。這座建築既是大殿，也是住持的住家，從前覺得這棟樓房十分宏偉，簡直就像一塊特大的豆腐，現在四周都被高樓大廈環繞，反而不覺得這棟建築多了不起了。

回向院創建於寬文七年（一六六七年），也就是明曆大火的十年後。小傳馬町大牢處刑的死者原本都是送到位於本所的回向院總院埋葬，但後來回向院在這裡開設了分院，死刑犯的屍體全都轉送到這間寺院埋葬。《江戶繁昌記》裡提到的淨土寺，就是這座寺院，這裡也是刑場的入口。

這座刑場的面積約一千八百坪，入口的寬度約六十間（一〇九公尺），深度約三十間（五十五公尺）。當時寬達一百多公尺的入口，其實是從今天這座回向院的門口一直橫跨到相隔數條鐵軌之外的對面。現在回向院門前有幾條雜亂排列的鐵軌，其中包括常盤線、東京地鐵日比谷線、JR貨運線。簡單地說，回向院門前曾經進行過多次鐵軌鋪設工程，反覆的拆散、挖掘、敲毀等作業之後，刑場的痕跡早已完全消滅。

刑場的入口怎麼會變成今天這樣？讓我簡單說明一下吧。明治新政府成立後，廢除了磔刑、炮烙等刑罰，但是斬首仍然繼續執行。明治五年二月，夜嵐阿絹因為謀殺親夫被處死刑，並且梟首示眾三天。明治八年，市谷監獄興建完工，這個刑場被指定為「監獄埋葬地」（監獄專用墓地）。殺人犯高橋阿傳於明治十二年一月，在市谷刑場斬首後，屍體被送到淺草的警察醫院進行解剖，然後才被埋葬在這裡。日本從明治十四年（一八八一年）起廢除斬首，之後的死刑改用絞刑。同一年，這個刑場宣布作廢，高橋阿傳的遺骨也被允許改葬。她的墳墓現在位於谷中墓園公共廁所的旁邊。關於阿絹與阿傳的故事，我在舊作《定本犯罪紳士錄》（筑摩文庫）的結尾曾經介紹過，就不在這裡重複了。

不久，火車的汽笛聲傳來，日本終於也有了鐵路。明治二十八年（一八九五年）起，日本鐵道會社開始在田端與土浦之間進行土浦線（後來的常盤線）鐵軌鋪設工程。舊刑場北邊的部分全部拆除，改建為南千住車站；南邊的部分也同時拆掉，鋪上ＪＲ貨運鐵軌，並在這裡開設隅田川貨運站。計畫中的這條貨運鐵軌要從露天的斬首地藏菩薩像的位置穿過，所以相關單位只好在兩條鐵軌之間建了一座石塚，然後把菩薩像移到別處去了。

現在就讓我們先去參拜這尊斬首地藏菩薩吧。

6

越過常盤線高架橋下方之後，前方可以看到地鐵日比谷線結構堅固的高架鐵道。走到粗壯的水泥橋墩旁向右轉，前面出現一條窄巷。就在小巷的深處，露天的地藏菩薩石像就坐在那兒，胸前掛著一塊很大的圍兜。

走進小巷之後，首先看到地藏菩薩像前面有個小廣場，右邊的白色建築是「延命寺」，昭和五十七年跟前面介紹的「回向院」分離之後，又在這裡另起爐灶。換句話說，這座寺院也等於是「回向院」的姊妹寺。延命寺的境內呈三角形，夾在兩條高架鐵軌之間，寺院後方的墓園隱約可見。

這尊地藏石像的正式名稱是「延命地藏菩薩」，通稱「斬首地藏」，建於寬保元年（一七四一年）。據基座上的雕刻文字說明，這座石像當初是由附近街道的富裕商家捐款建成。整座石像由二十七塊花崗岩拼裝而成，怪不得可以拆開移到別處。菩薩盤腿坐在基座的蓮台上，右手持錫杖，左手持寶珠，石像高一丈二尺（三・六公尺）。石像旁邊還有一座大石塔。這幅景象不論在江戶時代的繪畫或明治時代的照片都曾出現。石塔上有江戶時代的特殊字體「髭文字」刻著「南無妙法蓮華經」幾個字。現在這座石塔安置在地藏菩薩的前方。

刑場的北邊是回向院，南邊是地藏石像，行刑與梟首示眾的地點，都在南北之間的中間位置。附近地區原是貧瘠的沼澤地，據說有一次附近淹大水，積水一直淹到地藏石像的脖子。後來因為鋪設貨運線鐵軌，就把石像移到現在的位置，施工單位還特地在基座下堆了很高的土，把石像放在比從前更高的位置。

延命寺後面的墓園區，地勢顯得較低。或許是從前刑場時代留下的傳統習俗吧。

我走到墓園的角門前，剛好看到門開著，便懷著戒慎恐懼的心情走進去。令人意外的是，墓園的面積雖小，卻打理得十分整齊。不像剛才看到的那些無人供奉的墳墓，全都亂七八糟地擠在一起，而且周圍樹木叢生，常春藤纏繞，簡直就像吳哥窟的迷你版。眼前這座墓園裡豎著一塊刻著「南無阿彌陀佛」的墓碑，下面的基石刻著「鐵道會社」，似乎是為了紀念土浦線建設工程中的犧牲者。據說從前曾經有人建過一座供奉塔，發起人好像是鐵道公司的股東。當時的鐵軌鋪設工程是在地下的骨灰上面填高土堆，然後把軌道架設在土堆上。不過當初進行這項工程的日本鐵道會社，已於明治三十九年（一九〇六年）變成國營，之後，又改回了民營。那座供奉塔後來也好像無人聞問，最後終於不知去向。

斬首地藏菩薩可能是在明治或其後的大正．昭和戰前時期遷到這裡的，在那之前，石像應該是在位置更高的地方。到了戰後的昭和三十年代，國鐵南千住車站高架化，營團地鐵日比谷線的南千住車站也把鐵軌再度升高。據說那項工程進行時，附近挖出許多白骨。我們從當時的一張照片裡也可看出，斬首地藏菩薩那時是在較高的位置俯視微微隆起的骸骨小山。這張照片刊載於瀧川政次郎的《日本行刑史》（一九六一年，青蛙房出版）一一三頁。照片是在昭和三十五年（一九六〇年）六月拍攝，地藏菩薩和供養塔的位置跟現在一樣。但周圍環境顯得非常空曠。就連改建前的回向院的瓦片屋頂都能看得到。

貨運線的鐵軌後來移到地下，但是鐵道線路卻持續增加，南千住車站附近出現了永遠無法通過的「魔鬼平交道」。昭和四十七年（一九七二年），相關單位決定把平交道高架化，同時也進行道路拓寬工程，之後「都道四六四號線」（即白骨通）改由貨運線高架鐵軌的下方通過。這項工程進行時，施工單位又挖出許多骨骸。

回向院境內的面積也再度被迫縮小。現在的回向院於昭和四十九年完成改建，施工單位從被縮減的土地下面挖出大約兩百個裝在木桶裡的頭蓋骨。應該都是從前放在四尺高的木台上示眾的人頭。而當年的刑場現在仍被埋在地下。

平成十年（一九九八年），迎向未來的常盤新線「筑波快線」開始動工。由於某些地區必須挖掘地下隧道穿過，這下可不得了了。據平成十四年發表的期中報告顯示，施工單位在面積約一百三十平方公尺的 A 區裡總共挖出頭蓋骨兩百多個，四肢骨骸一千七百多塊。在面積約三十二平方公尺的 B 區則只挖出頭蓋骨六十個，其他區域的狀況如何，也就可想而知了。以上的數字只是史蹟調查的紀錄，並且是在限定區域內得到的結果。

延命寺墓園現在位於鐵道旁的都營住宅下方，就像是在許多公寓組成的山谷底部。兩側的上方有高架鐵軌，整天都有電車往來穿梭，車上載滿了塵世的工作狂。這座昔日的刑場，直到多年之前，還堆著滿地的墓碑，只要在這兒蹲下，似乎就能聽到江戶・東京的土地神正在向我低語。其實這座墓園也進行過再開發計畫。經過一番整頓後，現在變成了景觀美麗的小型墓地。

那麼，回向院的墓園現在又變成什麼樣呢？

7

我終於來到那個巨大的葵紋下方。水泥的屋簷外側，由左至右寫著「史蹟小塚原回向院」。

大殿的入口是個穿堂式空間，左側是玄關，右側的牆上嵌著一塊「觀臟紀念碑」。這塊空間原本也是停車場，但卻沒有一輛汽車停在這兒。大殿後方的墓園隱約可見。記得以前園裡的佛塔東倒西歪，亂七八糟。今天一望之下，不禁大吃一驚，沒想到那些墓碑和佛塔竟然排列得如此井然有序！我連忙走上前去，剛走到墓園邊緣，我又吃了一驚。沒想到整座墓園竟被平分為兩半。標示分界線的柱上掛著解說板，右邊的箭頭指向史蹟區，左邊的箭頭前方畫了一個「×」，旁邊的文字說明寫著：「前方為本寺施主家墓園，請勿進入。」史蹟區是一塊像詩箋般細長的空間，裡面的墓碑群都頗有來歷。

施主的墓園呈四方形，看起來很寬闊，似乎連牆外的天空都比較明亮。從前這裡有個貌似套盒的四方形墓區，地面鋪著石塊，吉田松陰的墳墓位於正中央，彷彿是套盒裡面的小盒，四周圍繞著三十幾座維新志士的墓碑群，就像套盒外層的大盒。整個空間顯得非常獨特。對照之下，周圍那些普通人的墳墓就像積木似的，全都緊緊地擠在一起。園內種著幾棵枝葉繁茂的大樹，更給這地方增添了幾許迷宮的氣氛。

沒想到現在這些看似新品的墓碑竟排列得如此整齊，墓碑之間的通道都鋪上仿紅磚的地磚，園裡沒有一棵樹，就連雜草生長的空隙都沒有。這項大規模的整頓作業是從平成十八年（二〇〇六年）開始。其實，遷移墳墓應該是一項十分複雜又艱難的任務，哎呀！真是太厲害了。簡直就像電腦裡的一堆雜亂檔案，突然按一下滑鼠，就全部各就各位的感覺。只是，現在這墓園看起來雖然整齊，卻顯得異常狹隘。

我轉身朝向史蹟區走去。這塊侷促的空間被分成了兩半。右側後方的位置，是橋本左內的墳墓。以前這座墳是在大殿外的大型護殿裡面，現在移到史蹟區來了，外型也整修得比從前小了很多。旁邊靠左側後方的位置，是「松陰二十一回猛士之墓」（「二十一回猛士」是吉田松陰的號）。墓前還有三十多塊墓碑，全都相對而立。這些墓碑都是從以前的套盒式墓園直接移過來的，所以這裡鋪在地上的石塊，肯定也是從那個施主墓園搬來的。

說起吉田松陰的墳墓，世田谷區若林的松陰神社那座墳才是正牌吧。所以這裡的墓碑，應該是松陰在傳馬町大牢斬首之後，暫葬此地的時候所立的墓碑吧？而那三十多塊墓碑，則是安政大獄、櫻田門之變與坂下門外之變三次政變中犧牲的維新志士，那位在政變中砍下大老井伊直弼首級的有村次左衛門，他的墓碑也在這三十多塊墓碑當中。這群墓碑中較新的一塊，是在昭和十七年（一九四二年）重建。橋本左內的墳墓最初所在的護殿，則是在昭和八年修建。這群明治維新殉難志士的墓碑上，全都刻著「小塚原烈士遺墳再建會於昭和十七年立碑」，所以都算是紀念碑吧。現在這塊園區所展示的，不僅是幕末．明治時代，也是昭和時代的史蹟。

我正要離開史蹟區的時候，突然看到入口的洗手池旁有一座小型墳墓，不禁駐足細看。墓碑正面刻著兩行字：「磯部淺一／妻登美子」，下面用較大的字體寫著「之墓」，側面寫著「淺一　昭和十二年八月十九日歿／得年三十三歲」「登美子　昭和十六年三月十三日歿／得年二十八歲」。

這是二二六事件首謀者之一的墳墓。二二六事件是昭和十一年（一九三六年）發生的軍事政變。牽涉到這次事件的十五名青年將官，後來全都因叛亂罪被槍決，他們的部分骨灰埋葬在麻布賢崇寺，每年應該都有後人前往參拜。事件發生的時候，磯部已被迫離開陸軍，他和另外三名首謀者跟上述十五人分別在不同的日子，於澀谷的東京戍衛監獄內伏法槍決。

吉田松陰臨終前宣稱：「各位去爭自己的功業吧，我還是要當忠義之士。」他的屍骨最後雖被埋在東京的原野，但他對明治維新也有相當的貢獻。磯部淺一跟吉田松陰一樣，為了讓萬民安居樂業，以行動表達「忠義」，結果卻被昭和的後世子孫蓋上不忠的烙印，就連生前的功業也被一筆勾消。二二六事件之後，軍方集中全力開始暴走，終於在九年後讓日本嚐到敗戰的苦果。這恐怕就是佛家所說的「因果報應」吧。

那些青年將官在刑場都曾高喊「天皇陛下萬歲」。磯部被槍決的那天，他把隨身攜帶的一束妻子的頭髮交給身邊的人，交代他們把那束頭髮放在自己的棺木裡。這是他臨終前最後一句話。「夫人在丈夫死後考取保姆資格後開始工作。最後，彷彿生命已經燃盡，她在昭和十六年三月病逝。據說死於肺部的疾病。」（參見澤地久枝的《妻子們的二二六事件》）

究竟是誰在這座回向院裡幫他們建了這座墳墓呢？什麼時候建造的呢？墓碑上除了上述文字外，再也沒有多刻一個字。從前墓園還沒進行整頓之前，這座墳墓被埋沒在一堆雜亂擁擠的墓群當中，絲毫不引人注意。那時只有一株山躑躅陪伴著孤零零的佛塔，既孤高又清雅。而現在，往事終於攤在陽光下受人檢視！所以他們的墳墓四周豎起了欄杆，地面鋪上碎石，顯然是一次精心設計的改葬。而且不可否認，有心人似乎想讓這座墳墓扮演史蹟區所有墳墓的守衛者。但我卻覺得，這座墳墓還是放在從前那種迷宮似的雜亂環境比較合適。因為這座墳墓超越了忠義與功業，只是一對夫婦合葬的墳墓啊。阿彌陀佛。

我重新回到大殿入口，細細觀賞鑲在穿堂北壁的紀念碑。貼滿磚塊狀瓷磚的牆壁上，有一塊由三片黑色石板組成的紀念碑，看起來很像一扇小屏風。碑上還嵌著一塊仿自《解體新書》卷頭插畫的青銅浮雕，旁邊有明體字刻成的碑文。碑文的題目是：「紀念解剖開啟的蘭學之路」（蘭學：經由荷蘭傳入日本的西方科學文化知識的總稱），下面就是我抄下的碑文原文：

「一七七一年，明和八年三月四日，杉田玄白、前野良澤、中川淳庵等人到此參觀臟腑。之前，雖然也有人看過解剖過程，但在他們參觀的那天，玄白帶來一本荷蘭文的解剖書《*Anatomische Tabellen*》，三人把書中插圖與實際物體兩相對照，才發現插圖畫得十分精確，不禁都大吃一驚。

回家的路上，三人決定一起努力為日本的醫者翻譯這本書。第二天開始，他們立即投入工作。之後，經過一番艱苦奮鬥，終於在一七七四年・永安三年八月譯成了《解體新書》，全書共五卷。

《解體新書》是日本第一部正式翻譯的西洋學術書籍。從此之後，『蘭學』成為廣受歡迎的顯學，並間接催生了日本的近代文化。

一九二二年，獎進醫會在大殿後方建立一座觀臟紀念碑，後來卻在一九四五年二月二十五日遭受戰火摧毀。現在特地重修一塊新的紀念碑，並把當年那座紀念碑上仿造《解體新書》首卷插畫的青銅浮雕版畫一部分移至此處。」

以上就是碑文的正文。結尾處記載如下：「一九五九年・昭和三十四年三月四日，

第十五回日本醫學會總會紀念日本醫史學會／日本醫學會／日本醫師會」。

多麼平易近人的一篇文章！之前參觀各處時，我總會碰到一堆寫著漢文或草書，根本無法看懂的石碑，就算像我這種稍懂一些皮毛的淺學之士，也不禁感嘆，日本的碑文竟然如此艱澀難懂。然而，眼前這篇文章或許是太淺顯了，我竟有點難以置信，忍不住再三細讀了好幾遍。

最初建立的觀臟紀念碑，是在大正十一年（一九二二年），地點是在大殿的後方。因為那個位置很可能就是當初進行解剖的地方。舊的紀念碑是一塊高約三公尺的仙台石，上面嵌入兩塊浮雕青銅板，一塊就是《解體新書》的首卷插畫，另一塊則是介紹立碑主旨的碑文。

二十三年之後，這座紀念碑被敵機炸毀。昭和二十年（一九四五年）二月二十五日，一百三十多架B29敵機飛臨東京上空。這是三月十日東京大空襲之前，敵機數度進行中等程度轟炸中的一次。可能敵機是以隅田川貨運站為目標，所以炸彈才會落在附近，把紀念碑的上半部都炸碎了。更過分的是，不久之後，剩下那塊刻著碑文的青銅板也被偷走了。傷痕累累的紀念碑令人不忍卒睹，所以相關單位於昭和三十四年又在大殿前方重建了新的紀念碑。這次採用大谷石做成一塊屏風，並把當年倖存的「解體紀念碑」嵌在屏風上，主要目的就是希望路過的行人都能看到這塊石碑。

但沒想到十三年之後，紀念碑又不得不從這裡遷走。因為都道464號線（白骨通）

即將拓寬，而且大殿也已落成，所以就把「解體紀念碑」移到了現在這面牆上。這段搬遷過程現今記錄在牆壁的左下角。碑文執筆人是緒方富雄，設計者是谷口吉郎。

淨閑寺的永井荷風碑也是谷口吉郎設計的，怪不得兩者有點相似。這兩塊紀念碑都做成石屏風的形態，一塊是為了向日本近代的開拓者致敬，另一塊則是向明治的鄉愁者致意。

但我真的很驚訝。從「新吉原無緣塔」、安政大獄史蹟區、霍亂大流行，到上野戰爭戰的犧牲者，那麼多人一個接一個倒下，但是周圍的當地居民每次都迅速俐落地幫那些亡者收拾殘局。我想，不管那些逝者生前效忠的是幕府還是天皇，他們對這附近鄰里的居民都有虧欠。就連明治的文明開化也一樣，都對附近居民有虧欠。事實上，日本近代文化正是從我腳下這個地點開始萌芽，面前這塊紀念碑，就是最好的證明。

據杉田玄白在《蘭學事始》記載：明和八年三月四日，希望參觀解剖的志願者一大早就在淺草山谷町出口的茶屋集合。「那時，良澤從懷裡掏出一本荷蘭文的書籍，一面翻開一面說：這就是那本叫做《*Anatomische Tabellen*》的荷文解剖醫書，這是前些年，我去長崎的時候找到的，一直放在家裡。」更巧的是，玄白最近也弄到那本書，並且帶到了現場。大家都對這種巧合感到驚喜。只是，良澤雖能讀懂一點荷文，玄白卻是一竅不通。「接著，大家便一起前往設在骨之原的參觀場所。」

解剖練習場設在刑場的西北角。當天被解剖的屍體，是一個叫做青茶婆的女人，年齡大約五十歲左右，因為是死刑犯的屍體，所以應該沒有腦袋。負責執刀的獄卒是九十歲的老手，已經解剖過無數屍體。幕府的御用醫師看到獄卒掏出內臟，有的人只瞥了一眼，彷彿在說：喔，這樣啊。還有人歪著腦袋說：跟漢方的書上寫的不一樣啊。這天是杉田玄白等人第一次把內臟跟西洋解剖書的插圖拿來對比，看到書中插圖跟實體完全一樣，三人都感到非常吃驚。不一會兒，解剖活動就結束了。「大家覺得既然來了，應該順便也觀察一下骨骸的形狀。於是便把散落在刑場地上的白骨撿起來，細細打量一番。原來大家以往所知的骨骼構造跟真實情況不太一樣，反而是荷蘭書籍的插圖幾乎分毫不差，大家都驚嘆不已。」

骨之原的地面到處都是骨塊，要多少有多少。刑場通常只在屍體上蓋一層薄薄的泥土，因為這樣屍體才能盡快化為骨灰。久而久之，刑場上幾乎滿地都是骨灰，最後甚至變成用骨灰蓋在屍體上。所以這裡才被叫做「骨之原」。

後來在返家的路上，杉田玄白、前野良澤、中川淳庵等三人分手前各自發表了感想，大家都覺得，如果能把這本荷蘭文圖書翻譯成日文，肯定能對日本的醫學界有所貢獻，而且這件工作也是他們身為醫生的責任，於是三人決定一起努力，共同完成翻譯的重任。「良澤聽說其他兩人也要參加，欣喜不已。便向同伴提議：既然如此，俗話說，打鐵趁熱，明天就到我家來動手翻譯吧。」說完，三人當場立下誓言。「第二天，三人在良澤家集合，繼續討論前一天提出的計畫，然後便翻開《*Anatomische*

Tabellen》進行翻譯，這項任務對他們來說，就像乘坐沒有櫓和舵的小船駛向大海，前方一片汪洋，不知在哪靠岸，三人都感到惶恐，不知所措。」

這段文字是我在舊制的初中上國語課的時候學過的。當時杉田玄白他們不知道片假名「呼魯黑漢德」是荷蘭文「鼻子」之意，後來才從數量極為欠缺的資料中查出，那個名詞表示鼻子在臉上「微微隆起」的意思時，玄白高興得「就像得到一塊價值連城的美玉，簡直無法用言語來形容」。關於這段故事，我從初中時就一直牢牢地記在心裡，就像吸墨紙吸進的墨水一樣。經過多年之後，我跟一位住在荷蘭的朋友談起這件事，朋友告訴我，荷蘭文根本沒有什麼「呼魯黑漢德」啊。害我聽了覺得好丟臉。不過玄白的文章寫得真好，現在回頭重讀，還是感覺精彩得像在聽說書。

總之，就在良澤家的書房裡，三人像划船似的開始朝向汪洋大海前進。日本近代文化終於開始萌芽。值得一提的是，前野良澤的自宅位於築地鐵砲洲，位置就在江戶時代的豐前中津藩主奧平大膳大夫的中屋敷（藩主在江戶城郊區的宅第）裡面。後來福澤諭吉曾經住在這座宅院，他開始籌建慶應義塾，應該也是在這座大宅裡。現在這座宅第仍然保存在中央區明石町聖路加國際醫院院內。

好，我們下次就到築地去參觀一下吧。

04

細數從前說築地

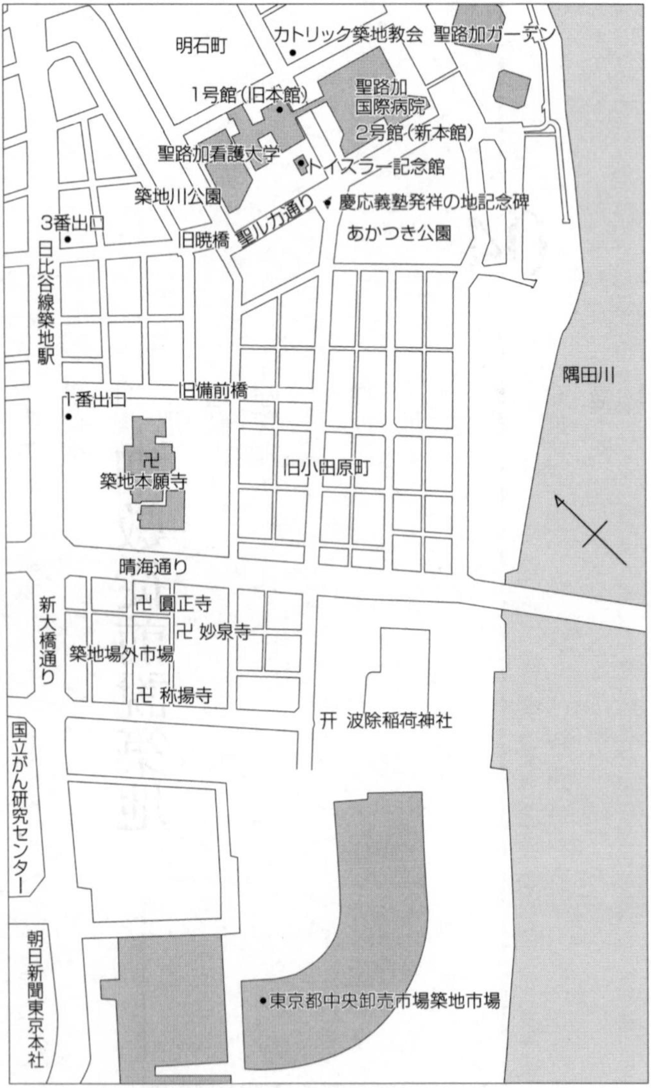
明石町
カトリック築地教会
聖路加ガーデン
1号館(旧本館)
聖路加
国際病院
2号館(新本館)
聖路加看護大学
トイスラー記念館
築地川公園
慶応義塾発祥の地記念碑
3番出口
旧暁橋
聖ルカ通り
あかつき公園
日比谷線築地駅
隅田川
旧備前橋
1番出口
築地本願寺
旧小田原町
晴海通り
新大橋通り
圓正寺
妙泉寺
築地場外市場
称揚寺
波除稲荷神社
国立がん研究センター
朝日新聞東京本社
東京都中央卸売市場築地市場

1

我在東京地鐵日比谷線的上野車站月台搭上前往中目黑的電車。這節車廂從車頭算起是第三節。不一會兒，電車在秋葉原停下。車廂左側的自動門打開了。

眼前的地鐵景象跟平日沒什麼兩樣，看不出任何異常。我試圖幻想時光正在倒流，假設現在回到十幾年前的話……那是平成七年（一九九五年）三月二十日星期一的早上八點，一個男人跟我一樣在通勤人潮洶湧的上野車站走進第三節車廂。等到電車抵達秋葉原站，他立刻用傘尖噗嗤噗嗤地戳破了腳邊的塑膠袋，然後便迅速離開車廂。車門再度關上，電車繼續前進。接著，就發生了地鐵沙林事件。

那個男人叫做林泰男，他從地下回到地面後，搭上奧姆真理教的教友正在等候的汽車，一眨眼工夫就不知去向。地下的電車裡很快就出現了異狀。刺鼻的臭味熏得乘客們不停地咳嗽。電車到達下一站小傳馬町車站時，車上的乘客連忙把那個包在報紙裡的詭異塑膠袋踢向月台。緊接著，月台上的乘客也開始出現異狀，兩名乘客並因此喪生。塑膠袋裡的液體殘留在車廂裡。電車繼續駛向人形町、茅場町、八丁堀，有人搖晃著身子走出車廂，也有人毫不知情地走進電車，最後，終於有一名乘客按了緊急停車鈕，電車才剛剛在築地停穩，月台上已到處都是昏倒的乘客。

就在同時，另外四條地鐵路線也出現了異狀，一條是從中目黑出發的日比谷線，還有分別從池袋和荻窪出發的丸之內線，以及從北千住出發的千代田線。霞關、國會議事堂前、神谷町等車站相繼抬出許多受害者，救護車的警笛聲在東京市中心不斷響起，聽起來就像悲鳴的聲音。意外剛發生時，有人謠傳說，築地車站爆炸了。受害者包括十名死者，五千五百零十名傷者，其中還包括地鐵職員、警察和消防隊員。那些最先發現異狀並立即進行搶救的乘客也全部昏倒在地。日比谷線在築地車站停車後，總共從車上抬下了死者八人，傷者兩千四百七十五人。犯人也在其他路線的電車上分別撒下兩袋沙林，林泰男一個人則攜帶了三袋，他在袋上戳出的破洞也最多。小傳馬町車站也被撒了沙林。

我搭乘的這列電車很快就到達築地車站，於是便向月台走去。驗票口距離本願寺出口很近，旁邊還有電梯。我剛搭乘電梯升上地面，立刻看到寬闊的「新大橋通」上川流不息的車輛。繼續向南走，就可以看到東京都中央批發市場，也就是從前的築地魚河岸，還可看到許多有名的機構並列路旁，譬如國立癌症中心、朝日新聞社等。

從當時的報紙照片可以看出，那天在這條路的一條車道上，有人把防水布鋪在地上，當場把馬路變成了急救中心。許多受害者接二連三被送到聖路加醫院，他們都有瞳孔極度縮小的症狀，而且找不出原因，即使進行心臟按摩也無法改善他們的狀況。

從這裡前往聖路加醫院最近的路線，是沿著築地本願寺旁邊那條種滿柳樹的道路往前走，到了道路的盡頭再向左轉。本願寺我想留待稍後再去參拜，現在先帶領大家順著這條路線前進。

走過本願寺旁邊，前方就是從前的「備前橋」。附近的城渠已在昭和四十年代填土加蓋，所以現在這裡全是停車場和公園。越過築地川公園的茂密樹林之後，就可看到遠處的聖路加醫院舊本館屋頂上的十字架塔樓。從前這座塔樓在周圍地區看起來特別高大。但我現在可無暇懷念少年時代的鄉愁，下次再找機會向各位介紹往日的舊事吧。越過備前橋之後，來到下一個路口，向左轉，經過舊城渠改建的公園旁邊，立刻就到了「聖路加通」的十字路口。路中央的三角環狀地帶種了很多綠樹，還有幾塊值得鑑賞的石碑，不過，這些石碑也等以後再找機會向大家介紹吧。

十字路口左側是七層樓的舊本館（一號館），右側是十一層樓的新本館（二號館），兩者共同組成聖路加國際醫院。舊館的左側是六層樓的聖路加看護大學，新本館的右邊則是「聖路加花園」，是由三十八層的超高層大樓與四十七層的「聖路加高塔大廈」共同組成。整個聖路加區內的建築呈逐漸上升的階梯式，西起築地川公園，東至隅田川河畔，面積極為寬闊。

平成四年（一九九二年），聖路加醫院開始進行都更重建，所以外來門診暫時改在本館看診，沙林事件發生的那天，受害者接二連三地從築地車站送進本館。

發生在地鐵車站和車廂的現場狀況，立刻經由電視傳送到全國各地。信州大學醫學部Y教授看到新聞後，突然想起前一年六月在松本市發生的沙林事件，他覺得這次東京的受害者症狀跟那次非常相像。那次事件共有七名死者（後來增為八人），六百六十人受傷。幾天之後，警方才弄清造成意外的原因是沙林。Y教授把他的看法用傳真送給東京的某間醫療機構。警視廳鑑識課立刻著手進行調查，最後判定地鐵車廂裡殘留的物質正是沙林。

沙林的解毒藥叫做解磷定，但如果使用不當，會引起強烈的副作用。聖路加醫院經過各種研判後決定讓患者服用解磷定。而那些受害者接受治療後，症狀很明顯地開始好轉。但是醫院的存貨並不多，各地藥品批發公司收到聖路加醫院的請託後，都很努力地四處奔走，希望把全國各地的備用解磷定都設法弄到東京來。就在這時，自衛隊也派出了化學防護隊，並把軍方的備用解磷定提供給醫院。如果當時沒有採取上述一連串處置，或是在處理過程中發生差錯，相信這次事件的死者肯定會多達數百人。

當天聖路加醫院的院長日野原重明當機立斷，決定停收外來門診患者，以便全力提供受害者急救措施。院方並把禮拜堂改為緊急治療所。事實上，當初醫院改建時早已為這種緊急狀況做好準備，所以當院長一聲令下，禮拜堂的牆上立刻彈出了氧氣吸入裝置。

禮拜堂位於舊館中央，是一棟屋頂挑高的四層教堂建築。當初也有人認為，既然新館已有教堂，舊館就不必重複建造了。但是日野原院長堅持按照自己的意思設計。結果誰也沒想到，就在建成三年之後，這項設計竟被戲劇性地證明了效果。

以上這段關於本館的傳說非常有名，很多人都聽說過。走進醫院後，我直接走到接待窗口前，向裡面的職員表示，我想去參觀禮拜堂。請進吧！那位職員很爽快地答應了我的請求。我便逕自登上二樓。那個房間就在大廳中央的深處。拱頂下的正面白牆裝飾著十字圖案，棚架上擺著一個木製十字架。喔，這裡大概就是禮拜堂吧？這塊空間是個毫無裝飾的小型禮堂，堂內左右兩側各有十張長木椅。平時這裡經常舉行各種集會，我來參觀的日子剛好是星期天，早上在這裡舉辦過一場禮拜，下午有人正在舉行演奏會，看起來很像音樂團體的表演會。我環顧四周，看到地上鋪設著幾根黑色塑膠管，一直從地面延伸到牆上，不過，這個空間似乎並不能容納很多患者啊。

我重新走回走廊大廳，平時這裡總是非常擁擠，不過今天是假日，所以顯得十分空曠。原來如此！如果把外來門診關閉，整間大廳就能變成進行緊急診療的實用空間！大廳和走廊牆上也加裝了氧氣吸入裝置的膠管。

另外還有個重要的關鍵。事件發生那天早上，醫院幹部從七點半開始正在開會。築地車站出現傷者的消息傳來後，參加會議的幹部當場決定接收這批受害者。會議結束後，醫院全體醫療人員立即展開行動，兩小時之內接收了六百四十名受害者。其中只有一人死亡。也是因為全院人員都投入搶救，才能讓死亡人數減到最低吧。

事實上，聖路加醫院每週一的上午都會召開幹部會議，這項慣例已經持續了三年多。當初日野原重明願意在八十多歲高齡的狀況下接受院長的重任，就是以幹部會議作為交換條件。誰知意外事件竟然就發生在星期一。奇蹟是在不斷累積的努力中誕生的。那天的幹部例會正好是在禮拜堂召開。從那天以後，禮拜堂變成了急救中心的代表，聖路加醫院也毅然地扛起沙林治療中心的重任。

聖路加國際醫院本館原本就是一棟能夠對應緊急狀況的病房大樓。當初也是因為日野原院長懷著深刻反省的心情，才把這棟病房設計成現在的模樣。因為東京大空襲的時候，許多罹難者曾被送到這裡來，但那時醫院卻無法提供令人滿意的治療。日野原院長當時三十三歲，正在醫院裡當內科醫生。經過那次的經歷，他得出一項結論：從經驗中學取教訓是非常重要的事情。而他之所以得出這種結論的經過，其實是個發人深省的故事，或許我應該在下文稍微深入地說明一下。但總而言之，當年聖路加醫院若是遭到戰火摧殘，今天也就無法提供令人滿意的醫療服務吧。

昭和二十年（一九四五年）的二月、三月、四月、五月，敵機反覆對東京進行空襲，但是聖路加醫院周圍地區始終平安無事。譬如像明石町、湊町、入船町、新富町，完全沒遭到任何損傷。築地、小田原町被燒毀了一小部分面積，木挽町燒得只剩下一半，但距離更遠的越前堀、八丁堀、京橋、銀座等連在一起的地區，卻大部分都被燒毀了。為什麼會這樣呢？因為這裡有聖路加醫院啊。

這項結論的證據就是，戰後美軍進駐東京時，立即接收了這間醫院，並且在之後的整整十年之間，這裡一直都是美軍醫院。在這十年當中，日本患者一直都在魚河岸對面的分院臨時病房看診。而現在的國立癌症中心，就建在那座分院舊址上。

當時連皇宮周圍的麴町區也遭到戰火摧殘，但是皇宮西邊的英國大使館，還有東邊的丸之內，卻都毫髮無傷。事實證明，後來的駐日盟軍總司令部（GHQ）就設在丸之內。赤坂也因為有美國大使館，所以大使館隔壁的財閥大倉家府邸（大倉喜八郎），和大使館後面的靈南坂町也都平安無事。那些位於大使館後面許多人家，戰後也一直保持著從前的模樣，就像舊日東京的世外桃源似的。直到森大廈公司開始在當地進行都市更新計畫為止。類似的例子在別處也能看到。那些逃過燒毀命運的地區，看來像是奇蹟，其實是有計畫地避過了災難。據說築地周邊地區遭到攻擊時，B29敵機都是進行超低空轟炸，飛機低得幾乎都要碰到地面了。

東京大空襲固然可恨，但我們現在重讀當年的紀錄資料，才明白美軍在行動前進行過多麼驚人的周密計畫。譬如像巴特雷特・卡爾（Edwin Bartlett Kerr）在《東京大空襲——B29看到的三月十日的真相》透露，美軍為了製造能夠長途往返的轟炸機，曾經反覆地構想、設計、製造、實驗。就連製造最簡單的燒夷彈，美軍也在沙漠裡建造十二間真正的兩層日式木屋，屋中甚至還鋪上榻榻米，然後利用這些房舍測試哪種燒夷彈的破壞力最強。美軍經由各種測試，逐步將他們的長遠計畫付諸實現。讀到這段經過時，美軍這種腳踏實地的做法甚至讓我產生一種快感。不過，這項長遠計畫最後終於在一九四五年三月十日付諸行動了。唉！

東京遭遇大空襲的時候，市內其他醫療機構的藥品和醫療器具早已用罄，但我推測，聖路加醫院應該不會發生這種情形。因為這裡原本就是專為特權階級服務的醫院，據說當時院裡經由陸軍海軍特殊關係弄到的物資，堆得像小山一樣高。所以那位三十三歲的內科醫生感到絕望的理由，應該不只是因為醫藥用品或設備不足。

日本當時已在諾門罕戰役中處於下風，但是軍部卻不肯反省，仍在編織美夢，不斷擴大戰線。等到本土遭到敵機空襲時，政府的對策就是叫大家提水桶接力救火，或用木棒敲打滅火，人人頭戴一頂防空頭巾，口袋裡裝些備用乾糧。那時如能吃到炒豆子和魷魚腳，就得謝天謝地了。結果就這樣，一夜之間，東京就燒死了十萬人。這個國家最缺乏的，大概就是先見之明，而最多餘的，就是短視之見吧。

所以本館進行改建工程時，日野原院長早已進行過深刻反省。他提出的具體表現方式，則是效法瑞典的醫院設施重新改造聖路加醫院。誰也沒想到，僅僅三年之後，他的先見之明就已獲得證明，如此迅速的反響，甚至會讓某些人妒忌吧。

2

走出本館之後，我越過馬路，朝向舊館（一號館）的前院走去。以前外來門診還在舊館的時候，這裡是門前上下車的地方，現在則變成種滿綠樹的散步庭園。館內設有小兒綜合醫療中心和其他各科，但卻看不到幾個人影。

綠蔭茂密的前院裡有一棟紅色屋頂的洋房，猛一看，很像明治時代的建築，但其實跟舊館一樣，都是昭和八年（一九三三年）建在隅田川畔的鋼筋房舍。後來為了興建「聖路加花園」，紅屋頂洋房也被拆除，直到平成十年（一九九八年），才又在這個位置復原。紅屋頂洋房原本是聖路加醫院創建者魯道夫・泰斯勒（Rudolf Bolling Teusler，一八七六—一九三四）日常生活的傳教士會館，現在叫做「泰斯勒紀念館」。玄關前面有一塊橫臥的長方形石碑，上面嵌著泰斯勒的半身浮雕像，以及介紹紀念館創建由來的碑文。「本院創立以來，向來本著基督教精神，奉行以患者為主的醫療與看護。這種基督教精神已被後人傳承百年以上，今後並將永遠流傳下去。」碑文的最後寫著立碑的日期：二〇〇二年十月。喔，我明白了，這是為紀念建院一百周年而立的石碑。

現在讓我簡單介紹一下聖路加醫院興建過程吧。出生在波士頓的魯道夫・泰斯勒，當初是以美國聖公會傳教士醫師的身分來到日本。那年他二十四歲，兩年後的明治三十五年（一九〇二年），他創設了聖路加醫院。當初剛開幕的時候，這是一座以外科與婦產科為主的專科醫院，病床數大約有二十張。我們今天還可在照片裡看到，當時的院舍是一棟兩層木造建築，看起來有點像一所小學。

明治初年開始，醫院周圍的明石町一帶就是外國人居留地。因為日本在幕府末期與各國訂立了修好通商條約，規定在開放通商的港口附近必須設立外國人專用居住區，外國人在區內可享受特權。後來江戶幕府決定在明石町開闢一塊外國人居住區，不料剛做出決定沒多久，幕府就被推翻了。後來接掌政權的明治新政府雖然承認幕府這項決定，卻只在明石町設立外國人居住區，而不肯開闢港口。所以之前已經進駐橫濱的外國貿易商也只能留在原地，不能遷至江戶居住。當時住在明石町外國人居住區裡的外國人，主要都是外交官或傳教士。區內的文化設施倒是增加了很多，譬如政府機關、教會、學校等。事實上，我在醫院前院的樹林裡也看到很多學校的發源地紀念碑，其中包括立教學園、立教女子學園、女子學院等。另外像明治學院、青山學院、曉星學院、雙葉學園等著名的教會學校，也都是在這裡創校的。

「附近根本看不到普通日本人的住家。只要踏進築地川的東岸地區，眼前立刻呈現一片異國風景，就像外國進口的繪畫或照片裡看到的景象，彷彿自己已經身在外國似的。」（鏑木清方，《明治的東京》）這段文字是生長在築地的日本畫家的回憶錄，文中描寫的是明治二十年左右的築地風景。

放眼望去，這裡的每條街道都極為寬敞，路邊全是西式洋房，簡直就是文明開化的模範市街啊！鄰近的入船町還有西洋蔬菜店，店裡陳列著稀奇的蔬菜和罐頭。附近甚至還有一座飼養乳牛的牧場，叫做「耕牧舍」。除了乳牛之外，還有成群的鴨子和鴨子和火雞在牧場裡漫步。當時開設這座牧場的目的，主要是為了積極提供居民生活的需求。但這附近其實並沒有草原，或許飼主是把乳牛養在築地川沿岸的牛棚裡，每天把牛趕到河邊的堤防上去吃草？說起這家「耕牧舍」，老闆的家裡在明治二十五年（一八九二年）三月一日生下一個男孩，取名叫做龍之介。但後來因為家裡出了狀況，七個月大的龍之介被送到母親在兩國的娘家，也就是芥川家

所以他後來變成芥川家的養子。換句話說，這裡也是「芥川龍之介誕生之地」。醫院前院的西端現在豎著一塊面向築地川的揭示板，上面記載著這段跟芥川龍之介有關的故事。

外國人雖然能在居留地享受特權，從另一個角度來看，他們也像被關在特定區域裡生活，日子久了，不論區內的日本人或外國人，雙方都感到非常不便。明治三十二年（一八九九年），日本政府施行改正通商條約，准許外國人與日本人混居，同時也准許日本的富人在明石町建屋居住。

泰斯勒就是在日本剛剛廢除居留地之後到日本來的。那是個除舊布新的時代。這位年輕的傳教士醫生顯然擁有過人的能耐與人望。才一眨眼工夫，他創立的專科醫院就擴展成為綜合醫院。現在從大正時代的照片也可以看出，那時醫院擁有好幾棟相連的病房，規模已發展成大型醫院。後來發生了關東大地震，病房等建築物雖然都震倒了，但是醫院很快就展開了重建工作，一面在木造的臨時醫院進行診療，一面動工興

建鋼筋水泥的七層本館，館內還附設了禮拜堂。這座本館就是現在的舊館。接著，泰斯勒又建了一座自己居住的「傳教士會館」。這些建築物相繼落成的第二年，也就是昭和九年（一九三四年），泰斯勒去世了。享年五十八歲。

上述的一連串重建工程動工前，日本皇室、美國聖公會、美國紅十字會等各單位都曾捐出鉅款。聖路加醫院可以說是美國人創建，而且絕大部分資金都是來自美國的醫院。所以戰後美軍進駐日本時，他們就把這家醫院當成自家的財產而連續霸佔了十年之久。

聖路加醫院的本館落成後，木造的臨時醫院便被改為診療所，仍然繼續為患者服務。我小時候體弱多病，經常麻煩聖路加的醫生幫我看病。其實那時我常去的地方，是這間診療所。記得那還是昭和十幾年吧，診療所是一棟兩層樓房，形狀又細又長，而且緊沿路邊建成了L形。診療所的後面有塊空地，現在那個位置已建起了新的本館。

七層樓高的本館跟木造診療所之間有步道相連，有一次，我在那條路上問父親：「我們為什麼不去那邊的醫院？」父親冷冷地答道：「那邊是有錢人的醫院。」

原來如此！那一瞬，少年依稀明白了世間的差別。那間專為窮人看病的診療所，從早到晚都擠得水泄不通，穿著白衣的護士和醫生動作俐落地在「實踐以患者為主的醫療與看護」。那間診所才是聖路加醫院。

後來，我家從銀座的一角搬到世田谷，我跟聖路加醫院的緣分也就結束了。戰爭末期，政府禁止使用敵國語言，聖路加醫院暫時改名為「大東亞中央醫院」。不過這段歷史我當然沒聽過。後來醫院被美軍接收的那段日子，我也毫不知情。據說韓戰爆發之後，這裡曾經收治過傷兵，本館專門提供將校使用，士兵則送到木造診療所治療。

不久，有位原本在順天堂醫院當醫生的朋友調職到聖路加醫院去了，我這才有機會到這裡來看病。當年的木造診療所那時已經變成了護理學校。應該就是現在的護理大學的前身吧。每次走在這條兩旁種植行道樹的路上，心裡總是充滿懷念之情。我還記得十字路口的對面有一座老舊的天主教堂，附近居民總喜歡開玩笑說：「護士踢腿掃枯葉，修女小步踩落英。」民風這玩意兒真的非常頑強啊。但老實說，從前居留地時代的氣息，現在彷彿仍舊藏在附近的哪個角落裡。

舊本館的走廊牆上和地面裝飾著許許多多奇妙的浮雕畫，令人覺得百看不厭。每次到醫院去看病，我都會順便閒逛一番，譬如像禮拜堂或屋頂陽台之類的地方，都任我隨意參觀。外來門診總是擠滿了像我這種談不上有錢的患者，這種現象在戰前可是很難想像的，現在因為有了國民醫療保險制度，才能讓我在這裡四處遊走。這個制度真是戰後一大德政啊。

到醫院看病時，我總是搭乘地鐵在築地車站下車，從北口的三號出口走出車站後繼續向東前進。這是通往醫院的一條捷徑，大約再走四百公尺左右，就能到達隅田川岸，最近大家都把這條路叫做「聖路加通」，但我們當地人則稱之為「聖樓卡」（「路」

的日文發音有兩種，有人唸「ru（ル）」，也有人唸「ro（ロ）」）。

現在的新本館是一座十一層建築，據說住在這裡的病房必須自行負擔費用。所以說，還是有錢人才住得起啊。旁邊的「聖路加高級出租公寓」向住民提供周全的醫療保險服務，有能力住進公寓的，一定都是有錢的中產階級吧。不過，這地方的民情風俗也真是奇妙，新本館居然跟舊診療所建在同一塊地上。就拿沙林事件來說吧，當時本館對受害者提供無限制的搶救，同時卻把能夠走動的輕傷患者轉送到其他醫院。通勤尖峰搭車的上班族、地鐵車站服務人員、站在第一線的警察、消防隊員……這些人裡面會有大富翁嗎？但所有的醫療人員都竭盡全力「實踐以患者為主的醫療與看護」。真不愧是聖路加醫院啊。

3

本願寺旁的道路跟「聖路加通」的交會處有個三角形的環狀地帶，現在讓我們回到這兒來看看那些紀念碑吧。這塊環狀地帶裡種著一些小型植物，修剪得十分整齊。就在樹叢前方，有兩塊略帶黑色的石碑豎立在那兒，形狀很像一張書桌和一扇屏風。

書桌狀石碑用黑色花崗岩製成，外型彷佛巨大的圍棋棋盤。桌上擺著一本攤開的書本，是用紅色花崗岩製成。棋盤前面用明體字刻著五行字：「安政五年／福澤諭吉在此開設學塾／紀念創立百年／昭和三十三年／慶應義塾建立此碑」

這是「慶應大學發祥地紀念碑」。慶應大學創校時，諭吉才二十四歲。居然有人在二十多歲就創業了！紅色花崗岩的書頁上刻著手寫字體的四行字：「天不造／人上人／也不造／人下人」原來如此。不過，諭吉當年真的是在這個三角形環狀地帶向學生傳授知識？

棋盤側面刻著慶應義塾的由來：

「福澤諭吉於一八五八年在中津藩奧平加中屋敷開設蘭學家塾。這就是慶應義塾的起源。家塾位於此處東北方，聖路加國際醫院院內。一七七一年，中津藩醫師前野良澤等人在這裡首次閱讀荷蘭的解剖書。這裡是日本近代文化發祥地，更是值得紀念的場所。一九五八年四月二十三日揭幕」

一八五八年（安政五年），充滿血腥的安政大獄事件開啟了序幕；一九五八年（昭和三十三年），高達三百三十三公尺的東京鐵塔興建完工。多麼變幻無常的一百年啊。再向前回溯到一七七一年，也就是明和八年，這一年不正是「蘭學事始」嗎？所以毫無疑問，南千住回向院跟這裡是相連的。眼前的紀念碑上寫著：「位於此處東北方，聖路加國際醫院的院內」，那個位置正好就是本館啊。

我又翻開手邊的《江戶切繪圖》。這張題為〈京橋南．築地．鐵砲洲繪圖〉的印刷物，原是尾張屋在文久元年（一八六一年）發行的改訂版，我手裡這張則是最近重印的新版本。圖上的鐵砲洲幾乎全都是武家屋敷。

今天醫院本館的位置，剛好就是九州豐前中津藩十萬石的奧平大膳大夫的中屋敷。當年整座宅第的佔地，從本館的位置一直向南延伸到今天的黎明公園旁的城渠邊。如果藩士福澤諭吉當時居住的長屋，正好位於府邸的西南牆邊，那應該就在這個三角形環狀地帶的旁邊。據《福翁自傳》記載，長屋的一樓有個六疊榻榻米的廚房，二樓有個十五疊榻榻米的房間，「藩主領地內的子弟最先是三、五人過來學習，後來又有別的領地過來五、六人」，所以諭吉的家塾開張時，大約有十名學生。兩年後，他考慮到時代趨勢的變化，所以把家塾改為英文學塾，弟子人數也跟著暴增，轉眼之間，學塾的規模就變成五個相連的房間。

中屋敷是什麼樣的建築呢？我們在時代劇電影裡看到的大名屋敷，都是大門深鎖，等閒之輩不能隨意進出。但事實上，良澤的朋友和諭吉的弟子都能經常出入這座府邸。中津藩的上屋敷在木挽町汐留，也就是現在銀座八丁目的南端。中津藩的御用醫師良澤應該是每天從鐵砲洲前往汐留上班吧。簡單地說，上屋敷相當於公司的總社，而中屋敷則相當於公司員工宿舍吧。

慶應三年（一八六七年）十二月，福澤諭吉在芝的新錢座（現在的濱松町一丁目）買下一座屋敷後，把家塾搬到那裡去。他決定採用年號命名，把家塾訂名為「慶應義塾」。不久，鐵砲洲被劃為外國人居留地，中津藩中屋敷的四千一百六十二坪土地全部都被幕府收回。

另一方面，鐵砲洲的大名和旗本等武士家族擁有的十幾座屋敷，也全部都被拆除，然後重新整理為居留地，總面積約為兩萬八千坪。很快地，周邊地區全都變身成為充滿異國情調的明石町。今天聖路加所擁有的佔地，大半都是當時的明石町。之後，江戶變成東京，東京又變成TOKYO，經過幾度瞬息的變身，東京永遠都是新的東京。這還用說嗎？誰都知道這件事，只是沒人特意提起罷了。就像眼前這塊石碑，不也是一副事不關己的模樣嗎？

我在前文已經介紹過，舊館的前院裡面共有三塊學校發祥地紀念碑。但毋庸置疑的是，這塊慶應大學紀念碑應是所有石碑的老前輩。不論是立教學園、明治學院，或是青山、曉星、雙葉、看護大學……永遠都追不上福澤家塾的地位。附近地區可說是著名的學園發祥地，不論這些學校後來在哪裡扎根，鐵砲洲也好、明石町也好，或者是聖路加院區也好，它們之間卻有脈絡緊密相連。

在「慶應義塾發祥地紀念碑」的斜後方，還有另一座紀念碑。黑色花崗岩與紅色花崗岩製成的石板，呈く形相連，看起來很像一座屏風。右邊的紅色石板上刻著人體圖，貌似《解體新書》裡的素描人體圖。左邊的黑色石板上刻著題為「蘭學之泉在此」的碑文。

「一七七一年・明和八年三月五日，杉田玄白與中川淳庵等人在前野良澤家中聚集一堂。」碑文繼續寫道：三人「昨天在千住的『骨之原』觀看解剖的時候」，因深受震撼而決定奮發進行翻譯。之後，經過千辛萬苦，他們「終於在一七七四年・安永三年八月，完成了《解體新書》全五卷的翻譯工作。這是我國第一部正式翻譯的西洋學術書籍。蘭學因而成為廣受歡迎的顯學，蘭學之泉自此源源湧出，向日本近代文化的洪流不斷注入生氣」。

這段文字簡直就像千住回向院牆上那段碑文的續集。我繞到石碑背後，看到背面刻著：「一九五九年・昭和三十四年三月五日　第十五回日本醫學會總會紀念　日本醫史學會／日本醫學會／日本醫師會」。

跟回向院那塊碑文的結尾完全一樣。不，回向院的立碑日期好像是三月四日，這一塊則是三月五日。明和八年，杉田玄白他們觀看解剖的日子，第二天他們第一次集合討論翻譯的日子，正是三月四日與三月五日。眼前這個紀念碑的碑文擬稿人是緒方富雄，設計者是谷口吉郎。這兩人同樣也是回向院「紀念解剖開啟的蘭學之路」的設計小組成員。那塊碑和這塊碑，是同時建造的！為了紀念一百八十八年前先人創下的偉業，他們決定以配合日期的方式來表達敬意。

《解體新書》是日本荷文翻譯書籍的先驅，這部著作發行後，對社會大眾提供了極大的便利。後來杉田玄白著手撰寫回憶錄《蘭學事始》，是在八十三歲的晚年，因為是以手抄本形式流傳，最後只剩下少數幾本被同好保留了下來。後來更因為天災與動亂，幾乎瀕於失傳。所幸福澤諭吉於明治二年出面奔走，才又出版了木刻版。之後，這部作品逐漸受人重視，我們現在才能輕易讀到岩波書店出版的文庫版。這部文庫版的校注者就是緒方富雄，也就是我面前這座紀念碑的碑文擬稿人。慶應義塾發祥地紀念碑的設計者也是谷口吉郎。

杉田玄白在回憶錄的結尾寫道：「眼下回顧從前，越想越覺欣慰。如今此路已開，千百年後的醫者皆可習得醫術精髓，也對救助生民大有助益。」沙林事件造成的震撼喚醒了大家，現代社會已經病入膏肓，但我們仍然擁有超越困難，努力存活的力量。從杉田玄白到日野原重明，這個地區始終如一地朝向救助生民的目標邁進。

4

我又重新繞回築地本願寺。從寺旁那條種滿柳樹的小路走進北門。

左右對稱的大殿建造得十分宏偉，並且充滿了古印度風味，半圓柱形的屋頂，上面還有一座尖塔。這座殿堂竣工於昭和九年（一九三四年），當時曾跟聖路加醫院舊本館並稱為「築地雙雄」，兩者都是震災之後重新修築的建築。不過，現在聳立在我眼前的這座殿堂，實在令人震撼。這真的是一座寺廟？

其實，最近像這種鋼筋建築的摩登寺廟已經不算稀奇。而且這裡是京都西本願寺（本願寺派）的東京分院嘛。聽說很多施主看到大殿時都讚嘆說，真是一座奇妙的建築啊！不過東本願寺（大谷派）的淺草分院後來進行重建，卻保留了傳統外型的巨大瓦頂。

把西本願寺設計成這種打破傳統外觀的設計師叫做伊東忠太。負責籌措工程經費的施主是大谷光瑞，他也是西本願寺第二十二代專門掌管寺院事務的法主。因為他們兩人意氣相投，才會把廟宇建成那樣吧。反正佛教原本發源於印度，現在他們想要追本溯源，把寺廟設計成那樣，又有什麼不行呢？更何況，新建築還加上了防火防震的功能。

伊東忠太設計的房屋通常都會在各處安裝動物裝飾。譬如我現在正要登上的大型樓梯，扶手上就有貌似狛犬的怪獸裝飾。進入大殿後，左右兩邊裝置了固定的座椅，如果把中央的折疊椅全部撤除，就能空出一片極為廣闊的空間。正前方是一座金光閃耀的桃山式內殿，鋪著榻榻米的地面比殿外略高。訪客可以直接穿鞋子走進這座大殿，這可是革命性的決定！但是進入內殿時必須脫鞋。也就是說，這是一種和洋折衷式的設計，進門之前以合理化為重，進門之後就得確實遵守傳統。或許這就是昭和時代的現代主義藝術吧。阿彌陀佛。

走出大殿後，我站在樓梯上眺望前院。只見殿前有座水泥廣場，地面畫滿方格，可供賓客停車。著名藝人或有名的政治家在這裡舉行萬人以上的大型葬禮時，這個廣場經常派上用場。夏季的盆踊大會也在這裡舉行，有時還在這裡演出前衛話劇。總之，這是具有多功能性的空間。

現在的大殿當初進行修建時，震災後搭起的臨時大殿就建在前方這座廣場上。臨時大殿的屋頂跟從前一樣，是朝南的瓦頂。新的大殿修建完成後，臨時大殿立即拆除，殿前這塊空地被建為廣場。新建的大堂跟從前不同，是一座朝西的建築。也算是一項革命性改變吧。

下面讓我簡單介紹一下築地本願寺的由來吧。三百五十年以前，這裡一直是一片淺灘。因為後來在海邊填土造地，所以就把這個地方叫做「築地」。真是個簡單明瞭的地名。那麼，當時為什麼要造地呢？因為要在這裡建造「本願寺」。

明曆三年（一六五七年）的那場大火，把江戶城裡的所有建築都燒得一乾二淨，當時位於日本橋濱町的西本願寺分院當然也燒毀了。於是，幕府決定把市內大部分受災寺廟遷往市外，原本在神田明神附近的東本願寺分院遷到淺草，而幕府分給西本願寺分院的土地，就是這塊位於海裡的淺灘。

「佃島的門徒與城裡的信徒攜手合力，共同築成這片土地，總面積超過一萬兩千七百二十二坪。萬治元年（一六五八年）五月，大殿落成，中門外的大半土地劃分為三區，總共設置五十八座分寺。延寶二年（一六七四年）大殿進行重建時，幕府特許將大殿改建為紫宸殿式廟宇，廟堂尖塔高聳雲端，老樹枝梢之間隱約可見。」（東京市編纂，《東京案內》）

佃島的漁民原本都住在攝津國的佃村，德川家康進入江戶城的時候，把他們一起從攝津國帶到江戶，並賜給他們江戶前的漁業特權。這些漁民都是西本願寺的信徒，經過他們的一番努力，築地附近才創造出一萬多坪土地。築地旁邊的小田原町，則是由小田原藩的漁民填海造地獲得的成果。也就是說，明曆大火之後的江戶，全都依靠民間力量才完成了都市更新計畫。

西本願寺也是經由這種方式，建造了許多廟堂、佛塔、寺院，世人則把這些建築群稱為「築地御坊」。天保三年（一八三二年）出版的《江戶名所圖會》裡，我們可以看到高聳入雲的大殿，還有中門外的許多分寺，群眾在分寺之間往來穿梭，熱鬧非凡。

關東大地震（一九二三年）之前，西本願寺大致就是像上面描述的那樣。直到後來開始實施帝都復興計畫，西本願寺的外觀才發生了變化。

昭和二年（一九二七年）七月，政府決定在築地．木挽町周圍實施區劃整理計畫。第一階段計畫內容是拓寬道路。本願寺的西側和南側道路的路寬比從前加寬了一倍，也就是現在的馬路寬。北邊的墓地遷到東京郊外，南邊的五十八個分寺因在地震時燒毀，政府決定把這塊土地變成商業區。

哎，這可是一項大工程啊。北邊的墓地遷到杉並後，在當地建立和田堀廟所，並於昭和五年完工。南邊大部分的分寺都遷到當時還是鄉下的世田谷和杉並。那些地區幾乎全部都是農地和稻田。如此一來，西本願寺原有的佔地一下子就縮小了一半。但也因為都更後的境內佔地形狀變成了正四方形，現在這座像個「一」字的長方形大殿，才能建在朝南的位置。當時的魚河岸（魚市場）從日本橋一直延伸到築地南端，從築地通往魚河岸的那條路就叫做「市場通」，也就是現在的「新大橋通」。新建的築地本願寺大門，就開在這條市場通的路上。

現在站在大殿正面的階梯上端向正前方的大門望去，我突然發現一項事實：現在的大門外面雖然高樓林立，但卻看不到一座分寺。從前這座朝南的大門前方，曾有五十八間分寺彼此綿密相連呢。按照傳統想法，大寺院必定要跟眾多分寺連成一體，而現在的築地本願寺卻已排除了這種概念。這也算是革命性突破吧。因為本願寺原本就負有向眾生敞開大門的職責啊。

現在的大殿已變成朝西的坐向，不知是否為了面向西方淨土？但如果從大殿門口畫一條直線一直向前延伸，穿過馬路對面的築地小學，再繼續順著高樓之間的道路筆直前進，越過歌舞伎座、王子製紙總社大樓、銀座三越百貨、有樂町馬里昂（Mullion），躍過皇宮的城河之後，應該就能抵達二重橋。所以說，本願寺扮演的角色是守護皇城的重鎮。

5

走進築地本願寺的大門，左右兩邊各有一座高達一丈多（一丈為三・三公尺）的石燈籠。遊客一旦踏進門內的廣場，就算進入寺廟境內了。院內這兩座燈籠完全看不出什麼古印度風味，應該都是關東大地震之前製造的。牆邊的樹木之間，隱約可見幾座貌似墓碑的石碑。或許是當年號稱「築地御坊」的時代留下來的古董吧。

今天我們先從北邊開始參觀。綠蔭下，幾座大小不一的墓碑並立一旁，其中大多數都是文化財，碑旁還豎著東京都教育委員會製作的解說板，其他的墓碑則沒有說明。就在這群墓碑中，我發現了土生玄碩之墓、間新六供養塔、森孫右衛門供養塔，然後跳過兩座石碑，接下來，是酒井抱一之墓。喔，原來這幾座墳墓都沒遷到「和田堀廟所」去啊。

土生玄碩是江戶後期的眼科醫生。他在「西博德事件」（德國醫生西博德私自攜帶日本地圖出國引發的事件）發生時受到牽連，並被逮捕入獄，但他後來又因為醫術精湛而聲名遠播。或許是他的名氣夠大，所以墓碑做得非常宏偉，觀賞時必須抬起頭才能看得清楚。

土生玄碩的墓碑旁邊是間新六的供養塔。間新六是忠臣藏四十七義士之一。元祿年間，播州藩主淺野家的江戶上屋敷就在今天鐵砲洲聖路加醫院舊本館的那個位置。四十七名義士幫他們的主公報仇之後，總算完成了心願。眾人繞過主公的舊府邸之後，一齊前往泉岳寺。隊伍經過泉岳寺旁邊時，間新六把布施的善款和書信綁在長槍上拋進寺門。他在書信裡向寺院住持拜託，希望自己去世之後能有人為他供奉香火。間新六在起義之後暫時交給毛利家看管。後來，幕府決定讓四十七義士全部切腹自殺。江戶時代的武士切腹，通常並不需要自己動手，而是由旁邊的介錯人代勞，但間新六在進行儀式時，突然拔出小刀，真的切腹身亡了。當時他才二十四歲。一般庶民似乎都很喜愛這位特立獨行的青年，他的墳墓後來建在泉岳寺。本願寺這裡則有人為他建立了小型供養塔。

森孫右衛門是當年帶領民眾修築佃島的領袖人物之一。他的供養塔是由後世子孫所建。石碑上面還有幕府特准設置的石傘，可見幕府並不認為他是普通的町人。佃島居民在本願寺境內的墓地佔地約有六百多坪，據說寺內的法師向信眾講經說道時，佃島居民就負責向聽眾收取香火錢。

酒井抱一是江戶後期的琳派畫家。他出身於姬路城主酒井家的旁系，是一位多才多藝的代表性文人。因為他後來剃度成為西本願寺的弟子，所以他的墓碑是和尚才能使用的燈泡形石碑，頂端還有個尖角。

這些各有來歷、各具氣派的墓碑，都是東京的觀光資源，同時也證明，一般民眾直到昭和初期仍然對江戶記憶猶新。如果換成現在，大家肯定會認為，與其為間新六修建墳墓，還不如保存樋口一葉的墳墓吧。因為樋口的墳墓肯定是「下町文學散步」最吸引人的景點。

我繼續前進來到墓地的西北角，這裡有九条武子夫人歌碑、親鸞聖人銅像、陸上交通殉難者追悼碑。三個紀念碑都是大殿改建完工後才建立的昭和紀念品。

九条武子是大谷光瑞的親妹妹，也是號稱大正三美女之一的才女。她在關東大地震的時候受了傷，卻仍然不顧辛勞，整天為了救濟災民與重建本願寺到處奔走。昭和三年二月，九条武子因敗血症去世，得年四十二歲。她留下的短歌散文集《無憂華》，在一年之內重印了一百六十刷，全部版稅都捐出作為社會公益之用。九条武子在和田堀廟所的墳墓是用天然石建造的，這裡的大歌碑則採用花崗岩。是由當初為她出版《無憂華》的「實業之日本社」於昭和九年建立。所以這塊石碑也可算是一本超級暢銷書的紀念碑吧。

「陸上交通殉難者追悼碑」的造型是在寬闊的基座中央豎立一根石柱，左右兩邊的牆壁上刻著立碑的宗旨和一首短歌。立碑的目的是為了悼念每天從早到晚不斷出現的交通事故犧牲者，同時也企圖向大眾提出警告，不要讓慘劇繼續重演。也就是說，希望「喚起大眾注意，消滅交通事故」。「追悼碑建設會」的名譽總裁是三笠宮崇仁親王。立碑日期為昭和四十四年（一九六九年）十一月二十日。因為那一年的交通事故死者人數超過了一萬人。碑上刻著一首短歌：「文明，是崇高？是悲慘？請聽，汽車引擎聲。」這首短歌寫得可能有點拙劣，作者或許是想對死者過萬這件事表現驚愕吧？

眼前這塊紀念碑應該跟兩國回向院那些海難供養碑有些關聯。因為這裡供奉的是物資流通業者，也就是肩負社會脈動重任的遇難者。不，或許兩者還是有所不同。兩國的供養碑主要是供奉遇難的海員。而這裡的紀念碑供奉的對象，則是行人或乘客，就連車輛的司機，雖是加害者，同時也是遇難者。如今，汽車製造業已變成現代基礎產業，道路總長度也在不斷增長，這樣的現代生活結構必然帶來的後果，就是交通戰爭。在這場人類跟模糊的交戰對象之間進行的戰爭裡，犧牲者正在不斷增加，而我眼前這群境內最大規模的紀念碑，則是生者用以表達愧疚的具體形象。猜想當初建立這座追悼碑的時候，製造界、運輸界、道路修建單位都曾捐獻過巨款吧。據說還曾邀請皇族擔任名譽總裁。這種做法其實就是俗語所說的「躲在龍袍袖中作怪」吧。對了，其實這座追悼碑的中央石柱兩邊各有一道石牆，看起來還真像兩隻攤開的袖管。

這座紀念碑建成的第二年，也就是昭和四十五年（一九七〇年），日本因交通意外死亡人數高達一萬六千七百六十五人，創下歷史最高紀錄。之後，這項統計一直保持在一萬人上下。所幸的是，近年來這個數字已經逐年減少。平成十七年（二〇〇五年），交通意外發生後二十四小時之內死亡的人數為六千八百七十一人；一個月之內死亡的人數為八千四百九十二人，一年之內死亡的人數為一萬三百一十八人。從這些數字可以看出，醫療進步確實能夠延長傷者的壽命。譬如平成二十年，交通意外發生二十四小時以內死亡人數為五千一百五十五人，這項統計數字急遽下降的理由，應該是相關各單位都盡了全力搶救傷者吧。而交通意外的受傷人數也降至一萬人以下，約有九千四百人。這個數字與其說令人欣慰，不如說令人驚訝。

而在「陸上交通殉難者追悼碑」背後，剛好就是地鐵築地車站本願寺口的一號出口。平成七年（一九九五年）三月二十日，沙林事件的那天早上，那些地鐵遇難者就倒在這座石碑後面的道路上。真是可悲可嘆！

6

橫向越過大門內側後，我立即轉身朝向南邊的轉角走去。

西南側的角落裡，有個引人注目的白色紀念碑，看起來有點像在巨大的白色桌面上放著一個白球，四個桌角微微向上翹起。猛一看，這座石碑頗具岡本太郎的設計風格。石碑前方刻著「台灣物故者（亡故者）之靈」，旁邊有一塊銅板，上面寫著石碑的由來。節略記錄如下：戰爭結束後，台灣各地的日本人墓地皆被荒草掩埋。昭和三十年代，日本與中華民國協議共同進行整理，將各地一萬三千多人的遺骨，分別收進台北、台中、高雄等地的骨灰安置所。不久，又從骨灰中分骨迎回祖國，另一方面，西本願寺築地分院出於善意，主動在此建立骨灰安置所。其他從海外戰場回國的亡故者，也可在此接受合祀。相關單位決定在此立碑以示追悼之意。碑上還刻著：「祈願世界永久和平，絕不重蹈戰爭覆轍。平成元年三月三十一日　財團法人台灣協會」。

據說這座白色紀念碑，是在擴建地下骨灰存放處的時候重新修建的，也是境內最新的紀念碑。日本在日清戰爭之後掠奪台灣，進行殖民統治，結果卻因戰敗而失去一切。所以這座紀念碑等於也是對那半世紀的清算吧。

我們日本人竟對遺骨如此重視！究竟是從什麼時候開始對遺骨如此執著呢？其實，我覺得從前好像更看重牌位。通常遇到火災時，一般人最常見的反應就是，立即抓起佛壇上的祖宗牌位逃出去。墳墓也算是一種石頭的牌位，所以築地本願寺境內的北邊角落，從土生玄碩到酒井抱一都在那兒建了墳墓，但卻沒人在乎地下是否真的埋著他們的遺骨。不管有沒有遺骨，根本沒影響。

航向大海，水淹屍骸；奔赴荒山，草掩枯骨（〈軍艦進行曲〉的歌詞）。日本從十九世紀末開始仿效歐美的殖民主義，南起新幾內亞，西至印度因帕爾，北至西伯利亞，無數日本人的屍骨散棄在偏遠地區的荒郊野外。那些從不反省的骨骸，不是已經嚐到不知反省的苦果了嗎？

這座白色紀念碑旁邊的樹叢中，還有一根圓柱，不，有兩根圓柱，矗立在那兒。冬季比較容易看到，夏季則必須撥開茂密的枝葉，才能走到圓柱旁邊。踏進樹叢一步，立刻看到一根宏偉的石柱，貌似西洋棋被人用力拉高的感覺。柱上用篆體字刻著「後備第一師團紀念碑」。座石上嵌著一塊銅板，上面刻著碑文，細讀其中的漢字才發現，這不是紀念日俄戰爭的石碑嗎？

明治三十七年日俄戰爭開戰後，軍方編成後備第一師團派往韓國，負責保衛日本的西北部，同時也肩負掩護第一軍團補給線的任務。之後，第一師團納入鴨綠江軍，並在奉天會戰的最右翼戰場奮戰。後來又經歷了無數場戰鬥，第一師團總共犧牲了三千三百多名士兵。他們總是被派赴深山險谷負責駐守。直到明治三十九年一月，終於完成任務，凱旋歸國。碑文裡簡略地記錄了這段參戰過程，期待後世能夠記取這段歷史。

這篇用漢文寫成的碑文讀起來實在令人感動。這些士兵都不是現役軍人，而只是應召組隊的後備隊伍，碑文的字裡行間瀰漫著辛酸與悲痛。戰爭究竟是什麼？絕大多數的戰爭都只能在戰場上去體會。經過漫長的歲月，現在從旁觀者的角度遠觀當年的戰爭，不可否認的是，這篇有關戰爭的紀錄似乎也夾雜著幾分浪漫色彩。紀念碑的題字者是從前的鴨綠江軍司令官，撰文者則是師團長。讀完碑文才知道，原來當年的司令官和其他長官並不希望把三千三百多「草掩枯骨」的士兵送進靖國神社接受供養。據《近代日本總合年表》（岩波書店）統計，參加日俄戰爭的軍人死傷數共有十一萬八千人。

這根石柱旁邊還有一根青銅圓柱，彷彿穿上迷彩服藏在樹叢裡面。撥開枝葉仔細察看後才發現，這不是明治二十九年一月建造的日清戰爭紀念碑嗎？圓柱正面用篆體字刻著「征清役近衛師團陣山谷追弔碑」等字，我努力辨認了好久，卻看不懂寫些什麼。圓柱背後還有三行鑄造文字，大致的意思是說：參加日清戰爭的近衛士兵當中，共有三千九百二十五人戰死或病死。軍隊從戰場凱旋回國後，曾在本願寺及師團營分別舉行法會，藉此追悼為國犧牲的士兵。

青銅鑄造的圓柱下方有門扉，猜想柱內是中空的，裡面應該存放著犧牲者名簿，或是頭髮之類的遺物吧。所以說，這兩根圓柱紀念碑，都不是官方建立的忠魂碑，而是由師團隊友出於自覺，為犧牲的部下或戰友建立的供養碑，藉此留下證言傳給後世。佛陀肯帶領善人前往極樂淨土，又怎麼會不管軍人？據《近代日本總合年表》記錄，日清戰爭的死傷者共一萬七千人，犧牲的軍馬共一萬五千匹。

今天的日本人都認為：戰死的士兵必須入祭靖國神社，這樣死者才能獲得光榮的慰藉。這種想法究竟是從什麼時候開始？應該是不久以前，大概是從昭和時代開始的吧。還有人似乎認為，殖民統治下的台灣人、朝鮮人，能跟日本軍人一起受到祭祀，就該閉嘴接受供養。這種想法，似乎也是近年才出現的新思想。

從日清戰爭、日俄戰爭，到上次的戰敗，戰場上的千萬枯骨現在都聚集在築地本願寺境內的西南角。越過那些老樹的枝椏之間，我彷彿看到了整部濃縮的近代史資料。阿彌陀佛。

7

走出本願寺南門，繼續走向「晴海通」。道路對面就是「築地場外市場」。這片市街聚集了各種批發小店，主要商品以海產為中心，其他還有肉類、蔬果、海苔、茶葉、玉子燒、刀剪、廚房用具、包裝用品，以及看板店、電器店等。景氣繁盛的時候，這裡曾經聚集了四百多家批發商。每天清晨是最熱鬧的時段，白天反而顯得異常冷清。這裡曾經號稱東京最早起的市街，但是近年來，市場景象已經發生了極大的改變。專賣壽司或海鮮蓋飯的著名餐廳一家一家出現在路邊，即使白天也有很多年輕人站在餐廳門口排隊。有些餐廳因此開始朝向大型化發展，另一方面，那些借用別人簷下做生意的小店也依然存在。市場的南北共有三條道路，場內共分四區。整個市場的結構十分單純，但卻同時存在高樓、攤販和窄巷，令人感覺這是個奇妙的市集。

隔著大路從遠處眺望市場，可以從正面看清三條通道的中央那條路。因為道路盡頭從前正好是本願寺大門的位置。翻開前面提到的〈京橋南・築地・鐵砲洲繪圖〉可以看到，整條「晴海通」從前都在本願寺境內，而從前的中門就在現在市場中央的那條路上，這種位置分布充分印證了前面介紹過的形象：「中門外超過一半的土地劃分為三區，共設置五十八座分寺」（摘自東京市編纂的《東京案內》。參見本章第四節）。其實直到明治時代為止，這裡仍是從前的模樣，後來因為發生了關東大地震，又經歷了昭和時代的戰敗，這裡才發生天翻地覆的改變。現在的「晴海通」兩側高樓並列，簡直就像屏風豎在路旁。其中有一座十層大樓，外牆上面畫著一條連頭帶尾的巨大鯛魚，彷彿正在宣示這裡是生鮮市場。其實他們不知道，寺廟境內是忌諱殺生的。

即使到了今天，當初劃分的三條道路依然跟從前一樣；當年設置的眾多分寺當中，也有逃過拆除命運的。譬如從前的二號分寺就在「晴海通」前方。三號分寺則位於場外市場裡面。甚至連當年建立的墓地，都還在原處。我可不是開玩笑唷！接下來，就讓我們越過人行道，一起去看看吧。

走上三條路正中央的那條，立刻可以看到左側有一座日式家屋，正門上方有個「唐破風式屋頂」（兩側凹下，中央拱起的遮雨棚狀屋頂）。抬頭仰望這座建築，只看它的外觀大小，很容易誤會這是一間錢湯，其實這裡是「圓正寺」。明曆大火之後，圓正寺和西本願寺別院的其他分寺，一起遷到這裡。

關東大地震之後，燒毀的五十八間分寺全部拆除，原址的空地被開闢成新的商店街。但是眾多分寺中仍有幾間留在原地。那些遷移到市外的分寺都各自獲得新的土地，而那些堅決不肯遷移的分寺，後來大部分都從這片寺院區消失了。這也是無法避免的結果。之後的漫長歲月中，這裡曾經發生各種變化。前些年發生的火災中，又燒毀了一間分寺。所以除了前面提到的「圓正寺」，現在這裡只剩中央道路前方的「稱揚寺」，和左邊那條路上的「妙泉寺」。不過這兩間分寺現在已經改建樓房，很多人就算從門前走過，也不會發現吧。剛才提到當年建在境內的墓地，就在右邊那條路上。這是圓正寺的寺外墓地，路邊豎起一道灰泥牆，牆內擠滿各式墓碑。

當年的分寺當中，現在只有圓正寺是錢湯式的和風建築。但由於佔地狹隘，大殿和住持的私人生活空間合而為一。這座昭和六年（一九三一年）建成的兩層樓房，屋頂採用銅板瓦，外壁也幾乎全部貼上銅板，一望即知這是地震災後重建期的建築物。穿過大型玄關之後，立刻進入大殿，從二層挑高屋頂可以看出，當初負責建造的木匠應該花費了不少心血。我在十幾年前曾到這裡參觀過，當時的第十四代住持向我介紹過圓正寺的歷史，下面就讓我向各位簡述一下。

當年這片新開闢的商業區是距離中央批發市場最近的市街，兩者之間只隔著一條城渠。當時的中央批發市場也就是江戶時代的日本橋魚河岸。明曆大火之後，舊居民的寺院跟新居民的商店慢慢地融合在一起。夏季裡，家家戶戶都把長凳搬出來坐在一起乘涼。「這裡是很不錯的市街唷。」住持對我說。他是築地小學的畢業生。對呀，這裡真的很不錯。我小時候跟他一樣住在這裡，是附近的京橋區泰明小學畢業的。

東京大空襲的時候，這片市街跟本願寺都沒受到任何損傷。戰爭結束後，美軍為了照顧駐留官兵及家屬的胃袋，接管了中央批發市場的一部分。而那些被美軍趕出市場的業者，就越過城渠到本願寺對面的市街發展。之後，美軍雖然取消接管，這些業者卻沒再返回中央批發市場。因為這裡沒有各種規定的約束，他們可以更自由地做生意。以上就是築地場外市場形成的經過。

也就是說，多虧美軍當初進駐中央批發市場，這個地區才能在轉眼之間，變成充滿生鮮氣息的市集，眼看就跟飄著線香氣味的寺院區毫無關聯了。不過事實總是不能盡如人意。

後來到了高度經濟成長期，這裡開始爭相建造高樓。只是，一旦開挖地基，幾家歡樂幾家愁的狀況就出現了。原本看起來毫無問題的土地，卻突然挖出一大堆骸骨。因為從前那些分寺搬家的時候，只把相當於牌位的墓碑帶走了，而土葬時代埋在地下的骸骨，則已在大地的懷抱中回歸自然。但是建造高樓總得挖個地下室吧。就算不挖地下室，也還是得挖地基吧。所以一旦挖到墳墓遺跡，就中獎了。因為築地從前是海底嘛。有些棺木一直浸泡在水裡，沒有接觸到空氣，所以棺木裡的骸骨保存得非常好。

據說有時工人掀開棺蓋一看，棺材裡躺著身穿振袖和服的美女，就連膽大的工人都會驚叫著落荒而逃呢。等到消息傳開，立刻就有許多人跑來看熱鬧。諸如此類經過渲染的真實故事，現在應該還在這個市街的某個角落被人傳誦吧。我想這也算是一種現代的鄉野奇譚。

這條街上的握壽司和海鮮蓋飯不僅特別美味，而且價格十分便宜，不能否認，這是受到當地傳統的影響。當初德川幕府在江戶的市中心開設市場，卻沒想到日本橋周圍的民風也因而變得如此醇美。即使到了今天，我們仍能在這兒享受先人的餘澤。後來是因為海運日益發達，大型船隻無法駛入日本橋川，才只好把魚市場遷到築地。築地的拍賣場就在卸貨碼頭旁邊，貨品可以立刻交給中間商、零售商，然後轉送到東京各地市場。正因為民風裡加入這種濃厚的人情味和線香味組成的特殊調料，所以從築地到銀座，這一帶的世風民情才會如此甘醇。

如今，東京市政府計畫把築地中央批發市場強行遷移到遙遠的豐洲，在那裡的東京瓦斯工廠遺跡重建批發市場。官員在計畫書中提出的理由是，公路運輸極為發達的今天，把市場遷到那片廣闊海埔新生地才合理。這種看法當然也是對的，但是豐洲市場預定地的周圍根本沒有市街，而且地上隨便一挖，就挖出了超過環境基準值四萬三千倍的苯。我真不知東京都政府想把什麼調料送進市民的廚房。後來又聽說，都廳計畫把東京奧運情報中心設在豐洲，不知這樣又能改變什麼。

今天的築地四丁目十字路口拱頂走廊上掛著一塊標語牌，牌上寫著：「場外市場不會搬家！我們會一直在築地打拚！」

05

踽踽獨行訪谷中

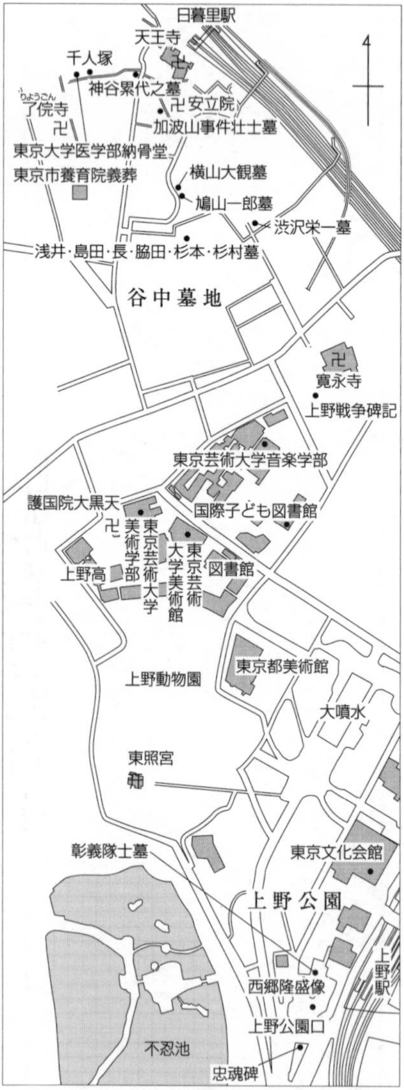
日暮里駅
天王寺
千人塚
神谷累代之墓
りょうごん
了俒寺
安立院
加波山事件壮士墓
東京大学医学部納骨堂
東京市養育院義葬
横山大観墓
鳩山一郎墓
渋沢栄一墓
浅井・島田・長・脇田・杉本・杉村墓
谷中墓地
寛永寺
上野戦争碑記
東京芸術大学音楽学部
国際子ども図書館
護国院大黒天
東京芸術大学美術学部
東京芸術大学美術館
図書館
上野高
東京都美術館
上野動物園
大噴水
東照宮
東京文化会館
彰義隊士墓
上野公園
上野駅
西郷隆盛像
上野公園口
不忍池
忠魂碑

1

站在上野車站公園口放眼望去，廣小路從高樓之間貫穿而過，道路的盡頭就是「松坂屋」，遠處則是秋葉原的高層大廈，十分擁擠地矗立在「松坂屋」背後。

周圍的喧囂聲不絕於耳。假設我現在突然返回昭和三十年代，路上也會跟現在一樣嘈雜，市內電車一面發出叮叮聲一面從我身旁駛過，只是，當時的大部分建築都是兩層木屋，這條路上只有「松坂屋」看來特別宏偉，還有廣小路上方的天空，也顯得特別寬闊。那時這條街上有家新開張的社區報，我的朋友剛好在那裡當編輯，所以我也常常幫他們寫點東西。從那以後，我跟這條街的交情雖淺，卻維持了相當長久的友誼。

今天從這兒望向秋葉原，彷彿近在眼前。事實上，東京很多地方也好像比從前縮小了，但人口卻比從前增加許多，難怪現在不論走到哪裡，都令人感到擁擠不堪。我今天的目的地，則是一處人煙稀少的地方。

走出車站向右轉，立刻來到山坡上的小廣場。從前大家都把這裡叫做「褲腰」，因為廣場呈梯形，看起來很像和服裙褲後方的腰板。現在也還是有人這樣稱呼這個廣場。廣場中央的樹壇裡有一塊橢圓形巨石，上面刻著「上野恩賜公園」。這塊石碑等於就是一般人家掛在玄關的名牌吧。這塊巨石是在昭和五十一年七月設立的。之後，社會上掀起一股風潮，呼籲大家使用「上野公園」做為這裡的正式名稱。所以說，這塊石碑也等於是引領時代風潮的先驅吧。

事實上，這裡原本叫做「東叡山寬永寺」，於寬永二年（一六二五年）建設完成。因為這座寺院是德川將軍家的家廟，擁有極高的聲望與地位，在當時可說是風光一時。慶應四年（一八六八年）陰曆五月十五日，彰義隊與政府軍進行激烈交戰，寬永寺幾乎全部燒毀。明治六年（一八七三年），政府把寬永寺的佔地指定為公園用地，因此才有今天的上野公園。公園最初歸東京市政府管轄，明治二十三年（一八九〇年），政府又把這裡劃為皇家領地。大正十三年（一九二四年）的關東大地震之後，天皇下令把這塊屬於皇家的土地賜給東京市民。我粗略地計算一下，這裡曾經屬於德川家兩百四十年，又被皇室擁有三十四年，之後變成東京市民的花園約一百年。如果歲月也有重量的話，時間磅秤上所顯示的刻度大致就是這樣。

這裡變成公園之後，經常舉行各種博覽會。日清戰爭・日俄戰爭的勝利慶祝會也在這兒盛大舉行。這裡既是東京最大的活動廣場，也是明治的榮光。

而象徵那段燦爛時光的唯一紀念品，現在就保存在公園入口處。仔細望去，入口右邊有個略微隆起的樹壇。昏暗的樹蔭裡，一塊石碑豎立在那兒，碑上寫著三個大字：「忠魂碑」，旁邊還有一行字：「希典書」。原來這塊碑上的題字也是乃木希典親自手書。跟我在日本橋十思公園、千住素盞雄神社看到的石碑一樣，這塊石碑也是日俄戰爭紀念碑。但比較特別的是，現在這塊石碑的外緣沿著天然石的曲線嵌了一圈鐵框，而且正反兩面都用鐵條支撐著。因為關東大地震的時候，這塊石碑轟然倒塌，摔碎了。震災後，碎石被人拾起拼回原樣，然後用鐵條固定起來。這塊紀念碑的面積比其他石碑大得多，厚度卻比較薄，基石又很小，怪不得會倒塌。結果就摔成了現在這副模樣。跟其他忠魂碑比起來，這塊碑簡直就像個傷殘軍人。

不過在戰前，這塊石碑可是高高在上，十分神氣。誰知到了戰後，它竟這樣默默地躲到樹蔭底下去了。而且它現在一點都不起眼，就跟其他夥伴一樣。更過分的是，石碑前方還設置了投幣式寄物櫃，似乎想把這塊石碑遮住似的，樹壇前方甚至還掛起禁止入內的繩索。眾所周知，自從泡沫經濟崩潰後，上野公園早已變成流浪漢聚集的大型野營場。所幸近年來，公園管理單位正在進行整頓，流浪漢都被趕到偏僻的角落去了。誰知這裡竟還掛著禁止入內的繩索。今天就讓我跨近一步，仔細瞧瞧那塊石碑吧。

石碑背面有許多縱向的裂紋，還有三個凹洞，似乎是被人挖掉的。猜想當年地震的時候，石碑是向後倒下的吧？碑面的右上方寫著「明治三十七八年戰死者」，下面則分六段列出死者姓名。上面四段是戰死和病死者的姓名。下面兩段則是當初建立這塊紀念碑的「社團法人下谷區兵事會役員」。儘管石碑表面有好幾處缺損，卻不影響計算人數。我算了一下，下谷區出身的戰死者大約有一百人。全部都有官銜。帶頭的是大尉，下面兩三人看不出官銜，其他還有軍曹五人、伍長五人，以及許多上等兵、一等兵，這些人的名單也有缺損。另外還有二等兵五人、後勤人員三人。

喔，原來是這樣。從前聽過一句俗語：後勤人員也算軍人的話，蝴蝶蜻蜓都能算鳥類了。真沒想到負起運送軍糧彈藥重任的後勤人員，官階比二等兵還低啊。名單裡的戰死者有七十多人，接著是病死者二十一人，然後是軍中雇員病死者：建築工．柴田辰次郎、軍屬木匠．岡本岩五郎、掘井工．岡億之助、和泉丸船上雜工．大深愈武、野戰鐵道電信工．小林彥太郎。以上共五人。這塊忠魂碑顯然是根據官階的高低，而對死者採取差別待遇；但另一方面，凡是死在戰場的下谷區居民，卻都一個不漏地在石碑上留下了姓名。猜想建碑的相關人士原本應是期待做到毫無差別的吧。

最近美國送了很多雇傭兵到伊拉克去打仗，他們一批又一批地犧牲了生命，但卻看不到關於他們的新聞。戰死者名單裡也沒有他們的姓名。據說這就是戰爭民營化之後的真實狀況。從這一點看來，這塊石碑所反映的真實狀況，跟現代戰爭的現實之間，真的相差了十萬八千里啊。

我在此懷著誠摯的心情，期待能把實情傳遞給後世子孫。

2

踏上四十三級的石階，我開始朝向山王台走去。彰義隊跟官軍互相混戰時，這裡還是一座岩石堆成的峭壁。現在的石階是在明治九年建立的，也就是這裡變成公園之後沒過多久的時候。

山王台上有一座西鄉隆盛銅像。只見西鄉靜靜地佇立在基座上，手裡牽著一隻狗兒。明治三十一年（一八九八年）銅像落成後，這裡便成為東京首屈一指的名勝。關東大地震時，大火只燒到山崖下就被撲滅了，那時站在崖上可把市內的斷垣殘壁看得一清二楚，銅像上面也貼滿了尋人啟事。東京大空襲時，崖上也逃過了戰火的摧殘。戰後經過這麼多年，這裡始終很熱鬧，四周總是擠滿約會或觀光的遊客。近來這裡的遊客大多是坐在長椅上看手機。外國觀光客則站在西鄉隆盛前面拍照留念。

寫到這兒，我想起少年時代的一件趣事。當時到這裡來玩的遊客都會在嘴裡銜一張衛生紙，大家互相競爭，用力把嘴裡的衛生紙朝向銅像吹去。如果紙被吹到西鄉的胸前，周圍就會響起一陣歡呼。有些人的肺活量真的很驚人，甚至能把衛生紙吹到銅像的臉上或頭上呢。這種遊戲或許是一種祈求健康的儀式吧。因為西鄉的身體強健魁梧，大家都想跟他一樣，而西鄉銅像則彷彿是地藏菩薩或坐鹿羅漢（也稱「賓頭盧尊者」，十八羅漢之一）的化身。我從前看到大家爭相吹衛生紙的畫面，是在昭和十年左右，猜想那是震災後出現的奇異風俗吧。相信現在一定還能找到當年的照片作為證據，不過那麼久以前的照片，都布滿了斑斑白點，可得讓修復舊照片的師傅大費功夫呢。

我朝著銅像後面的樹叢走去。那裡有一塊四方形地帶，四周圍著一圈欄杆，那就是彰義隊的墳墓。正面後方有一座石塊堆起的高台，上面的墓碑只刻著山岡鐵舟書寫的「戰死之墓」四個字。這座墳墓建於明治十四年（一八八一年），供養塔的周圍也用欄杆圍成四方形。

直到前些年，這裡曾經有一座二層樓房，舊彰義隊員小川興鄉的子孫就住在這裡守墓。樓房裡還有個房間叫做「上野彰義隊資料室」。墳墓前方設置了附帶屋頂的賽錢箱和香燭台，旁邊放置線香和火爐，火種就埋在爐中的灰燼裡。那時墳墓旁邊有座石階通向供養塔，參拜者可以走到塔前仔細觀賞鐵舟的書法。每年五月十五日，相關人士都在這裡舉行法會，豎起塔婆板，板上寫著：「南無妙法蓮華經·為彰義隊戰歿烈士之靈第百×回忌追善供養·日蓮宗東京北部宗務所」。由此可見，小川家信奉的教派應是日蓮宗吧。

上野公園出現這幅祭祀先人的畫面，原是值得讚賞的事情，一般民眾也覺得應該永久地持續下去。誰知這項每年固定舉辦的法會，後來卻突然消失了。原來主管單位引用法規裁定，私人不應在公共用地居住。這種墨守成規的判決真令人覺得莫名其妙。當初小川家孤零零地住在公園裡，肯定也遇到過很多困難吧。所以現在墳前的香燭台和塔婆板都不見了，只有寂寥的冷風從墳前吹過。眼前這情景不免令人聯想，一百四十年前一敗塗地的彰義隊，到了二十一世紀的現在，又彷彿吃了一次敗仗。

說起當年那一戰，還是讓我們先回顧一下慶應四年陰曆五月十五日前後發生的那些事吧。當年那場僅僅費時半天的混戰，究竟為什麼至今令人念念不忘呢？

江戶開府以來到今天，東京雖然經常發生火災，戰爭卻幾乎從沒出現過。慶安四年（一六五一年）由井正雪曾經籌劃推翻幕府，但他的計畫還沒付諸行動就被封殺了。那次事件之後，時間一下子跳到明治十一年（一八七八年），這一年發生的「竹橋事件」中，近衛砲兵大隊砲擊參議官大隈重信的官邸，但是叛軍在一夜之間就撤退了。昭和十一年（一九三六年）的「二二六事件」，起義的部隊佔領了赤坂山王台之後，跟政府軍形成對峙局面，但是在第四天，卻以投降收場。後來到了第二次世界大戰時，美國空軍對東京進行大空襲，喔，這件事現在暫且不提吧。之後的昭和四十三年（一九六八年），學生運動逐漸升溫，首先是在秋季的國際反戰日，學生佔領了新宿車站，第二年的一月，那些學生甚至還對東大安田講堂進行攻擊，當時的都心各地都可以看到拒馬，社會瀰漫著動盪不安的氣氛。不過，那場運動最終也只是丟石子表示抗議而已。因為活動的主題是反戰嘛。

所以說，彰義隊跟政府軍之戰，是東京市區內唯一發生過的一場真槍實彈的巷戰。

事實上，當時的大勢所趨已經非常明顯，幕府瀕臨瓦解，江戶即將無血開城。所以說，不論歷史或是人類，或許只有聰明才智還是不夠的。關於這段歷史的史料文獻多得不可勝數，我就不在再這裡引述了，還是介紹一下親歷戰場的江戶子留下的記憶片段吧。

「咚隆咚隆……我聽到非常恐怖的聲音從上野那邊傳來。是大砲的聲音。接著又聽到啪嘁啪嘁，啪嘁啪嘁的聲音，簡直就像商店街販賣的爆豆跑到路上來了。咚隆咚隆，咚隆咚隆，啪嘁啪嘁，啪嘁啪嘁……一直響個不停。在那個令人鬱悶的陰天，我一直聽到這種詭異的聲音。」後來這位江戶子爬上家中的二樓，看到「市內各處都有屋頂冒出火苗，上野山那邊似乎也有狀況。不久，大約晚上十點時，上野山突然捲起一股烏黑的火焰，隨著飽含水氣的強風一起捲成一股漩渦，待黑焰散去，山上也冒出了火焰。後來我才知道，那時中央大殿也著火了。那一刻，也剛好就是雙方交戰最激烈的瞬間」。

以上這段回憶文字，是由淺草駒形的佛師高村東雲的入室弟子幸吉透露。幸吉繼承師業後改名叫做高村光雲，當時他剛滿十七歲。前一天晚上，在佛師手下負責後續加工的漆匠跑來通知他們說，明天在上野會有激戰。幸吉的師父有個師弟是職人，住在廣小路巷內的長屋裡，師父便吩咐幸吉去幫忙他們準備逃難。所以開戰的當天清晨，幸吉一早就趕到上野。「我聽到頭頂上不斷傳來咻咻咻的聲音。」幸吉看到街角的階梯上堆著榻榻米，許多武士都把和服裙褲的褲腳拉起來，塞在腰帶裡。他們手裡拿著出鞘的長槍，槍尖向上拄在地上。政府軍的士兵也穿著和服袴褲。「馬上就要開戰了！」幸吉嚷著奔進長屋，卻看到夫妻倆正在悠閒地吃著早飯。真沒想到當時還有這麼不知天高地厚的人！職人夫婦聽到幸吉的報告，這才緊張起來，眾人商量後決定一起逃到駒形，然後他們可以從二樓看熱鬧。當天冒出黑煙的寬永寺大殿，就在現在上野公園的噴水池廣場近。廣小路後來也被火苗波及，火勢一直延燒到松坂屋前方，所以這對職人夫婦居住的長屋，當時應該也被燒毀了。

「戰況一直持續到中午以後。戰鬥結束後，外面的景象真是嚇死人，從三枚橋到黑門附近，滿地都是死屍。我以為戰爭已經結束了，所以趕緊跑出去，但是一連看到兩三具淒慘的屍體，實在太可怕了，所以又馬上跑了回來。」

三枚橋是「三橋」的俗稱，這座橋架在從不忍池流經廣小路的小河上。橋身位置大約就在今天河邊那間麥當勞門前。當時像幸吉那樣大膽的民眾非常多。史料這樣記載：「出門看熱鬧的市民都各自穿著刺子繡的棉布和服外套（具有防火功能），摩肩接踵，擁擠萬分。」

一直到第二天的十六日，市面的混雜狀況仍沒有改善。下面這段文字則是六十歲的歌舞伎演員留下的紀錄：

「一大早，我跟九藏一起到上野去看熱鬧。兩人先從廣德寺門前下山，爬上褲腰山（現在是小廣場）和黑門那邊，立刻看到道路右邊有一具屍體。我們站在旁邊觀察了一陣，屍體臉孔向下趴著，脖子上掛著皮包，裡面有錢，旁邊還有一件印著瓜形家紋的和服外套。原來是出身旗本（下級武士）的織田某。木製的黑門上有好幾個手槍打出的彈孔。山王山上有些樹枝也被槍彈打斷了。路上看到一輛大砲車，還有幾十具彰義隊員的屍體雜亂地倒在各處。其中一人的身上覆著一卷經文，可能是朋友或親人幫他蓋上的。還有一具屍體的身上蓋著浴衣，另一具屍體的膝頭似乎被大砲打中，不但長褲扯裂，腿上也是千瘡百孔，一條包紮傷口的手巾垂在他的『黑星』。後來又在車坂門外看到一具穿著棉布裙褲的屍體，上身穿著後面開衩的外套，白棉布衣襟上寫著『齋藤某某』，只見他左手提著兩個腦袋，右手抓著一把沾滿鮮血的長刀，全身上下有好幾處槍傷，臉孔也被打得面目全非，可見此人是個極為剽悍的戰士。」

這段文字摘自第三代中村仲藏的自傳《手前味噌》（一九六九年，青蛙房出版）。十六日那天早上，他是從淺草聖天町的自宅出發到上野看熱鬧。

戰爭結束後的三天內，政府軍到處搜尋叛軍餘黨，被抓到的嫌犯立刻當場處決。在這種緊張氣氛中，叛軍家屬根本不敢前去處理屍體。讀了這段文字，我們才知道，原來彰義隊員也穿著軍服。文中的「黑星」是指腳踝。有關車坂門外那位英雄人物的紀錄，在我腦中留下了很深的印象。據說上野戰爭的第一場鳥羽伏見之戰，也有一位腰上掛著好幾個腦袋的英雄是被槍彈打穿胸部而陣亡。可見這種收集敵人首級數來證明功績的武士文化在當時仍然十分盛行。可惜懂得欣賞這種技術的藩主卻都不在了。

齋藤某某則是最後一位宣揚這種砍頭文化的武士。

仲藏繼續向上野山裡走去。據說戰爭爆發那天，寬永寺大殿曾經冒出綠色火焰，而且連續燃燒了三天三夜，所以仲藏上山的時候，寺院建築應該還在燃燒。

「走到東照宮御魂舍門前時，看到一名彰義隊員切腹自殺的屍體。但是路上完全看不到政府軍的死屍。顯然是在前一天晚上連夜運走了吧。可見官軍的辦事效率多強。據說當時住在廣小路周圍窮人都趁機大賺一筆。因為伊勢國津藩的藩主藤堂高猷宣布，凡是幫忙把死屍運到宅第的搬運工，每人都能按照屍體的數目領取報酬，他將為每具屍體付出二分銀子。許多窮人聞訊而來，人人都連聲嚷道：我來搬，我來搬。後來大家覺得二分太少了，工錢便漲到一兩，後來又從一兩漲到一兩二分，最後甚至漲到二兩。所以力氣大的人一下子就能賺到五、六兩銀子。」

藤堂家原是跟德川家關係親近的藩主，後來卻決定投奔官軍，他家的上屋敷位於神田和泉町，位置就在今天秋葉原「淀橋相機」後面的「昭和通」前方。他家的中屋敷距離上野較近，在台東三丁目。所以從上面這段文字可知，當時已有專門處理戰死屍體的臨時工了。寫到這兒，我想起當年朝鮮戰爭和越南戰爭的時候，也曾聽過類似的傳言。

另外還有一份史料，是日本橋堀江町的書記鹿島萬兵衛留下的紀錄。當時萬兵衛二十一歲，他留下的紀錄跟別人寫的不太一樣。那份紀錄中寫道，十六日一大早，萬兵衛來不及吃早飯，就跟朋友兩人一起跑到上野。「然而敵我雙方的屍體都已處理完畢，路上一具屍體也沒看到。」萬兵衛爬上山，走進寺院時，看到「大殿已經全部燒毀，餘燼還沒熄滅」，他穿過谷中門，「來到天王寺，大殿仍在燃燒，敵我雙方都不見一個人影。」接著，他走下山坡，看到「架在石神井川水道的石橋下面，有兩具武士的屍體疊在一起。他們是被人拋棄在那兒的，兩人的肩頭都掛著紅色錦緞製作的徽章（官軍的士兵都在左肩掛上一小片錦緞製作的徽章）」。

這段文字寫得簡潔冷靜，但不論字裡行間表現得多麼若無其事，畢竟眼前遍地都是死屍。讀者只要把「敵我雙方」改成「敵軍」，大概就能看懂他的意思了。其實，萬兵衛當時正在到處尋找官兵的屍體。他大老遠的從日本橋步行到日暮里附近，最後終於找到塞在橋下的官兵屍體，這才鬆了口氣，轉身踏上回程。那兩名遇難的官兵，或許是在追殺叛軍餘黨時被殺的吧。萬兵衛的筆記後來編成《江戶的夕榮》一書，直到大正十一年才發行問世，書中記述的內容已是很久以前的往事，雖然作者書寫資料時，主導明治維新的薩長（薩摩藩和長州藩）勢力仍在掌權，但是作者毫無顧忌地留下驚人的紀錄。萬兵衛在紀錄裡透露，回程的路上沒看到一家餐廳營業，他簡直快要餓死了。後來走到藏前時，才看到一家糰子店在路旁擺出小攤，他等不及店家包進豆沙餡或把糰子放在火上烤炙，「一連吃了五、六串沒加工的白糰子，這才餵飽了肚裡的飢餓蟲，然後從淺草見附進城返家。所以那些擠在路上看熱鬧的群眾，他們也很辛苦吧。」

那些群眾真不愧是江戶子。當大家看到火災和戰爭同時發生，江戶子當然不能不出來湊個熱鬧。當時有位出生在藏前商家的千金後來也告訴別人，官軍正在搜捕叛軍時，她看到守衛淺草見附的官兵把一堆頭顱像陳列燈籠似的，排在路邊嚇唬路人，那位小姐說她也害怕得不得了。原來所謂的市內巷戰，就是腦袋燈籠和糰子小販同時出現在街頭啊。

當時市內流傳著各種謠言。有人說，如果抓到叛兵賣給官軍，每名叛兵可賣一兩銀子。還有人說，火災現場出現了很多小偷。前文介紹過的幸吉，也曾留下證言：

「那些看熱鬧的群眾腦中升起搶劫的念頭，很快地，大家就陷入失控狀態，開始前仆後繼地衝進寬永寺。然而寺裡早已沒有值錢的物品，眾人一看到這種情形，更是爭先恐後地往寺內擠，並且紛紛搬走和尚的袈裟、大殿的佛像、舍利塔等戰利品之後，揚長而去。轉眼之間，寺內就變成一座空城。」最近在阿富汗、伊拉克等地因戰亂而出現的情形，原來日本在上野戰爭時也曾瞬間出現。不過，幾天之後，政府開始嚴查寺內的遺失物品。「有人早已把袈裟改製成孩子的腰帶，他們聽說這消息後，只好趕緊把腰帶上繳政府，接著，各種被人搶走的東西都出現了。我還在路上看過被人拋棄的金線織花錦緞袈裟和各種佛具呢。」

這些重新出現的物品堆在路邊，高得像座小山。據說官軍也曾率先衝進寬永寺，搜尋原本應該藏在寺裡的大判小判金幣，結果卻什麼都沒找到。後來那些官軍因為怒火中燒，就放火燒了寬永寺。所以說，官軍跟叛軍其實沒什麼分別吧。

三十年之後，已經改名叫做高村光雲的幸吉，被任命負責製作西鄉隆盛的銅像。他受邀參加慰勞晚宴時，在宴會上遇到當年率兵進攻黑門口的大將西鄉從道，還有許多薩摩藩的大官，大家便分別聊起當年的得意往事，把宴會的氣氛炒得很熱。這段軼事後來被《幕末維新懷古談》收錄在書中。

上野戰爭中的官軍屍體都在當天處理完畢，但彰義隊員的屍體卻一直棄置在野外。三輪的曹洞宗圓通寺的住持佛磨和尚後來託人向相關主管表示，他願意負責埋葬那些屍體，並且供奉死者的亡靈。結果卻被視為叛軍的同夥，而被拘留了十天。不久，那些死屍的腐臭味越來越強，主管人員才改變了態度，把佛磨和尚釋放出來，發給他收屍的許可。於是，原本就很同情彰義隊的俠義之士三河屋幸三郎提供資金與人力，幫助佛磨和尚收回兩百六十六具屍體，並為他們舉行了火葬。火葬地點就現在這座墓園裡。但有另一種傳說指出，短短幾天之內，能進行火葬的屍體有限，其實大部分屍體都埋在一個大坑裡。或許這個傳說才是事實吧。畢竟土葬才是回歸自然該有的形式，骨灰只具有象徵的意義。所以說，現在長眠在這座墓園地下的，應該是早已化為地球一部分的彰義隊員吧。

彰義隊埋在南千住的骸骨是曹洞宗負責供奉，而上野的這座墳墓，一直都是由日蓮宗供奉。那跟彰義隊關係密切的東叡山寬永寺，為他們做了些什麼呢？這座天台宗的著名寺院因為遭到恐怖活動集團彰義隊的牽連，從此被各宗派視為邪教寺院，不但被逐出山門，還被燒光搶光，受盡各種欺凌，最後還被迫消失了很長一段時間。

直到明治四年，寬永寺終於獲准重新開放。於是，在上野山北邊角落的分寺大慈院的位置，寬永寺重新建造了一座規模較小的廟宇。重建所需的材料來自「川越喜多院」的「本地堂」。也就是說，把「本地堂」拆下的木材提供給寬永寺修建廟宇。這項遷建工程於明治十一年竣工。現在讓我們去看看重建後的寬永寺吧。

3

我一路向北，斜行穿越公園，經過「國際兒童圖書館」門前之後左轉。這座圖書館從前是上野圖書館。左轉之後，來到東京藝術大學音樂學部後面的小路，右邊的路旁種著茂密的樹叢，這裡就是現在的寬永寺大殿。

沿途並未看到幾個人影。抬頭仰望路旁的樹叢，樹梢之間隱約可見根本中堂（中央大殿）的大屋頂。境內一片寂靜。我環顧四周，看到右邊有一座鐘樓。樓旁有塊高大的石碑，上方刻著「上野戰爭碑記」，碑上刻著漢文，共有二十五行，每行五十多字，整片石碑密密麻麻地刻滿了漢字。我不禁納悶，這年頭究竟有誰看得懂這種文章，但同時又覺得，用這種方式留下紀錄，將來肯定會有人看得懂吧。我繞到石碑背面，碑上刻著「明治四十四年五月十五日建」，旁邊還刻著許多贊助者與發起人的姓名。

碑文的撰稿者是從前一橋藩的藩士阿部弘藏。他是彰義隊的創立成員，也是隊名的命名者。阿部弘藏在碑文中記述了立碑的經過。明治七年，阿部申請立碑，但是相關單位沒有批准，直到明治末年，他才終於得以實現願望。立碑的發起人共五人，排在最後的一位是阿部德藏，大概是阿部弘藏的兒子吧。這座外觀貌似屏風的石碑，現在載著他們父子相傳的祈願（或是怨恨），豎立在大眾面前。

仔細想想，戊辰之役實在是一場奇妙的戰爭。幕府軍和薩長土肥軍其實都是為了勤王。意識形態都是正確的。或許，這就是所謂的成王敗寇吧。

如果幕府軍沒被打敗，德川家跟天皇家共組公武（公卿武士）合體政權，君臣都在友好的氣氛中安閒度日，如此一來，什麼廢藩置縣啦，廢刀令啦、這些改革都不會出現了。政府也不會動手清理那些「既得利益」「不良資產」之類的勢力。這樣渾渾噩噩度過十年、二十年之後，政府既不會提出「富國強兵」，也不會挑起日清戰爭、日俄戰爭，更不會有之後的太平洋戰爭，這樣說不定對日本更好呢。但不論如何，新政府後來大力推行四民平等、文明開化，這些政策就連幕府那些人，還有大部分的民眾，也都覺得很不錯呢。勝負全憑運氣。阿部弘藏後來也為新政府效力過，還被任命為文部省官員，既然如此，他為何還會心懷怨恨呢？

說得直接一點，「江戶」改名為「東京」這種做法不得人心。明治維新既是政權轉移也是文化革命，改名或許能迅速造成既成事實的效果，但同時也會帶來不少反效果。因為「江戶」從此變成萬惡的淵藪，也就是「封建制度」的代名詞，而「正義」則跟江戶一起被棄置一邊，再也沒人多看一眼。

阿部弘藏的怨恨主要是針對掌權者任意抹殺了歷史。既然雙方的意識形態一致，為什麼招致不同的結局？阿部弘藏在碑文中指出，自己支持的幕府軍之所以敗北，是因為他們主張的道義已經過時。他還在文中囑咐戰爭的倖存者，今後一定要厚著臉皮活下去。因為這是戰爭存活者的責任，這樣才能把自己的功德回向給死者，並把真相告訴後世子孫。以上是我根據自己的理解，從碑文中大致得到的結論。

說實在的，從前的江戶跟今天的東京，住在這裡的居民生活改變了嗎？文化必須連貫相傳。看看別國的首都，不論叫做羅馬、巴黎，或倫敦，就算是換了國王，或是把某人送上了斷頭台，他們什麼時候改過首都的名字？還有像雅典、巴格達或北京，有沒有改過名字呢？而在混亂中改名的東京，結果怎麼樣？看吧！更過分的是，後世子孫最近居然想出「西東京市」這種奇怪又難唸的地名呢。

我朝著寬永寺大殿的左側前進，再從便門走向寺外。出門後繼續向前，越過巴士大道，前方的道路兩側種滿櫻花路樹，看起來就像櫻花樹搭成的隧道。穿過這條隧道後，就到達谷中墓園的南邊。

踏進墓園後的第一塊墓區的編號是「乙11號1列」，區內種了很多樹，四周用石塊砌成的石牆圍成四方形。這裡是澀澤榮一的家族墓地。澀澤榮一出生於埼玉縣的富農家庭，最先因為參加勤王陣營而被幕府任用，後來成為遣歐使節團的成員。明治維新之後曾在大藏省任職，後來成為財經界的領導。即使在離開人世之後，他的墓地在谷中墓園當中也是規模最大的。其實從這裡向左前進幾十公尺，就是十五代將軍德川慶喜的墓地，而德川家這位舊家臣的墓地，卻比主子的墳墓寬敞得多，而且枝葉茂密，綠樹成蔭。

這片地區原本是寬永寺的墓園，園區最前方緊鄰天王寺。明治七年（一八七四年），寬永寺墓園和天王寺都被政府接收，並被指定為公營墓地。谷中後來雖跟青山、雜司谷與染井同時成為都營靈園，但東京都營谷中靈園的地圖卻是其中最複雜的。因為谷中靈園跟南邊的寬永寺墓地、北邊的天王寺墓地，都有彼此混雜的部分。而且鄰近的了院寺墓地，也包含在谷中靈園的範圍內。現在一般人都把這裡的整片墓區通稱為「谷中墓園」。時間一久，這個名稱好像就變成了墓園的本名。

墓園裡的道路除了北邊種著櫻花路樹的天王寺參道之外，緊鄰參道旁，還有一條貌似支線的彎路，叫做「葫蘆橫丁」。整體來說，墓園裡的大路就只有這兩條。其他的小路不是彎彎曲曲，就是半途折斷，周圍全被繁茂蒼翠的樹林包圍。如果說，東京哪座墓園最可能出現妖怪，這裡應該是第一名。對了，眾所周知的《牡丹燈籠》的舞台就在谷中。

但事實上，每天從早到晚盤據在這裡的，並不是妖怪，而是男女青年。這些年輕人都是美術學校的窮學生。現在這所學校已經變成了東京藝術大學。因為這裡大白天連個人影都沒有嘛。像這種約會勝地，應該也有不少偷窺族吧。我敢提出這種假設，因為在我這種閒雜人等的記憶裡，從前好像也被人偷窺過……不過，任何事情只要有參加，就有意義，或許這也是我打從心底就對所有墓地都懷抱親近感的理由吧。

但我必須在此聲明一下，現在年輕情侶可不能到這裡來約會了。近年來，墓區和樹木都修整得十分整齊，所以整天可以看到人來人往，遛狗的、慢跑的，還有歷史文學散步的團體。從前的偷窺族消失了，取而代之的，是一種奇特的導遊，不時地出現在遊客面前。四周的圍牆現在大部分都換成視界清晰的鐵絲網。也就是說，現在的主管單位打算走健全路線，企圖把靈園變成公園。

墓園裡那些寫著「甲○號○列」「乙○號○列」的標示牌，最近也改成了容易看清的大型木牌。安裝了這類標示牌的墳墓屬於都營靈園，沒有標示牌的墳墓則屬於寺院的墓園，這樣就很容易分辨墳墓的歸屬了。今天我們的參訪主題是跟彰義隊員一樣的合葬墓，所以接下來的路線，也將朝這個方向進行。至於其他各界名人的墳墓，就只行個注目禮吧。好，現在就讓我們前往下一站吧。

4

澀澤家墓園前方的十字路口向左轉，立刻看到「來島恆喜之墓」。明治二十二年（一八八九年）十月十八日，位於霞關的外務省門前，外務大臣大隈重信乘坐馬車從外面回來的時候，這個叫做來島的男人投出一枚炸彈，把大隈重信的右腳炸飛了。來島當場自殺身亡。他是九州「玄洋社」的成員，去世時三十一歲。墓碑上的幾個大字由玄洋社創辦人頭山滿為他的弟子書寫，在眾多墓碑當中顯得非常醒目。

順著鋪裝過的道路繼續向前，右轉後再朝著前方偏左的上坡路前進，不久，右邊出現一塊「乙8號3列」的標示牌。旁邊有一條右彎的小路，只見前方的林蔭深處有六根小石柱並列一旁。這幾根石柱可能是谷中墓園裡規模最小的合葬墓吧。我猜一般人很容易把它們看成是路邊的欄杆。刻在六根石柱上的忌日都是同一天，都是明治十一年（一八七八年）七月二十七日。

就在這一年五月十四日的早上，內務卿大久保利通搭乘馬車到皇宮參加元老院會議，車子剛走到紀尾井坂，突然有六名壯士從路邊一躍而上，砍死了大久保利通。這六人完成任務後，一起帶著斬奸狀前往宮內省自首。兩個月之後，他們都被處以斬首的死刑，行刑的日子也就是刻在石柱上的忌日。六人的姓名分別刻在石柱上，從正面望去，右起依序為：淺井壽篤、島田一良、長連豪、脇田巧一、杉本乙菊、杉村文一。

每人的姓名下面還刻著「之墓」二字。這六根石柱就是他們的合葬墓了。首領島田一良是舊加賀藩的藩士，也是西鄉隆盛的狂熱追隨者，戊辰之役的時候曾經參加政府軍走上戰場。他是六人當中年紀最大的，去世時三十一歲。其他五位青年都是他的同鄉，年紀最小的杉村才十八歲。

順便向大家透露一下，大久保利通的墳墓位於都營青山靈園。那塊巨大的長方體墓碑下面還有石龜馱著，同時也是靈園裡體積最大的墓碑。大久保遭難的地點現在是紀尾井坂清水谷公園，園裡建了一塊歌功頌德的大石碑，碑上刻著「贈右大臣大久保公哀悼碑」。

說起來，這也是必然的結果吧。當權的政府要員在首都的市中心遭人暗殺，大久保跟西鄉的鬥爭最後變成了各打五十大板的結局。當時整個社會都對這種結果極為震驚，而這種驚愕最後變成了那座大得不能再大的墳墓和哀悼碑。

六名殺人兇手卻被埋在小得不能再小的墳墓裡。就算是塵俗的規則，但地點為什麼選在谷中呢？

前文已介紹過，谷中靈園是明治新政府下令建造的。當時正在推行「廢佛毀釋」（明治元年開始打壓佛教的運動）的政府，當然一開始就打算把寺院境內強行建成神道教墓地。事實上，現在這座靈園大約一半的面積都是神道教墳墓，隨處可見各種大鳥居和小鳥居。附近花店的榕樹葉銷售量也很高。就連德川慶喜的墳墓也是神道教的饅頭形。其實天皇家和將軍家的歷代祖先都是佛教徒啊。或許大家認為神道才是勤王的證據，神道是一種流行思想吧。

不過，這裡原本就是德川將軍家的家廟。近年來，許多歷代大奧妻妾和譜代大名的墳墓都遷到這裡，重新修建了新墳。還有像澀澤榮一、高松凌雲等出身幕府家臣的名人，也在這座墓園的各個角落長眠。高松凌雲是幕府末期的醫師，當年函館五稜郭之役時，他曾為敵我雙方的士兵治病。所以從整體來看，現在的谷中墓園比較偏向葵紋家族（指德川家）。或許也是因為這個理由，這六根石柱才會埋在這兒。也就是說，敵人的敵人就是朋友吧？

六根石柱旁邊的草叢裡還埋著一塊小小的石碑，撥開雜草，細讀之後才發現，原來島田一良等人原本的墳墓曾經被人砸毀。到了明治三十二年七月，六人的親戚朋友商討之後，才決定建立這六根石柱形墳墓。真沒想到，從前居然還有對墳墓進行報復的恐怖活動呢。

六座墳墓前面分別裝置了水盤和花瓶。平時總是空空如也，似乎偶爾會有人來打掃，並供上貌似榕樹葉的植物。可能是親朋好友的後代來祭拜吧。

像這種墓碑上寫著相同忌日的墳墓，我再帶領大家去參觀另一處吧。

六根石柱的前方就是葫蘆橫丁，順著這條彎路前進，沿途經過鳩山一郎和橫山大觀的墳墓，來到墓園角落的「甲10號6列」標示牌之後，向左轉，立刻看到位於安立院門前的「甲8號2列」。這裡有一塊比人還高的天然石墓碑。碑上刻著一連串姓名：琴田岩松君、小針重雄君、三浦文治君、横山信六君。四個姓名的下方只有一個「墓」字。我繞到墓碑後方，根據碑文說明，其中三人是同時於「明治十九年十月二日歿」，這天也是他們執行死刑的日子。另一人於「同年九月三日歿」，因為他在受刑之前已在獄中去世。

明治十七年（一八八四年）九月，從事自由民權活動的十六名壯士帶著炸彈躲在茨城縣加波山上的據點不肯出來，他們向政府發出檄文，表示要推翻高壓政府。山頂不斷傳來陣陣吶喊聲，山下的人聽起來以為他們有幾百名士兵，所以警方也不敢上山突擊。後來警方發現，其他的地方並沒有他們的同黨出面助陣，這才鼓起勇氣衝上山，攻破了據點。在那場激烈的衝突中，雙方都有人死亡。事件的開端是因為那群壯士想把三島通庸除掉。曾任山形、福島、栃木等地縣令（知事）的三島，不但公開指責這群壯士是殺人放火的強盜，還揚言要殲滅自由黨，另一方面，三島平時總是採取高壓手段對他們進行鎮壓。但那次針對三島發起的攻擊最後卻以失敗告終，參與行動者只好躲進山裡。但最終相關人員還是全數都被警方逮捕，並被冠上「強盜蓄意殺人」的罪名，後來其中的七人被判死刑，另外七人被判無期徒刑，四人被判有期徒刑。

上面提到的四人，當時都被判了死刑，而且都是福島人。其他三名死刑犯則是茨城人，應該也在哪裡建了墳墓吧。這塊墓碑表面的左邊角落還刻著幾個小字：「天野一太郎君」，背面的右邊角落也刻著一行小字：「昭和八年九月二十七日歿」。事件發生時，十七歲的天野一太郎還未成年，所以判了無期徒刑。算起來，他去世時享年六十六歲。所以是經過大約半世紀之後，他又回到同志身邊，跟大家合葬在一起。應該是出於本人的願望吧。

有本事推翻幕府的人，叫做英雄豪傑；而政變失敗的人，不僅什麼都得不到，還會淪落為無恥罪犯，被公然冠上政治犯的汙名在此任人圍觀。周圍這些墓碑上雖然什麼也沒寫，卻無言地傳遞出這種訊息。這座石碑是由四人當中的小針重雄的家族建造的。可說是後人為那些暗殺時代犧牲感性青春的青年所樹立的鎮魂碑。只是，這塊石碑為何建在谷中呢？畢竟，還是因為敵人的敵人就是朋友吧？

順便再向各位介紹一下，三島通庸的墳墓在青山靈園。

5

經過安立院前方，我來到天王寺前種滿櫻花路樹的大路。道路盡頭有一塊巨大的天然石，上面刻著「神谷歷代之墓」。這是淺草有名的神谷酒吧的家族墓園。從這裡到更靠近後面的區域，都屬於天王寺的墓地。不過神谷家似乎信奉神道教，因為我有時看到一些穿白衣的神官在這裡作法驅邪。

神谷墓園右側是一條鋪著石塊的小路，我繼續踩著石塊前進。不一會兒，右邊出現一個被樹牆環繞的角落，但卻看不到任何標誌。牆裡巨木參天，林蔭茂密。走進地面鋪著碎石的墓園，裡面並排豎立三座高大的墓碑，都是用四方形石塊組成的三層墓碑。三座墓碑的正面寫著「千人冢」三個字，三塊石碑的左邊側面都刻著內容雷同的立碑宗旨。我把中間那塊碑上的文字照抄在下面：

「明治三年十月至十三年九月在東京大學醫學部所剖觀屍體計一千有裨益于醫學不為鮮同十四年六月建石于其埋瘞之處以表之」

大意是說，從明治三年起的十年之間，東京大學醫學部解剖的屍體共有一千具。諸位逝者對醫學提供的裨益匪淺，所以就在埋葬這些屍體貢獻者的地方立碑以示表揚。

據說古人認為在這種地方，「千」這個數字會產生某種力量。所以日文裡才有諸如千日詣、千里眼、千人針之類的字眼，都是來自於這種觀念。日本甚至還有一個傳說，據說火葬場燒完第一千具屍體的那天晚上，所有的亡靈都會回來舉行慶典。這個傳說的靈感也來自「千人」。明治初期的醫學專家可能認為，這些提供研究的屍體被解剖、切碎，剩下的殘骸既然都埋在這裡，為什麼不找個機會好好供奉這些亡者呢？的確是應該這樣！

從正面望去，左側的石碑是第二號千人塚，碑上刻著：「明治十三年九月至二十一年九月在醫科大學」，碑文跟中央第一號千人塚相同。立碑的時間是「明治二十五年六月」。

正面的右側是第三號千人塚，碑上刻著：「明治二十一年九月至明治三十七年八月在醫科大學」，碑文也跟其他兩塊一樣。立碑時間是「大正二年七月」。仔細按照時間推算，第二號千人塚顯示，醫科大學在八年之間解剖了一千具屍體；第三號則顯示，醫科大學花了十六年時間才解剖了一千具屍體。我想這段期間，解剖數應該沒有減少一半，反而是隨著醫學部日漸發展，解剖數應該也增加了。但因為世間對解剖的看法發生了變化。所以社會上願意把遺體提供解剖的人數比從前變多了，解剖之後，遺體便交給遺族處理。會送到這裡來埋葬的，都是沒人認領的遺體，而且這種遺體越來越少。而第二號、第三號的立碑時間逐漸延遲到四年或九年之後，也是因為各種不可避免的理由吧。老實說，若是按照第一號碑的速度，前仆後繼不斷建立千人塚，這裡馬上就會碑滿為患，甚至連屍體都無處埋葬吧。若是出現這種窘境，我們又該如何是好？

下面是一位住在附近的老人對那塊墓地的描述。時代背景應該是在大正後期。

「大家都把那裡叫做亂墳堆，許多身分不明人士或犯人，在大學醫院之類的機構當成研究材料進行解剖之後，就埋在那裡。

「可能那裡的土壤原本就很軟，加上養分充足，踩上去的感覺軟綿綿的，每年到了春天，地上就冒出好多筆頭菜。這種事啊，越恐怖就越令人好奇。據說那地方啊，滿地都是白骨，一點都不稀奇，反而是棺木抬到那兒之後，烏鴉馬上把屍體啄得四分五裂，那景象才恐怖呢。」（森真弓編著，《谷中墓地掃苔錄》）

這就是墓地當時的狀態。雖說解剖完的屍體都是土葬，其實跟千住小塚原一樣，只是虛應故事而已。那位老人的證言實在非常珍貴。而能聽到這些史料並留下紀錄的人，更是難得可貴。

放眼望去，墓地左側的廣場上有一座黃色半球形佛塔，頂上聳立著高高的塔尖。由於政府後來禁止土葬，所以主管單位便重新整頓這塊墓地，建了這座佛塔，把火葬的骨灰存在塔內。塔身正面的門柱上刻著：「東京大學醫學部　納骨堂」。

現在每年秋季，東大醫學部都在天王寺舉行「醫學部解剖體慰靈祭」，為那一年提供解剖遺體的逝者舉行祈福法會。逝者的遺族、學校的教職員和學生都會參加這項儀式。校方並特別規定，正在參加解剖實習的醫科學生務必要出席祭典。在大殿舉行的法會結束後，全體人員再到千人塚前面誦經，並前往納骨堂獻花燒香。

納骨堂的門扉設計得頗有新藝術派風味，門旁豎著兩三根塔婆板，堂內經常有人獻花。可能現在很多人不只願意捐獻遺體，也願意把遺骨存放在這兒吧。任何事情都在發生日新月異的變化。從近代文化的一絲曙光，發展到最先進的現代醫學，日本在這一百四十年當中走過的足跡，全都濃縮在三座千人塚和一座納骨堂裡面。真是可喜可賀。

不過，也不知是誰最先發現的，這裡還有一件被時間遺忘的東西。就在千人塚的樹壇角落裡，一座古老的寶塔靜靜地矗立在那兒。塔上刻著逝者的戒名和年號：「法喜院殿日保尼淑位　寬永十三年」。應該是天王寺的比丘尼的墳墓吧。不過當時的天王寺還叫做感應寺，而且是日蓮宗的佛寺。這件從三百七十年前就遺留在此的文化財，一直無人供養。仔細觀察，只見右側刻著一行字：

「明治三十七年八月十七日至大正十四年七月九日之間的醫學解剖屍體八百六十二具對醫學裨益良多今為祈福諸靈承蒙本寺厚愛提供埋葬之處為之立碑　昭和〇十三年十月　東京大學醫學部」

究竟是怎麼回事呢？據我猜測，納骨堂是在大正十四年七月竣工，那時距離第三座千人塚立碑後已過了二十一年，之間共有八百六十二具遺體無法安葬，不，應該說，已經返回大地的懷抱卻無人供養。雖然相關人員心裡覺得這些亡者已被迎進納骨堂，但事實上，納骨堂裡面卻沒有他們的骨灰。如果再多一百三十八具遺體，這裡的八百六十二人就能在第四座千人塚裡接受後世供養吧。

這件事肯定讓很多人都一直記掛在心，而且像經年未決的難題似的，一代傳一代，綿延不絕地傳給後代子孫，最後終於等到天王寺的施捨，以文化財再利用的方式讓逝者獲得供養。刻在寶塔上的年號有個凹陷的部分「〇」，似乎被人挖掉了似的，看起來既像「三」又像「五」，反正，應該是經過幾十年之後才想出的對策吧。以上都是我個人的臆測。我一面思索，一面不禁對那些做事中規中矩的醫學專家露出尊敬的微笑，同時，也要向這座寶塔合掌致敬。我曾採用各種方式計算過，光是這片墓區，就擁有近萬的人口，而且每年正在逐漸增加。

這些靈園只因位於都心，就想拆掉改建公園，這種想法實在過於草率。然而，草率的想法後來居然列入都市計畫的項目裡。昭和三十二年（一九五七年），政府決定把青山和谷中兩處靈園改建為公園。據說，最初的計畫還打算讓附近幾家經營數代的茶屋老店也改做別的生意呢。接著，政府開始清除無人供養的墳墓，然後在空出來的土地上種植杜鵑花之類的植物。但就算清除了五十座或一百座墳墓，能有什麼改變嗎?當時清理出來的空地也沒開放給市民申請使用，所以之後的大約半世紀之間，這兩處靈園一直處於比較平安無事的狀態。

後來，主管單位終於覺得整頓墓地的工作做不下去了。平成十四年（二〇〇二年），東京市政府決定改變方針，今後朝向靈園與公園共存的方向改進。

於是，谷中墓園決定進行變革。不，其實改變早已開始。管理單位決定開放墓園給民眾申請，並把從前一座墳墓的佔地劃分給十座新墳使用。按照預定計畫，谷中靈園將在十年內完成靈園的公園化與合理化，前者的工作是把一些墳墓移到別處，然後把空出來的佔地建成十個小廣場；後者的工作則指創造更多的合葬用地。也就是說，從大江戶到明治、大正、昭和等時期，曾有眾多逝者長眠於此，現在要把這塊土地變成平成的逝者的共同安葬之處。但我不知將來會以怎樣的方式進行合葬？總之，既然已經提出這種規劃，想必這裡的地下將來就算收容五十萬人，也不算什麼難事吧。因為五十萬人是行使地方自治的政令都市必須擁有的最低人數。原則上，我認為墓園應該視為逝者的自治區，並受到應有的尊重。

6

接下來，讓我們再去探訪另一處人數眾多的合葬墓吧。

從千人塚回到種滿櫻花路樹的道路，繼續向南前進。越過一個路旁有派出所的十字路口，然後右轉進入標示「甲3號4列」的小路。地面鋪著石塊，順著這條路前行，不一會兒，來到一個鋼鐵柵欄圍住的長方形角落。這是東京市養育院的墓地。

整片墓區的地面鋪著白色碎石，前方是橫向排列的五根四方形石柱，全都刻著「東京市養育院義塚」，旁邊還有個小型金字塔紀念碑。碑前附有放置香燭鮮花的石階，從整體看來，這應該算是一座慰靈碑，旁邊有一塊黑色花崗岩，上面刻著：「明治六年底至大正二年十二月共三千七百六十二人合葬於此　東京都養育院」。背面刻著：「昭和六十三年三月立碑」。

立碑的那年曾經進行過整建工程，之後，這裡就一直是當時的模樣。據說這裡從前並沒有柵欄，而且骨骸散落滿地。可能跟從前的千人塚周圍一樣吧。這塊墓區的人口密度也算相當稠密。鋪在地上的白色碎石，彷彿每一塊都代表一個人的骨骸。

養育院是什麼樣的地方呢？據東京市編纂的《東京案內》（明治四十年印行）介紹，江戶時代松平定信實施寬政改革的時候，曾以各種方式節約省下四萬兩，其中的七成以儲蓄生息的方式為「江戶町會所」積存救災基金，這筆基金裡也包含了「小石川養生所」的必要經費。積存下來的基金數額相當龐大，幕府後來非常慷慨地全數交給了東京市政府。「東京都養育院」就是用這筆經費創辦的。據資料記載，明治五年，養育院「首先收容男女乞丐四十人，將他們安置在本鄉加州藩府邸，明治六年二月將他們轉至上野護國院，明治十一年十月再移至外神田和泉町舊藤堂府邸。明治十六年，養育院開始收容旅途中生病的患者，明治十九年開始收容棄兒、遺孤、走失兒童。同一年，養育院遷至本所長岡町，明治二十九年三月遷至現在的地點」。

「現在的地點」是指大塚辻町，也就是今天都立大塚醫院的位置。《東京案內》裡面刊載了養育院當時的照片。巨大的正門上方附有屋頂，門內有座兩層洋式樓房，整間設施看起來極為寬敞。這裡最初只收容寡婦、老人，後來也對棄兒、走失兒童伸出援手，並將設施訂名為「養育院」。這間設施後來也成為政府經營養老院、孤兒院、精神病院等各種福祉事業的原點。當初幕府實施寬政改革時，非常不得人心，誰又能料到，寬政改革的存款竟能造福後代？不過，養育院遷到大塚辻町後受到各種侷限，無法接收太多需要幫助的民眾，後來才慢慢地變成收治大量路倒患者的救濟機構。這段位於大塚辻町的過渡時期真的非常漫長。

岡本文彌（淨琉璃新內調岡本派第五代宗師）寫過一部新內調唱本《路倒淀君》，故事發生的時間是在明治三十五年春季三月二十三日正午過後。前一天晚上下過大雪，一名衣衫襤褸的老婦倒在本所回向院門前的積雪上。這個女人叫做岡本宮子，十年前，她表演的新內調說唱藝術曾經風靡一時，整個江戶城的書生都為她熱血沸騰。這個女人的外號叫做淀君，只因她為人態度傲慢，所以人生遭遇就好比天上掉到人間，然後又從人間掉到地獄。路人看到女人倒在地上，一位從前認識女人的藝人老友從人群中走過來，拉起她的手哭道：「妳一點都沒變啊。」說完，一名警察過來問道：「路倒的就是這女人？」女人的老友連忙問警察，你們會怎麼處理她？「大概明天早上會把她送去大塚的養育院吧。」「哇！養育院！」女人的藝人老友仰天長嘆。宮子聽了這話，臉上露出孤獨的微笑。她原本是個孤兒，從小被迫學藝，沒有任何親人。就在這時，又有兩名唱法界調的藝人經過，宮子便把身上最後的七毛錢當作禮金送給他們，並告訴他們，自己在這世界上已經用不到這些錢了。「師父，對不起。」說完，宮子勉強露出笑容，用手攏了攏凌亂的髮絲，不捨地轉身離去。唉，世間狹隘謠言多啊。

以上這段說唱歌詞是文彌宗師的名作之一。總之，養育院就是像詞中形容的那種地方。這部作品也算是史料紀錄呢。而歌詞裡的淀君，現在應該就長眠在這座義塚的哪個角落吧。

我懷著誠敬的心情踏進柵欄內的碎石地面，細細觀賞那五根石柱。柱上刻著「東京市養育義塚」，「義」字似乎散發著位高權重的氣息。每根石柱的左側刻著一行文字，按照年代的順序，記錄如下：

「明治二十四年七月至二十六年十二月　七百人合葬」

「明治二十七年一月至明治三十年十二月　一千兩百四十人合葬　大正二年十月立碑」

「明治三十一年一月至明治四十二年十二月　一千一百四十四人合葬」。淀君可能就是這一千多人裡面的一人。

「明治四十三年一月至大正二年七月　三百十七名合葬」

「大正二年八月至大正二年十二月　三百六十一人合葬」

這塊墓地平時似乎很少有人進來，碎石地踩起來感覺非常厚實。我走回石柱前方，開始抄寫柱上的文字。這些墓碑從前是木製的柱子，後來到了大正二年左右，才全部改為石柱。

抄完之後，我返回慰靈碑前面，不禁感到有些納悶。右邊的五根石柱上記載著二十二年之間的逝者人數，總共收容了三千七百六十二人。這個數字跟刻在黑色花崗岩上碑文裡的數字完全一樣。也就是說，明治六年到明治二十四年六月的十八年之間，養育院裡居然沒有出現一名死者?!這顯然是筆誤吧。對於同樣從事文字工作的我來說，實在無法忽視這種錯誤。我不禁暗自嘆息，同時思索造成這種錯誤的理由。

下面讓我跟大家一起回顧養育院的發展軌跡吧。《近代日本綜合年表》的「明治五年十一月十五日」這一欄裡記載著：「東京府命令車善七（江戶時代江戶淺草的世襲賤民頭目）帶領乞丐兩百四十人遷入舊加賀藩宅第內的空置長屋，之後又讓眾人搬到淺草救濟站（東京市養育院的創始地）」據說理由是因為俄羅斯國大公到日本訪問，為了維護國家的顏面，暫時把那些乞丐關在一個地方。這不是理所當然嗎?

第二年的明治六年二月，東京市政府開始把貧困老人送到上野護國院收容。明治十二年，上野護國院的老人全部送到外神田。因為這時大家正忙著處理彰義隊的戰死士兵。能夠幫忙搬走一具屍體的人，就可獲得一兩銀子的報酬。到了明治十八年，東京府決定讓養育院獨立經營，只在名義上留下「府立」二字，其他一概不管，也就是說，東京府把町會所儲存的預備金用光之後，就不管救助難民的工作了。養育院正式開始民營化的當時，主動接下院長任務的人，是澀澤榮一。

澀澤榮一在明治六年創立第一國立銀行，親自擔任總監，之後又在明治八年成為那間銀行的最高領導。第二年的明治九年，他接下東京府養育院事務長的職務，後來又成為第一代院長。猜想他這段經歷應是發自內心的作為，也是他身為舊幕府家臣的一種企圖吧。因為他期待在明治的統治下，繼續把江戶町會所的傳統發揚光大。

明治二十二年（一八八九年）政府頒布大日本帝國憲法，東京市設立市議會，市內十五個行政區也分別設立區議會。這時的東京市民人數共有一百二十三萬四千四百五十人。第二年，養育院變成市營機構，院長仍是澀澤榮一。

養育院以機構的型態留下整年工作紀錄，應該就是從這時開始的。這五根石柱就是證據。在此之前，養育院不斷變更營業場所與經營方式，草創時代的混亂令人無所適從。還好最後靠著招牌和院長，總算保住了養育院的歷史連貫性與體面。經歷這段錯綜複雜的發展過程之後，慰靈碑旁的碑文在所難免地出現了筆誤，這一點，大家都應該多多包涵才是。

大正十二年關東大地震之後，位於大塚的養育院遷移到板橋。從此只要提起養育院，大家就會想到板橋，養育院隔鄰的「東京都老人醫療中心」跟「東京市立養育院」，後來也都發展成優秀的市營設施，周圍的環境也維持得相當幽靜宜人。但令人意外的是，平成十一年（一九九九年），主管單位卻決定廢止東京市立養育院。原本的相關業務改由位於主樓裡的老人醫療中心接辦。所以我們現在已經看不到養育院的招牌了。只有谷中這裡，還剩下養育院的墓地。但這片墓區收容的，是大正二年以前去世的住民。我想，在其他某個地方，應該還有大正三年以後去世的住民慰靈碑吧。

即使如此，當年誰曾料到，東京後來會變成百萬人口的都市，日本還因為日清戰爭、日俄戰爭而獲得了殖民地；更沒人料到，近代資本主義正以迅速的步伐向前邁進時，這個叫做地獄一丁目的地方，卻變成無數路倒病人的收容所。

據說澀澤榮一畢生參與創業與營運的股份有限公司，多達五百多家，他經手創辦的公共福祉社會事業則超過六百家。他不但善於理財，也是募款的名人。七十七歲喜壽那一年，澀澤榮一從第一銀行最高領導的位置退休後，直到昭和六年（一九三一年）滿九十一歲那年去世為止，他一直擔任養育院的院長。澀澤榮一對外宣稱的理由，是因為他喜歡從事慈善事業，但其實是為了贖罪吧。勢如破竹的資本主義是很殘酷的。而窮途末路的資本主義則更為殘酷。

現在，澀澤榮一和他的整個家族都長眠在「乙11號1列」，這裡也是谷中墓園裡最大的墓區。而養育院的幾千人則合葬在「甲7號4列」，這裡屬於了院寺墓地的一角。或許澀澤榮一仍然以為自己是這裡的院長吧。

今天從上野廣小路一路步行來到谷中，沿途經過的，都是十分擁擠的地方。阿彌陀佛。

06

偶然興起遊多磨

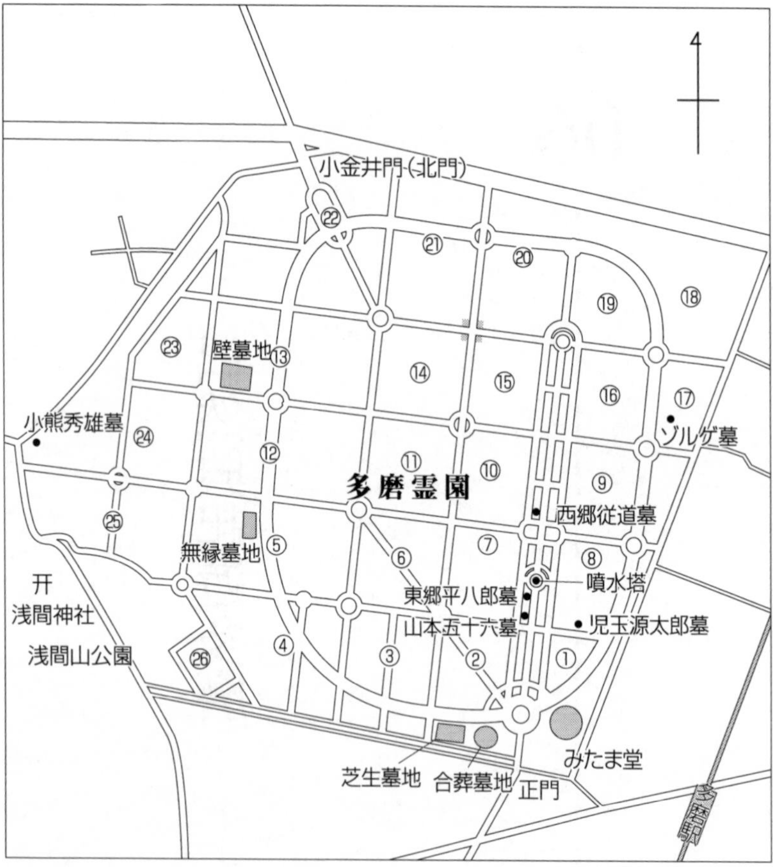
小金井門（北門）
多磨霊園
壁墓地
小熊秀雄墓
ゾルゲ墓
西郷従道墓
無縁墓地
噴水塔
東郷平八郎墓
山本五十六墓
児玉源太郎墓
浅間神社
浅間山公園
みたま堂
芝生墓地
合葬墓地
正門
多磨駅

1

兩國、日本橋、南千住、築地、上野谷中。我們已經來來回回參訪過上面這幾個地方，差不多都是在隅田川附近。看來我們似乎太偏重東京的東邊了。偶爾還是得到西邊看看。

我搭上JR中央線一路來到「武藏境」車站，下車後繼續改搭西武多摩川線。這是一條單線鐵路，總共只有六站，終點叫做「是政」。大正六年（一九一七年）開業時，這條鐵路是為了搬運多摩川的砂石。戰爭結束後，砂石場變成賽船場，周圍的山林也逐步進行開發。不久，警察大學在這裡創校，東京外語大學也從北區的西之原搬到這裡。現在這個地區因為有學生和賭客，街頭的氣氛極為熱鬧。幾年前到這裡來的時候，我曾在武藏境車站換車，那時的月台還在馬路上，現在已經變成高架車站。真是日新月異啊！今天我是在第二站的多磨車站下車。

走出車廂，先到站內的案內圖前確認車站周邊的地理位置。面積寬闊的多磨靈園位於車站西邊。靈園的大部分佔地屬於府中市，北門附近的那個角落屬於小金井市。地圖上採用兩種顏色標示，可說是一目了然。但令人納悶的是，地圖上的「現在位置」卻為何寫著「多磨墓地前車站」？原來，這是車站的舊名。這座車站改名為「多磨車站」，是在平成十三年（二〇〇一年），大概是車站人員忘了把新站名寫上去吧。事實上，只有大多數前往靈園的訪客才需要參考這張地圖。這張案內圖等於也是在向乘客宣布：你沒走錯地方唷！這裡以前就叫做「多磨墓地前車站」。請向西邊前進，參道就在前方。

於是我便朝向西邊的參道前進。沿途看到一些石材店，每家店都同時兼營休憩茶屋。谷中那邊的石材店、茶屋、花店都是分別獨自營業，而這裡的石材店絕大部分都兼營休憩茶屋，每家商店的店面都很寬敞。不愧是武藏野，家家戶戶擁有廣闊的地皮。類似這種石材店，我看到靈園正門周圍共有四十家，北門附近則有二十家。

我一面走一面打量沿途的商店櫥窗，不一會兒，終於看到了，我終於看到東鄉元帥了。他手扶掛在胸前的望遠鏡，身體斜斜地朝向前方，全身屹立不動。想必現在七十五歲以上的「後期高齡者」讀者都能想像東鄉元帥那種英姿吧。然而，這家石材店竟把東鄉元帥站在三笠艦上的英姿做成了銅像擺飾，而且跟那些地藏菩薩石像擺在一起。我向店家詢問之後才知，這是店家祖上傳下來的裝飾品，並不是商品。可能店家是把這擺飾當成招攬顧客的看板吧。很多人一聽到「多磨墓地」，就會立刻想起東鄉元帥。或許，這也是後期高齡者的獨特反應？

來到多磨靈園的大門口，前方的樹壇兩邊各有一條道路，都是雙線車道，路面十分寬廣，四周還種著很多高大的赤松。進入大門後向右轉，立刻看到靈園事務所和大納骨堂。我隨意繞了一圈，決定還是返回大門口。

從門口筆直朝向園內前進，立刻就到了「名譽靈域」。只見地上鋪著碎石路，兩邊全是蒼鬱的樹林，就連道路盡頭那座高大的噴水塔，也幾乎全被樹蔭遮住了。越往前走，綠蔭越濃。記得我第一次到這裡來，是在昭和十幾年，那時我還是小學生，當時那座噴水塔在藍天的襯托下，顯得特別潔白。父親那時帶著全家到這裡來參拜兼參觀的對象，就是左前方那座東鄉元帥的墳墓。

日俄戰爭戰況最激烈的明治三十八年（一九〇五年）五月二十七日，日本海發生海戰，在日本聯合艦隊司令長官東鄉平八郎的指揮下，日本海軍殲滅了波羅的海艦隊，東鄉平八郎因此成為日本全國與國際的英雄人物。這一天後來被指定為海軍紀念日。每年這一天，我們小學的校長和來賓都在講堂向學生訓話。我想全國的小學應該都會舉行相同的紀念活動吧。我還記得當年三笠艦送回國內的電文裡有一句名言：「天氣晴朗波浪高」。漫畫雜誌《少年俱樂部》的彩色畫頁和風景明信片，也常以艦上將帥的英勇身影作為主題。

東鄉元帥於昭和九年（一九三四年）五月三十日去世，享年八十八歲。六月五日，在日比谷公園舉行國葬之後，靈車於黃昏抵達多磨墓地。據警視廳發表的資料指出，沿途送葬從東鄉自宅的麴町一直排到日比谷，這段路程的群眾共有五十九萬七千人，主動聚集在日比谷的群眾有七十萬人，從日比谷到多磨墓地的沿途共有五十六萬七千七百人。那天之後，多磨墓地突然身價大漲。因為東鄉元帥長眠在此啊。

我走向樹蔭下，在東鄉元帥的墳前行禮致敬。一道石牆圍住四方形的墓區，中央有一塊巨大的墓碑，碑上刻著十四個大字：「元帥海軍大將侯爵東鄉平八郎墓」。右邊是東鄉夫人的墳墓，比較矮小，顯得很低調。少年時代留下的印象裡，這座日照充足的墳墓看起來十分宏偉，需要抬起頭來仰望。不過現在的我，已經比從前高大了，而且周圍的樹木也長得很高。而更大的改變，是在東鄉墳墓的左側，增加了兩座並排而立的墳墓，是我從前沒看過的。

其中一座是「元帥海軍大將山本五十六墓」。昭和十六年（一九四一年）十二月八日，日本向英美宣戰，並且出其不意地派出航空母艦機動部隊偷襲珍珠港。當時我還是中學二年級的學生，對日本的參戰感到非常驚愕，而日本偷襲珍珠港，又讓我感到振奮。猜想當時所有的人應該都跟我一樣的感覺吧。不論任何時代，這種膽敢向超級大國報一箭之仇的行動，都會令人痛快！聯合艦隊司令長官山本五十六也因此成為國民英雄。其實他對日美開戰一直抱持反對的態度，後來卻在無奈的狀況下發起機動攻擊，獲得勝利的戰果。然而，半年後的中途島海戰中，日本軍卻被打得全軍覆沒，之後雖曾努力振作，卻沒有收到成效。昭和十八年四月十八日，司令長官搭乘的飛機被敵人擊中墜落，機上的山本五十六戰死。死後追封元帥頭銜，舉行國葬儀式後安葬在多磨靈園。這塊墓區的石牆、石燈籠、墓碑，都跟東鄉的墓區相仿。

再往左還有一座「元帥海軍大將古賀峯一墓」。山本五十六去世後，古賀接任聯合艦隊司令長官。昭和十九年四月一日，由於天氣惡劣，他搭乘的飛機墜落，殉職後追封元帥，並在國葬儀式後安葬在此。古賀的墓區跟兩位前輩並列，整片「名譽靈域」裡面只有這三座墳墓。四周一片寂靜，海軍的榮耀與沒落，全被樹林團團圍了起來。

我爬上噴水塔的基座。這裡是「名譽靈域」的正中央，周圍的景色看得十分清晰。噴水池裡堆滿碎石。記得從前少年的時候，我曾踮起腳尖探視水池，那時池裡就是乾的。現在看來，似乎從那時到現在，一直都沒裝過水。塔身是由六根向上伸展的石柱構成，高度為十五公尺，整座塔身看起來就像一座巨型噴泉，可能因為這個理由，下面的小水池沒有噴水也無所謂吧。記得昭和五年這座建築剛落成時，水池裡應該是有噴水的。或許因為那時的小噴水池位於噴泉狀高塔裡面，所以並未引人注意。

事實上，我除了小學的時候來過一趟，之後就再也沒機會到這裡來了。也不知為何，就是不想再來。因為時代不同了，誰會對東鄉元帥有興趣啊……不過，多磨墓地也並非全是軍人墓地。前些年，我終於決定拋棄成見，再度到這兒來參觀。時隔幾十年，到這兒一看，竟發現軍人墳墓還真不少。譬如在「名譽靈域」的樹林前方，「10區1種1列」墓區裡就有西鄉從道全家的墓園。戊辰戰爭時，西鄉從道是陸軍的軍人。明治十八年，日本開始實行內閣制，他被任命為海軍大臣，後來又成為第一位海軍元帥。如此看來，日本第一位元帥和最後一位元帥都長眠在這裡。

其實除了上述幾位之外，還有很多陸軍將官都安葬在此。譬如從「名譽靈域」向東走到「8區1種17列1號」，那裡是「陸軍大將子爵兒玉源太郎卿之墓」。日俄戰爭時，兒玉源太郎曾擔任滿州軍總參謀長。後來日軍對旅順發動進攻，又在奉天大會戰中獲勝，全多虧了他的謀略與指揮。兒玉源太郎由於長期處於憂心耗神的狀態，最後在明治三十九年（一九〇六年）七月二十三日去世，得年五十六歲。死後獲贈伯爵封號。不過他的墓碑似乎是在追封前建立的，碑上刻著的爵位是子爵。兒玉剛去世的時候是葬在青山墓地，後來才遷葬到多磨靈園。墓地面積只有幾坪大。而西鄉家的墓地面積卻有九十坪。

海軍的東鄉，陸軍的兒玉，兩位都在這裡。這完全是司馬遼太郎的小說《坂上之雲》裡的世界嘛。當時在國力瀕臨極限的狀態下，這兩人努力應對戰局。面對超級大國俄羅斯的侵略擴張主義，他們進行的是正義之戰，不僅朝著俄羅斯的鼻梁打出狠狠一拳，也在艱困中保住了日本的顏面。所以我認為，兒玉墓應該納入「名譽靈域」，並與東鄉墓以雙雄並稱才對。

從「皇國興亡在此一戰」（一九〇五年）到「全員奮戰後的無條件投降」（一九四五年），僅僅過了四十年。在那段危險迫在眉睫的時代，生死僅在一瞬之間。如今在這二十世紀前半期，多如燦爛繁星的將軍、大臣、博士、富豪，他們原本該擔起更重大的職責，結果卻並排躺在這裡，怎不叫人鬱悶……

唉，事已至此，也不必多說了。有一本類似觀光指南的書，書名叫做《長眠在多磨靈園的名人》。書中列舉安葬在多磨靈園的政治、經濟、文化、藝能等各界名人的姓名，簡直可說是一本近代與現代日本紳士錄。書中還有一張按照五十音列出的名單，人數多達千人以上。只不知是否實用。

放眼望去，整座多磨靈園的面積約三十九萬坪，換算成平方公尺的話，大約是一百二十九萬平方公尺。而東京巨蛋的面積為四萬六千七百五十五平方公尺，所以整座墓園的面積相當於二十七個東京巨蛋。但因為綠地和道路的佔地比其他墓園更多，所以實際的墓地面積相當於十三個東京巨蛋。埋在這裡的逝者總數約為三十九萬兩千人。這是平成十八年（二〇〇六年）三月發表的統計數字。也就是說，這裡等於有十三個東京巨蛋，每個巨蛋裡面進了三萬人。

這麼龐大的人群究竟都躺在整片綠園的哪個角落？而且前文提到的書中透露，這裡共有各界名人千人以上，真是驚人的數字啊。不過今天既然來了，我們就趁這個機會，盡量集中參拜一下那些集體長眠的合葬墓吧。

2

首先讓我簡單介紹一下多磨靈園的歷史。

大正十二年（一九二三年）四月二十日，靈園正式開始啟用。當時園方擁有的土地約有三十萬坪，所以開業時先把其中的三萬坪整修為墓地投入使用。墓園的四周全是武藏野的林野，鐵路則可通達南、北、東三個方向。但是車站只有京王電鐵的多磨站（現在的多磨靈園站）。車站通向靈園的參道長達一．五公里，區間巴士尚未開通。即使交通條件並不方便，靈園開業時提出墓地使用申請的市民已多達五百七十八人。

造成這種現象的原因，要從大正八年四月政府公布的「都市計畫法」說起。當時首都東京剛剛開啟現代化序幕，業者、政治家與官員之間很快就因為爭奪利益而引起各種弊端。諸如公路疑案、瓦斯疑案等問題層出不窮。結果，東京市長被迫辭職後，聲望極高的後藤新平被推選為新市長。後藤上任後提出總金額八億日幣的東京改造計畫，其中包括道路、下水道、水運、港灣等十五個重要項目。第十三項就是關於喪葬事宜（殯儀館、火葬場、納骨堂、墓地）的項目。然而，當時東京市的年度總預算才一億五千萬，新市長卻宣布總金額高達八億的改造計畫，難免引來諸多批評，說他是個好高騖遠的市長。但後藤提出的計畫裡，每個項目都很重要，而且後來也都循序漸進地付諸實行。多磨墓地則是上述計畫中的第一座公園墓地，於大正十年年底完成三十萬坪土地的收購工作，一年四個月後開始正式啟用。

不久，關東大地震轟然襲來。時間是大正十二年九月一日。那年的四月，後藤才把東京市長的工作交給心腹永田秀次郎負責，他自己則忙著為政府處理外交問題。

但是地震後更換內閣人選時，他卻被任命為內務大臣兼任帝都復興院總裁。前文提到的八億圓計畫正好變成他的施政範本。這次後藤更大膽地提出四十億圓的復興建設計畫。就在他正要展開帝都復興工作時，那些地主出身的議員對他這種畫大餅式的計畫不但強烈反對，同時也投票否決了他的各項預算，好在後藤新平身邊有一群傑出人才，即使預算被削減得所剩無幾，他們還是能想辦法把計畫一一付諸實行。說起來，東京實在很幸運。不論是隅田川上的鐵橋、各地的大小公園，或是昭和通、大正通（現在的靖國通）等道路，這些建設工程當時都進行得非常順利。

多磨墓地在關東大地震的時候變成什麼樣呢？其實，那時墓地裡還沒有那麼多墓碑，也就沒有出現滿地都是倒塌墓碑的情況。大正十五年，中央線的「武藏小金井」車站開始營業。三年後的昭和四年，專門運送砂石的北多磨鐵道（現在的西武多摩川線）開設了「多磨墓地前」車站，第二年的昭和五年，武藏小金井車站通往墓地的區間巴士開始通車。這時，各項建設都在按部就班地進行著，墓地使用者人數也達到了一萬人。

昭和七年十月，東京市的行政區從十五區一口氣增加到三十五區，一座五百萬人口的大都市瞬間誕生。不過，多磨墓地仍然屬於東京府北多摩郡多磨村和小金井村。然後，到了昭和九年，東鄉元帥的葬禮在這裡舉行。

東鄉家原本打算把元帥葬在青山墓地。他們家在那邊擁有一塊面積為六坪的墓地。但是多磨墓地的相關人士立即透過政府要人向東鄉家進行勸說：「我們這裡的名譽靈域面積有一千坪唷。請把東鄉元帥葬在我們這裡吧。」說起來，這裡原本就是為了埋葬國家級的有功人員才列入建設計畫的項目。東鄉元帥埋葬在這裡，可謂是實至名歸。再仔細想想，政府當初決定開設多磨墓地，彷彿早已預料東鄉元帥會葬在這裡。總之，從那之後，長眠在東鄉元帥周圍的東京市民人數飛速增加。到了昭和十三年（一九三八年），政府決定追加擴增墓地面積十萬坪。收購新增土地的時間總共花費了四年。而當初收購最初的三十萬坪，卻只花了一年。因為這裡已經成為新的名勝嘛。而且小金井村也從「村」變成了「町」。

園內的直線道路縱橫交織成棋盤狀，外圍的環狀道路則把整座墓園圍繞起來。各區的編號從正門的1區開始先向左，再向右，然後再向左，以來回曲折的方式順序排列，一直排到北門（現在叫做小金井門）的22區。而在整片墓園的西側，還有23區至26區，也就是後來為了擴大園區而追加收購的土地。所以整個園區的總面積應該有四十萬坪。但現在的實際面積只有三十九萬坪，因為西端的都立淺尖山公園已從墓園分離出去。

這裡的每座墳墓都有地址，以「○區□種▽列△號」的方式標示，尋找起來非常方便。但也同時存在令人意外的疑點。

我所說的疑點，是指墓地的種類。譬如面向大路的墳墓，都被歸類為1種，這種墓地的門面比較寬廣，頗有豪宅的氣派。而在大路之間的小路裡的墓地，全都歸類為2種，門面都很狹窄。也就是說，1種屬於資產階級，2種屬於小市民階級。園內有些道路的兩側都種植路樹，走在這樣的路上，不免令人產生錯覺，以為自己正在很有品味的住宅區裡散步。但也由此可以看出，當初規劃墓園設計的有關人員是以城市建設的基礎作為藍本。譬如在棋盤狀市街分布的江戶，獨立成熟的町人都在大路旁擁有自己的店面；商家與商家之間為了炫耀財富與地位，總是競相建造倉庫；而在巷弄裡的小店老闆，則過著悠閒自得的生活。到了明治、大正、昭和，大量小市民階級從東京的山手地區遷到郊外的住宅區，這種社會變遷的趨勢，現在也忠實地反映在這座墓園裡。原來如此！原來每個人都會希望安葬在跟生前居住環境相仿的地方啊。

其實這裡最初是打算跟谷中墓地一樣，把墓區分為甲種與乙種，但後來卻採用了另一種形式。谷中墓地的分類是根據江戶時代的地皮所有者而定，譬如甲種墓區從前位於天王寺境內，乙種墓區從前則在寬永寺境內。不知從什麼時候起，這裡的甲種和乙種變成了1種和2種。後來相關單位似乎擔心外界誤會1種比2種更好，所以最後決定取消2種，而把新建的的墓區全部歸類為1種。先前已經編號的墓區則維持原狀，也因此，我們看到區內全是1種的墓區，就知道那是後來開發的墓地，大致都集中在23區以後的墓區。

上述這些資訊，我從前根本不知道。直到後來發現，小熊秀雄的墳墓編號竟是「24區1種68列32號」。儘管之前已在墓園的大路上往返多次，但我做夢都沒想到，那位書寫《流民詩集》的窮詩人居然埋在1種墓區。後來經過一番搜尋後，我終於在西門旁邊的角落找到他的墳墓。那是一塊很小的三角地。黑色花崗岩墓碑上，只刻著他本人親手書寫的「小熊秀雄」四個字。背面刻著一行字：昭和十五年（一九四〇年）十一月二十日歿。得年三十九。墓碑側面刻著：一九八一年十一月建立・小熊つね子。詩人去世四十年之後，他的遺孀在一群熱心的晚輩協助下，終於為他建造了這座墳墓。老實說，我覺得這麼簡陋的墳墓，不如乾脆編號為3種吧。這樣的墳墓跟西鄉從道家的九十坪墓園同樣歸類為1種，真的很不應該。

3

「多磨墓地」是從什麼時候開始被叫做「靈園」的？

一種說法認為，從昭和九年東鄉元帥下葬在「名譽靈域」後，這裡就改名叫做靈園了。證據是第二年的昭和十年，「八柱靈園」在松戶開業，那座墓園從一開始就叫做靈園。八柱位於千葉縣，後來東京市決定採取對應方式擴大市營墓地的範圍，因此才有了「西有多磨，東有八柱」的計畫。到了戰後的昭和二十二年（一九四七年）六月，「多磨墓地管理事務所」改名為「多磨靈園管理事務所」，猜想是從這時開始，一般大眾才逐漸接受「多磨靈園」這個名稱。其實把「墓地」叫做「墓地」也沒什麼不好，但總之，從那以後，這裡就叫做「多磨靈園」。

昭和二十九年（一九五四年），多磨村被府中市合併。昭和三十三年，小金井町從「町」升格為「市」。都市化的腳步正在逐漸逼近，靈園的周邊地帶已經沒有可供擴展的林野土地了。今後多磨靈園將如何發展，完全取決於主管單位是否採取具有創造性的辦法來對應這種滿員狀態。

昭和三十七年（一九六二年），東京都人口突破了一千萬大關。就在同一年，多磨靈園把正門左側的山林地開闢出來，建造了「草坪墓地」。按照規定尺寸製作的墓碑，每兩塊一組，背靠背排列在草地上。每組之間有空間隔開。自從「草坪墓地」開設以來，以往那種石牆堆成大小不一的獨棟式墳墓被淘汰了。草坪墓地的墳墓令我想起戰後的代代木公寓，那是美軍進駐日本後，在代代木練兵場的廣闊草地上建造的簡易住宅，草坪墓地的景觀就像一排一排縮小的代代木公寓。聽說這種形態的墳墓，最近在日本很受歡迎，譬如御殿場前方的富士靈園，一眼望去，全部都是這種形態的墳墓。富士靈園是在昭和四十年開業的，所以多磨靈園應該算是前輩了。昭和四十年，多磨靈園的新墳數目突然激增到五百零四座，可以說是草坪墓地帶來的效果吧。

另外，也是從這一年起，多磨靈園改用公開抽籤的方式徵募墓地使用者。在此之前，墓地使用權是可以私下轉讓的。所以很多名人才能長眠於此，但這種方式終究只有內部消息靈通人士獲利。所以這項改革可說是邁向公平的一大步。

據多磨靈園的紀錄資料顯示，這裡的「壁葬墓地」是在平成五年（一九九三年）三月竣工。壁葬墓地是什麼呢？按照案內圖的標示，墓地的位置就在13區種滿櫻花路樹的大路旁。所以我決定到那裡去看看。

從噴水塔出發向北前進，走到第三個十字路口，向西轉，越過兩條設置圓環的大路之後，壁葬墓地就出現在我的右手邊。那是一塊接近正方形的墓區，區內整齊地排列著幾座白色石牆，高度跟成人的腰部一樣高。扁平的墓碑一塊接著一塊，上下緊緊相連地貼在牆上。墓碑的寬度約八十公分，每塊墓碑上面貼著一塊名牌，橫向寫著X〇〇家、XX家……幾十座這種墳墓組成的長屋，背靠背地豎立在前方。如果站在X形道路的正中央，可以看到這種類似的白牆長屋整齊地排列在前後左右，總數多達一千兩百座。如果每座白牆裡面都有多位逝者長眠，或預定將來要安葬在此，整個墓區就能容納一千兩百的數倍使用者。看起來真的很像大型住宅區的迷你模型。

「壁葬墓地」的收容能力顯然比「草坪墓地」強多了。這可真是一項驚人的變革！不過，白牆上的每座墳墓都還是以家族為單位，墓前的香燭台上也分別刻著各式家紋。

但這也是理所當然吧？因為每座墳墓都是由個人或法人支付使用費與管理費，靈園不就是這樣嗎？說得直接一點，我們到管理事務所去打聽某人的墓地位置時，除非那個某人是個名人，否則與其報上墳墓裡的故人姓名，還不如直接唸出承租人的姓名。不論哪座墳墓，若是沒人繼續支付管理費，就會變成無人供奉的孤墳吧。

眼前這片「壁葬墓地」，從前應該不是空地。我想這裡肯定是管理單位設法把舊墳處理之後，開闢出來的空地。換句話說，一千兩百座壁葬石牆令人欣喜地出現在眾人面前時，肯定也有相當數量的墳墓消失了吧。

4

參觀完壁葬墓地之後，我又回到大圓環前面，然後繼續向南前進。從下一個十字路口開始算是5區，右側路邊的樹蔭下，好幾座紀念碑並排豎立在那兒。總共有五座石牆，兩根石柱。石牆的尺寸跟足球的球門一樣大小。這幾座紀念碑都是合葬墓，周圍的環境整修得很像公園裡的露台。下面就讓我們按照順序參觀一下吧。

第一座石牆十分平坦，中央嵌著一塊黑石，上面刻著「多磨靈園諸精靈」幾個字，靠在路旁的塔婆板上寫著：「多磨墓地無緣諸精靈秋期彼岸會追善供養」等字。我今天是參考村越知世寫的《東京公園文庫15多磨靈園》（一九八一年、二〇〇二年第三版，鄉學舍出版）才找到這裡的。剛才在路上已經翻閱了無數次，現在趕緊再查看一下書中資料。據說這座紀念碑是在昭和三十六年三月建立，共有三千三百九十一人埋葬在這裡。

石牆背後有一座堡壘式的堅固建築，看來似乎是半地下式收納庫。也就是說，昭和三十六年，管理事務所把已經無人供奉的墳墓都集中收納在這座建築裡了。因為昭和三十五年底，靈園曾經進行墓地整理，所以剛好趁那次機會，取消了三百九十一座墳墓的使用權。可能從那之後，管理事務所經常把無人供奉的諸精靈集中改葬在這兒吧。石牆前面的花瓶裡，插著一大束鮮花。

石牆旁邊有一座五塊方形岩石堆成的石塔，上面刻著：「俱．會．一．處」四個字。我繞到石塔背後，看到塔身上刻著建塔的經過。根據說明文字介紹，安葬在這裡的逝者原本都葬在青山墓地，後來因為無人供養，東京市政府便把他們的墳墓遷到這裡，後來才又集體改葬在這座石塔下面。

這是怎麼回事呢？我又翻開村越知世的《多磨靈園》。據作者介紹，靈園東邊角落的17區，原本就計畫用來收容青山墓地遷來的孤墳，所以區內密密麻麻地豎滿了臨時墓碑。可能當時青山墓地已經超滿員，而多磨靈園卻有很多空位。後來，管理事務所又進行過一次墓地整理，並於昭和十四年九月，把青山墓地無人祭祀的孤墳全都遷到這裡。總數約八千座！所以說，眼前這片地下，共有八千位明治、大正時代安葬在青山的逝者，他們全都到這兒來「俱會一處」了。

青山墓地的墳墓遷走後，那塊空地在戰爭中曾被移作他用吧。而多磨靈園17區的墳墓現在全都歸類為1種，由此可以證明，這些墳墓都是後來修建的。譬如德國記者理查·佐爾格的墳墓也在這裡。其實他原本應該葬在分類為2種的小巷裡。這位德國記者在戰爭中以間諜嫌犯的罪名被日本政府逮捕，後來在昭和十九年十一月七日，跟日本記者尾崎秀實一起在巢鴨監獄處以絞刑，得年四十九歲。昭和三十九年，蘇聯曾經追贈他英雄勳章。如今理查·佐爾格的傳奇經歷都刻在墓碑上的碑文裡，但是蘇聯卻已消失了。

石塔旁邊是一座石壁，壁面塗成柔和的淺紫色，壁上附加各種裝飾的設計非常引人注目。石壁呈圓弧狀，中央的浮雕看起來很像許多仙女正在呈獻供品。碑文上寫著「舊橋場墓地改葬」、「昭和二年三月建立」。關東大地震的災後重建項目裡，有一項是統合整理老舊市營墓地，其中就包括了橋場墓地，所以那座墓地裡的孤墳全被遷移到這裡來了。村越知世在書中透露，遷葬時總共遷來了九千九百八十三座孤墳。橋場墓地原本是千住小塚原火葬場的埋葬地。所以才會有這麼多墳墓吧?真沒想到會在這裡碰到跟小塚原有關的墳墓。石壁前方圍著一道柵欄，還有一塊標示牌，上面寫著：「注意　請勿踏入欄內」。所以這塊告示是為了躺在柵欄裡的九千九百八十三人設立的。應該是這樣吧。

再往前走，旁邊也是一塊石壁，但是外型完全不同，變成一道筆直的牆壁，中央嵌著墓碑，上面寫著「俱會一處」，左右兩邊的壁上分別寫著：「原本葬於東京市公墓的不幸諸靈重新合葬於此」「昭和四年七月　公營墳場」。據村越知世在書中說明，這裡是原本葬在龜戶墓地的三百零四位逝者，因為後來無人祭祀，便把他們遷到這裡。這塊石壁收容的人數，比橋場墓地那塊石壁少了很多，但兩塊石壁的大小卻差不多，可能主管單位想表現得大氣一點吧。前幾年到這兒來的時候，我看到石壁上出現了裂痕，一副飽經歲月摧殘的模樣，今天看到石壁已塗上咖啡色調的新漆，壁前的庭院也已整修過，好像一棟舊屋重新裝潢過的感覺。猜想這裡所接收的公營墳地無人祭祀的孤墳，可能不僅限於龜戶吧。

我繼續向前走，隔壁是一面貼著黑瓷磚的白壁，設計得十分雅緻。中央的墓碑上刻著「歸入無為樂」五個字。我猜這句話的意思是說，返回「無」的境界才能進入「樂土」吧。前幾年到這兒來參觀墓碑設計時，曾經走過這座石壁前面，今天正好趁機細細欣賞一番。我把靠在壁上的塔婆板稍微移向旁邊，立刻看到墓碑上的碑文。

只見碑上寫著「東京市養育院合葬塚」、「昭和五年三月」，原來谷中墓地的養育院合葬墓後來遷到這裡來了！沒想到今天竟在這裡跟它相遇，我不禁高興地雙手合十，向碑文膜拜致意。

養育院在谷中墓地建立的最後一塊合葬墓，上面刻著「大正二年」。但是眼前這座石壁卻是在「昭和五年」建立的。那麼，從大正二年到昭和五年的十幾年之間，那些逝者都到哪裡去了？為了尋求解答，我繞到石壁後面，結果發現一件驚人的事情。原來這塊石壁非常厚，側面還裝置了小門，所以，整塊石壁就是一座扁平狀收納庫。接著我又發現，在石壁左右兩側的後方，共有五根石柱像在跟我捉迷藏似的靜靜地矗立在那兒。五根石柱的形狀跟谷中的「養育院義塚」墓碑屬於同型，正面寫著「東京市養育院收容者之碑」，側面刻著立碑的年代與合葬的人數。我按照年代順序抄錄如下：

「大正三年一月至大正七年七月　三千七百四十八名」
「大正九年十月至大正十一年三月　九百四十五名」
「大正十一年四月至大正十三年三月　一千一百五十四名」
「大正十三年四月至昭和二年三月　一千五百二十三名」

另外還有一根石柱是在明治四十二年二月建立的，似乎跟前面四根不屬於同類，在此省略不記。這時我才發現，這些石柱記載的年代，跟谷中義塚碑上記載的年代完全能夠連貫起來。雖然中間還缺大正七年至大正九年的兩年之間的數字，但只要把這四根碑上的人數加在一起，就能算出十三年之間的合葬者總數為七千三百七十人。真是龐大的數字啊！谷中墓地在二十二年當中建了五根墓碑，合葬者總數為三千七百六十二人。而在谷中墓地建立最後一根墓碑之後，這裡又在不到五年之內建立了第一根石柱，柱上記載的合葬者總數幾乎趕上谷中墓地的合葬者總數。當時究竟發生了什麼事呢？

對了，那時發生了西班牙流感大流行啊。大正七年（一九一八年）春天，正在全世界蔓延的流感疫情傳到了日本，轉眼之間，就有十五萬人失去了生命。疫情後來雖曾暫時好轉，但很快又開始流行，大正九年一月十九日是東京疫情最嚴重的日子，那段時間被稱為「惡夢的三星期」。而日本全國究竟死了多少人？一說是三十八萬人，另一說是四十五萬人。

眼前最靠右邊的石碑，剛好反映了當時大塚養育院也受到大流行的直擊吧。光是這一根墓碑上的死者數，幾乎就趕上之前的五根墓碑。可能相關單位也覺得不宜把它建在谷中墓地吧。再說，大塚距離雜司谷或染井的市立公墓可比谷中墓地近多了。之後的第二根墓碑，上面應該記載著西班牙流感疫情最嚴重的那兩年的死者數，但可能因為人數實在太嚇人了，所以相關單位根本不敢建碑，或是曾經建立過，後來卻不見了？大正十二年關東大地震之後，養育院從大塚搬到板橋。猜想後來是因為相關單位不得不為昭和二年四月之後的逝者建碑，所以就趁機把前幾年的逝者一起葬在這裡，並為他們建了眼前這座雅緻的石壁。

村越知世在書中寫道，從那以後，每年秋季的彼岸，那一年去世而無人認領的逝者骨灰都送到這裡來接受供奉祈福。安葬在此的逝者共有三萬九千三百八十六人。值得一提的是，昭和十五年五月，流浪畫家長谷川利行在三河島的路上昏倒，後來被人轉送到板橋的養育院，結果卻在十月十二日去世，得年四十九歲。長谷川路倒時隨身攜帶的作品和日記之類的筆記，在他去世後全部按照規定燒毀了，他的遺骨後來被朋友領了回去，所以這座合葬墓裡並沒有他的骨灰，但他在養育院認識的朋友，肯定都埋在這裡。

位於板橋的養育院，已於平成十一年（一九九九年）關門停業。現在養育院的招牌再也看不到了。只剩下谷中墓地和多磨靈園裡還有養育院的墓區。我面前這兩座墓碑的前方，經常有人供奉塔婆板和花束。

橋場、龜戶和養育院的三座石壁，在這個合葬墓角落算是先驅，它們都有一個共通點，那就是，所有看到石壁的人都會訝異地問道：這是墳墓嗎？

市立公墓原本屬於東京市公園課的管轄範圍。關東大地震的災後重建項目之一，就是由公園課在市內各處興建大大小小的公園。所以這裡的三座石壁應該都是公園課的傑作吧。正因為埋葬在三座墳墓的逝者都是不幸之人，所以才把墳墓設在靈園裡的主幹道旁，好讓他們接受往來眾生的回向功德。這片墓區裝修得很像公園的露台，也是因為希望生者或死者都把這裡當成休憩的場所，所以才設計出這種新藝術派、裝飾派之類的大墓碑吧。不論外型設計或經營方式都可以用來表現想法。

養育院的石牆旁邊，還有一座石塊堆砌而成的高大石牆，中央嵌著一根花崗岩方形石柱，上面刻著「寂滅為樂」四字。石牆前方的庭園面積十分寬闊，從道路走進庭園需要登上兩層石階。這座石牆是在昭和十年三月建成的，也就是青山墓地無人祭祀的孤墳整頓後，遷到這裡的時間。據村越知世的書中介紹，這裡總共埋葬了一千四百七十三人。石牆背後裝置了收納庫。由此推測，青山墓地無人聞問的孤墳，將來都會送到多磨來吧？前面介紹的第二根「俱會一處」石柱，收容的是明治大正時期的孤墳，昭和以後的孤墳則被納入「寂滅為樂」石牆。在這個角落的七座墳墓裡，這幾座石牆算是陣容最堅強的一群吧。

下面繼續介紹最後一座墳墓。墓碑是寶塔式石柱，正面寫著「俱會一處」，背面寫著「不幸的市內路倒死者遺骨安置在本靈園納骨堂經過相當時日後埋葬在此靈域昭和十八年 東京市」。

也就是說，有些路倒者在送到養育院之前就已經去世了。這些身分不明的遺骨只能暫時存放在納骨堂，而納骨堂原本是付費才能存放一段時間的設施。所以納骨堂也不能讓這些免費入住的居民一直佔據著場所，最後只好把他們都埋葬在這裡。據村越知世在書中透露，葬在這座墳墓裡的死者共有五百人。

以上就是靈園西側外環大路沿途的孤墳合葬墓區。有些墳墓已經完工，有些正在施工。我大致計算了一下，安葬在此的無人祭祀孤魂總共約有七萬人。

穿過這片墓區走向道路對面，遠遠地可以看到那裡有一座大谷石砌成的石室，門上寫著「東邦大學納骨堂」。應該是跟谷中的東京大學醫學部納骨堂類似的設施吧。剛才過來的路上，我還看到「慶應義塾大學醫學部納骨堂」。這種設施的數量跟醫科大學的數量成正比也是應該的。對了，埋在谷中千人塚的古人的後代，也有幾人埋在此呢。

前些年，這裡專門收容路倒死者遺骨的納骨堂，才剛完成重建工程。新的納骨堂叫做「御靈堂」。現在就讓我們轉回位於靈園正門旁邊的御靈堂去看看吧。

5

這座叫做「御靈堂」的建築要怎麼形容才好呢？眼前這座巨大的碗狀建築，彷彿幽浮從天而降後端坐地面，前方則用一排水泥欄杆把它圍了起來。圓形屋頂的直徑約六十公尺，高度為二十公尺，整棟屋宇採用灰色為主調的裝修。

入口處設有細長的香燭台，參拜者只能在這裡上香或奉上供品。因為根據消防法規定，室內嚴禁火燭。但是任何人都可以自由進入參拜，所以我走到香燭台前右轉進入大堂，然後，再繼續走下樓梯。

到了地下一樓，彷彿有種掉進大碗底部的感覺。只見前方地面的中央聳立著一座圓錐形物體，表面貼著瓷磚，圓錐頂端不斷有水流下來，一直流到圓錐底部的圓盤上，圓盤表面的流水閃閃發光。挑高的圓形屋頂上有扇天窗，室外的光線從窗口射下，好像上天降下的恩澤。四周的牆邊裝置了五道彩色圍板，板上畫著白雲與五色彩虹。圍板的背面則是收納骨灰罈的儲藏庫，一層又一層地團團圍在室內。

原來如此，看來這種安排是經過精心設計過的，因為這種禮拜設施既不能偏重佛教、儒教、神道教、基督教、伊斯蘭教等各種宗教，也不能偏向無神論者，更不能弄成冰冷無情的儲藏庫，猜想主管單位曾為這個難題煞費一番苦心。等我從地下一樓返回入口途中，果然看到牆上有個「建築業協會賞」的浮雕。原來這座建築的施工單位是「間組」公司，竣工時間是平成五年（一九九三年）三月三十一日。

總之，這座納骨堂的規模真的很大。專供長期收藏的儲藏庫共有五千兩百個，並按照容量大小分為三種，1種可容納六個骨灰罈，2種容納四個，3種容納兩個。總共可容納兩萬一千八百四十個骨灰罈。容納期間為三十年，期滿後可以續約。另外還有專供暫時保管的儲藏庫，共有七千五百個，容納期間為五年，假設每個臨時儲藏庫可容納兩個骨灰罈的話，這裡的長期與短期兩種儲藏庫總共可以收納三萬七千個骨灰罈。

只要每隔三十年續約一次，差不多就等於永遠都會有人祭祀了吧。但這裡的規定中卻不提「永遠」二字。可能因為這樣會給人一種永遠無法重返大地的印象吧？而短期儲藏庫的期限只有五年，稍不留意，五年之後沒有續約，骨灰罈要怎麼辦呢？

我重新登上一樓，返回水泥欄杆圍成的迴廊時，突然腦中靈光一閃。這座納骨堂前院的設計畢竟還是神道教的形象吧。日本的神道教原本就相信山川草木皆有神明，所以設計成四萬「御靈」住在裡面的幽浮形象，一般人會很容易接受吧

這座「御靈堂」於平成五年建成，就在同時，壁葬墓地也出現在世人眼前，平成五年真可謂充滿巨變的一年。而且變革的腳步越來越快。十年後的平成十五年（二〇〇三年），又有人發明了合葬式墓地。

走出御靈堂之後，我繞過大圓環，朝向圓環對面走去。靈園正門左側的樹叢前方，隱約可見一座隆起的圓形草山。順著蜿蜒小路前進，不一會兒，看到前面的廣場上有座圓形屋頂的禮拜堂。

細細打量才發現，剛才看到的草山其實是就是面前這座水泥建造的半球形建築，

禮拜堂的一半埋在地下，圓形屋頂上面種滿繁茂的花草，看起來很像一座迷彩裝飾的堡壘，同時也有點像一座古墳或巨墳。據說這種設計是表示，屋頂下的堂內就是一個超特大骨灰罈，那些存放在每個骨灰罈裡的骨灰，等於就像直接存在大骨灰罈裡一樣。

禮拜堂的香燭台前堆滿了花束。據門口的案內板說明，每年十月一日，這裡會舉行共同獻花儀式。前來參拜的遺族輪流入場，門外的廣場最多可同時容納一千兩百人。

緊鄰案內板的路邊，共有十二扇黑色石屏風豎一旁，每兩扇為一組，共有六組。屏風上刻著「合葬埋藏設施墓誌」的標題，下面順序列出長眠者姓名。從上到下共分十段，每段從右到左共五十行。這座新建的合葬設施竣工於平成十五年，竣工那年收容了兩百二十人，之後每一年的收容人數如下：十六年四百二十七人，十七年四百八十人，十八年五百零七人，十九年五百八十一人，二十年四百五十五人，總計兩千六百七十人。現在名單已經排列到第六扇。如果十二扇屏風都刻滿姓名的話，應該可以容納六千人，如果再繼續建造屏風，這裡應該就沒有人數限制了吧。

值得一提的是，這裡的墓誌銘全都是以個人的觀點進行表述，看了真的令人非常震撼，我幾乎驚訝得無法移步。在面積寬闊的多磨靈園裡，那些墓碑上全都刻著〇〇家、╳╳家、△△家……。所有的墳墓都是以家族為單位，不論是草坪墓地或壁葬墓地，甚至御靈堂的儲藏庫，都同樣標示著家族姓氏，但到了這裡，墓碑終於超越了家族的界限。

不過仔細觀察就會發現，縱向排列的眾多姓名當中，同姓的三人、五人或六人排在同一行的例子非常多。這也難怪啦。畢竟同是一家人，期待來世能夠一蓮托生（**死後在極樂淨土重生於一個蓮花座上**），也是身為家人的義理與人情吧。但原本是夫妻、親子或兄弟的關係，現在卻以這種方式排成緊密的隊伍，就會讓人覺得聚集在這裡的是一群「個人」吧。

據說這座禮拜堂的位置，從前是池塘，後來才填土造地，堆成土丘，總面積約有四百平方公尺。堂內的骨灰分兩種方式保存，一種是合葬，一種是納骨。合葬的話，就直接把骨灰倒進一個特大的骨灰罈，如果不想立刻直接倒進特大骨灰罈的話，可以暫時保存在二十五立方公分的骨灰箱裡，期限為二十年。這種骨灰箱層層堆疊，總共可以存放三千人的骨灰。原本放在御靈堂的骨灰，只要辦理改葬手續，就能移到這裡來。若想從骨灰箱倒進特大骨灰罈，不需辦理任何手續。這種做法也算是一種顧慮周到的解決方案吧。

以往，我們大多數人都是跟歷代祖先合葬在出生地的家廟墓園。但這種墓園現在越來越少了。許多人離開家鄉出外打拚，等到生活安定下來時，擁擠的市街也已發展成大都市，核心家庭的核心也開始崩裂，城市裡最後只剩獨身青年、壯年人、中年人和獨居老人。現代社會正在試圖甩掉各種團體，像部落、家族、社團、終身雇用的公司、工會等各種團體。萬民正在變成散沙般的流民。而在「資本主義」這種怪物出現後，人類對社會來說，只是用完即丟的勞力。

所以，社會上就出現了這種合葬墓，只要跟別人埋在一起，死後就不會寂寞。原來如此。我又想起靈園的環狀主幹道沿途那幾座合葬墓。那邊是不具名的「俱會一處」，這裡是記名的「俱會一處」。兩者之間的距離既然這麼近，總不會毫無關聯吧。但總之，墓地的實態正在不斷演變，我又何必多作臆斷呢？相信在二十一世紀當中，同類的設施將不僅限於東京，而會在全國各地的公墓靈園持續建造。

就像這座禮拜堂的外型設計，堡壘式建築上面種滿茂密的花草，令人感覺彷彿在夢中看到遠古的彌生或繩文時代的古墳。

結束參觀後，我搭上一輛「中巴士」（府中市社區巴士的簡稱）。

府中市社區巴士的車站就在靈園正門前方。走出正門時，剛好來了一輛前往京王線府中車站的巴士，我便趕緊跳上去。只需花一百圓車費，就可繞行市內一圈。文化中心、防災中心、府中工業高中、藝術劇場、府中的森公園、生涯學習中心、府中市美術館……。越過車窗，我欣賞著車外風景，巴士繞過各式各樣的設施和住宅區，最後在夕陽照耀下來到繁華熱鬧的府中車站。真是個大城市啊！

多磨靈園的南北兩端分別被府中市和小金井市包圍，府中市的人口二十五萬，小金井市的人口十一萬，長眠在多磨靈園裡的已故人口則超過三十九萬。阿彌陀佛。

07

新宿的前世今生

学習院初等科
みなみもと町公園
至東宮御所
若葉二丁目
二葉南元保育園
二葉乳児院
戒行寺
西応寺
若葉三丁目
須賀町
若葉公園
陽運寺
左門町
四谷三丁目
於岩稲荷田宮神社
信濃町駅
新宿通り
慶応義塾大学医学部
慶応義塾大学病院
四谷四丁目
首都高速新宿線
サンミュージック
四谷大木戸跡
四谷区民センター
千駄ケ谷駅

1

走出新宿車站南口的驗票口，穿過熙來攘往的人群，我來到了甲州街道的陸橋下。聽說每天進出這個車站南口的乘客，約有四十五萬人，而在這座陸橋下面往來的車輛則多達六萬輛。也不知是誰用什麼方法計算出來的。陸橋前方的左右兩側是樓房堆成的高牆，幾條鐵道從高牆構成的谷底間穿過。谷底前方的天空是一望無際的蔚藍。吵嚷的大地，靜謐的天空。眼前這幅景象，從平成八年（一九九六年）新宿高島屋開幕以來，一直都是這樣。不過現在附近又增加了「NTT Docomo 代代木大樓」，不遠的前方就能看到聳立的樓頂。兩側高樓構成的谷底上面，即將架上頂蓋，因為谷底的位置現在正在興建「新宿南方露台」。這座貌似無數積木堆成的城樓建築將是二十一世紀的新宿南口。

現在，讓我們試著把時間拉回到六十年前。那時的新宿南口還沒有「LUMINE 購物中心」，站在陸橋上面可以俯瞰左右兩邊的鐵道。遼闊的天空裡，什麼也沒有。車站的驗票口在陸橋西端，東端的山丘上則聳立著昭和天皇即位大典紀念塔。角落裡有一座石階，直接通向山下的公共廁所旁邊，山丘上面則整天都瀰漫著尿臊味。

那時還不到昭和二十年，我正在東京府立第六中學（現在的都立新宿高中）就讀。二年級那年的夏天，我開始搭乘小田急線通學。因為那時我家已從下町搬到世田谷區的代田。從小田急線的驗票口出來，京王電車的車站就在陸橋上面。如果立刻跳上電車，向東行駛一站，就到了山坡下的終點「京王新宿」。一下車就能看到校門。但我每天早上還是靠自己的兩條腿快步走下山坡。

不久，這段山坡路就變成了車流奔騰的大馬路，行人則順著 LUMINE 購物中心的大型石階走下山坡。這段石階的周圍，就是從前瀰漫尿臊味的山丘。但事實上，這座山丘也不是自古就有的。

這裡最初是先開通了甲州街道，等到地形整理得比較平坦後，才有鐵路鋪設過來。後來，鐵軌的數量增加得非常迅速，平交道逐漸不夠用了，所以才在甲州街道上構築了山坡和陸橋，然後把高架鐵道架在山坡和陸橋的上方。現在的山丘應該就是那時築起的。之後，京王電鐵才開始在陸橋上方通車。奇怪的是，京王電車為什麼會把巴士總站建在有尿臊味的山坡下面呢？

總之，東京街頭到處都有亟待解決的難題，就像狗兒出了門就可能被人敲一棍子。但是難題歸難題，終究是有辦法解決的。所以京王電車越過陸橋上方之後，又向東駛下山坡。最近那條山坡路上開闢了人行道，而且還裝設了護欄，所以現在行人又能在坡路上行走了。山坡右下方的道路，據說是從前玉川上水的遺跡。坡路右邊那塊地區是從前的旭町，也就是有名的廉價旅店街。林芙美子的小說《放浪記》就是在這附近開啟故事的序幕。

我從車站走到「明治通」，越過十字路口之後向右轉，眼前的高樓之間突然出現一座上方覆蓋瓦頂的山門。門扉上畫著葵紋。這裡就是我的目的：曹洞宗護本山天龍寺。從山門旁的小門走進境內後，立刻看到正面的大殿，右邊還有一座鐘樓。大殿後面是墓地。站在山門口，一眼就把境內看得一清二楚。

鐘樓旁有一塊解說板，板上寫著：「天龍寺的報時鐘深受附近鄰里喜愛，因為周圍居民都想催促深夜還在『內藤新宿』玩樂的遊客快點離去，大家就用鐘聲當作暗號，所以這座鐘也叫做『催客鐘』。當時江戶城裡有好幾座報時鐘，但只有這座鐘是在城外。又因為武士從這裡進入江戶城樓上班比較費時，所以每個時辰的敲鐘時間都故意提前三十分鐘。這座鐘跟上野寬永寺、市谷八幡的報時鐘並稱『江戶三大名鐘』。」

遊客好不容易到這裡風流一夜，結果卻提早三十分鐘把人趕回家，誰會喜歡這種報時鐘啊？當然啦，這是被趕的遊客的感覺。至於這段文字是否屬實，就需要向新宿區教育委員會請教了。

回想起來，天龍寺是跟德川家一起從遠州遷到江戶來的古寺。山門上的葵紋代表了寺院的等級。參觀這座寺院之前，我先翻開手邊的《江戶切繪圖》。其中的〈內藤新宿・千駄之谷邊圖〉是文久二年（一八六二年）修訂過的尾張屋版。我手裡這張圖則是最近重新印刷的版本。

切繪圖裡用紅線標示的天龍寺是周圍地區面積最大的寺院。今天從附近的高樓區到明治通，昔日全部都在天龍寺境內。

那時如果經由江戶五街道之一的甲州街道出城，都是走四谷見附為起點的「新宿通」，出了新宿四丁目的「大木戶」，就算離開了江戶城。出城後的第一個宿場町就是「內藤新宿」。切繪圖上的宿場町全被塗成灰色，共分下町、仲町、上町三個部分，全部都連在一起。上町的位置在今天的「伊勢丹」前方十字路口附近，從這裡向左轉前進，就能抵達「新宿追分」，這裡有個雙岔路口，從這個路口分出去的直路是支線，也就是「青梅街道」。主幹道通過路口後彎曲成直角狀。每天這裡總是人來人往，車水馬龍，十分熱鬧，路口的廣場上還有張貼幕府告示的告示板。這個車輛匯集的廣場就在天龍寺的山門前方，山門跟廣場之間隔著玉川上水。而天龍寺所扮演的角色就是甲州街道沿線居民的土地神。

切繪圖上的附近地區，大部分都是譜代大名的下屋敷，還有旗本、御家人的住宅區，或是同心、幕府下級官吏和小市民聚居地。這裡雖然已算江戶城外，卻有一條大路直通江戶城樓的半藏門，可算是很不錯的郊外住宅區。而且這裡也聽得到報時鐘的聲音，所以居民應該都得繳納報時費，雖然每個時辰都提前三十分鐘敲鐘，也是為上班的武士提供的一種服務啊。另一方面，就連附近的宿場町也能聽到毫不留情的催客鐘聲，由此可見當時江戶的街頭環境應該是非常幽靜的。

切繪圖上的天龍寺西邊有一塊灰色地帶，其中的一角就是天龍寺門前町，也就是後來的旭町。據說在宿場町打工的庶民、賣藝人、做小生意的小販……都住在這裡。

現在的天龍寺境內比當年縮小了很多，幾乎只剩當年的心臟部分。境內的墓地非常狹窄，新墳舊墳擠成一堆，彼此相安無事。其中有一座「旗本」（下級武士）家族常用的五輪塔形墳墓，外型跟不遠處的「NTT Docomo 尖塔大廈」頗為相似。旁邊還有一座墳墓，墓碑的側面刻著「祠堂金五兩」五個字，戒名則是「義諦院廓雲良然居士」，大概是宿場的青樓老闆夫婦的墳墓吧。真沒想到寺院把青樓老闆跟旗本都視為地位相等的施主呢。

2

有一本講述天龍寺．旭町周圍的著作，是野村敏雄撰寫的《新宿裏町三代記》（一九八二年，青蛙房出版），這本書真是一部難得的珍貴文獻。作者於大正末年出生在這個地區，家中的祖傳事業就是經營旅館，而且這家旅館現在仍在營業。書裡有一張作者手繪的地圖，題目叫做〈明治．大正．昭和初期以前的町內舊蹟〉。這張圖可說濃縮了附近的巷弄近代史，真是越看越令人愛不釋手啊。

天龍寺的舊山門從前是面向幕府的告示板而建，現在的山門前參道，則是從前寺院後面的小路，叫做「雷電稻荷通」。切繪圖上境內有個大水池，我從前就讀的府立六中（現在的都立新宿高中）就在那個位置，前面提到的手繪插圖裡也標示出來。

說來令人驚訝，我就讀的府立六中創立於大正十年（一九二一年），校址位於新宿御苑的一角，是皇室特別賞賜給學校的土地，我們的校訓就是叫大家要把這件事當成最高榮譽。新宿御苑原本是信州高遠藩主內藤家的中屋敷，皇室接收之後曾在這裡辦過農業試驗場。明治三十九年（一九〇六年）起，這裡變成皇家領地。直到戰敗後的昭和二十四年（一九四九年），這塊土地才改為公園用地，開放給一般民眾利用。或許當年明治政府接收新宿御苑的時候，順便也把周邊地區一併收回，所以天龍寺的境內才被削掉一部分吧？但我做夢也沒想到，現在回溯從前的歷史，竟會發現府立六中的位置就在天龍寺境內。

記得當年進入校門後，先要走過一小段下坡路，才能到達校園，可見這裡確實處於低處。水池那時當然早就沒有了，但是附近有座游泳池，周圍砌了一圈水泥高牆。猜想他們擔心那裡若是平地的話，下大雨的時候就會變成水池吧？

天龍寺的門前町也是低地。明治時代起那裡一直叫做南町，因為位置在玉川上水的南岸。當初可能是顧慮到上水氾濫時，希望上水的水直接流向南岸，而讓北岸的宿場免遭水災，所以才設計成這樣。不僅如此，以新宿追分為起點的下水道採用石管橫跨上水道引流入河，這種下水道像城渠似的遍布在旭町每個角落。但是每次一下大雨，這些下水道都會氾濫。

大正九年四月，新宿的周邊地區從東京府豐多摩郡劃入東京市四谷區，南町也改名為旭町，這地方總算有了比較光明的名字。旭町變成新開闢地區之後，一年到頭都在施工，大批勞工就像水流奔向低處似的不斷湧入。關於當時的情景，讓我引用一段林芙美子在《放浪記》裡的文字吧。小說的主角原本是近松秋江家的住宿女傭，她被開除那天晚上，「在新宿旭町的小旅店住下。由於山崖下的積雪全都融化了，旅店前面那條路滿地爛泥，像豆沙餡似的踩起來軟綿綿的。一個晚上花了三毛錢，我終於找到一個能把爛泥般的身體放平的地方。」主角當時住的是三疊榻榻米大小的單人房。

主角後來到處遊蕩，數年後的冬天，她又回到這裡。這次她住的是一晚收費三毛五分的五人房，房間的大小只有六疊榻榻米。

「烏鴉叫個不停，國鐵火車轟隆轟隆駛過。清晨的旭町是一條髒兮兮的街道，滿地都是汙水和泥漿。住在這個貧民區的居民，大家都活得好好的，但同時也在腦中盤算著如何離開這裡。」

從前的東京經常在黃昏之後開始下大雪。而市內只有大馬路才會進行鋪裝，每次遇到下雨或下雪，地上到處都是水漬和泥濘，尤其這附近屬於低窪地區，簡直就像爛泥髒水組成的黑暗街道。也因此，至少地名得取個像旭町這樣的才行啊。小旅店裡分居一室的住客當中，有些人在追分的演藝場幫顧客保管鞋子，有些人是賣身的私娼。

大江戶時代以來，那些在鬧區歡場獻身的幕後員工都在這裡生活。

前面提到的手繪「町內舊蹟」地圖裡，面積縮小的天龍寺被各種建築團團圍住，譬如寺院後方有私娼館長屋、隧道長屋（小巷裡的長屋）、廉價私塾、小型分校等。寺院前方的舊山門附近則有二葉保育園、濟生會、青果市場等各種設施。

附近地區全都是窮人聚居的長屋。至於當時街頭的景象，大家可以參考橫山源之助的《日本之下層社會》（一八九九年，教文館出版）。這本書一開頭有一段文字描述：

「東京最下層的地區是指：四谷鮫河橋、下谷萬年町、芝新網，以上三處並稱『東京三大貧民窟』。」

這段文字裡列舉的三個地方，是江戶時代到明治時代有名的貧窮地區，排名第一的四谷鮫河橋（鮫橋），就是現在的新宿區若葉二丁目和三丁目，是一塊面積很大的凹地。後來隨著市區不斷擴張，大正．昭和時期的東京又增加了許多新的貧民窟，譬如三河島的千軒長屋、板橋的岩之坂等，其中的旭町因為位置鄰近新宿鬧區，所以很受貧民歡迎。

事實上，很多旭町的居民都是從人口擁擠的鮫橋那邊搬過來的。證據之一就是前面提到的小型分校，那所學校其實是鮫橋小學的分校。所以在介紹旭町之前，我必須先向各位介紹一下鮫橋小學的校本部。

東京市編纂的《東京案內》（一九〇七年出版）一書裡，有一章專門介紹四谷區，其中關於「鮫橋尋常小學」的記述大致如下：

「這是一間東京市經營的特殊學校，專門接收貧家子弟，讓他們接受教育。這所學校於明治三十六年九月創校，校地面積為六百一十三坪。教學科目的內容跟一般小學一樣，共分四個學年。學用品則由校方提供或出借，校內設有浴室，所有學童每週入浴一次，校方還為學童理髮、治病。明治三十九年三月底，學生共有三百四十三人，校長為中山榮太郎。」

其實附近地區原本還有寺院經營的私人教室，但後來全都交給東京市，由市政府負責安排施行正規學校教育。從第二年的明治四十年開始，日本的小學變成了六年制。

上述這間特殊學校的分校於大正十一年四月在旭町開校。校方先在天龍寺墓地的角落獲得一塊面積為兩百五十坪的農地，然後在這裡興建木造平房。分校也有浴場，伙食免費，每週還提供一兩次麵包。有些學童白天必須出去打工，學校就為這些學生開設了夜間課程。分校的學生跟總校一樣，都不必繳納學費。

府立六中的開校時間比這所分校早一年，但開校之後先在府立四中借用校舍一年，等到校舍於大正十一年四月落成後，才搬進新校舍。我們學校的學生絕大部分都是住在中央線沿線或從郊外搭電車通學的中產家庭子弟。從下町搭乘市內電車通學的學生很少，而我就是市電組的成員之一。當時我受到的文化震撼可不小。或許也因為府立六中從創校開始就是一所專門接收少爺學生的中學吧。但我現在閱讀參考資料才發現，隔壁的貧民小學分校跟我們學校只有一牆之隔，竟然跟我的中學同時開校。真是出乎意料之外啊。沒想到兩所學校竟有如此的緣分。

東京市府直接管理那所分校的時間只有三年，大正十四年起，分校由四谷區接手經辦。不久，這所學校跟一般學校的矛盾之處開始引起大眾的重視。《新宿裏町三代記》的作者野村敏雄當時是在花園神社前面的四谷第五小學就讀。因為他是旅館老闆家的少爺嘛。而住在同一個町裡的孩子，有些人上普通小學，有些人上特殊學校，所以有人認為這樣不妥。後來，分校終於在昭和九年廢校，原本的學生都被編入四谷第五小學。總校的鮫橋小學在分校關門之前，就已改制為普通小學，校名叫做四谷第七小學。

分校即將關門前的那段日子，菊池寬持續提供過各種援助。有一次，他讀到學童們的作文，深受感動，所以給學生頒發獎品表示獎勵。菊池寬還在雜誌《文藝春秋》昭和八年五月號的《故事垃圾桶》專欄裡寫道：「以前介紹過兩三次的四谷第五小學的旭町分校，校內很多學生平時都吃不飽。最近因為畢業典禮的日子快到了，校方邀請我務必參加，所以我就到了會場。看到那些學生的行為舉止都那麼守規矩，有禮貌，我真的很感動。後來聽到畢業生代表致答詞說：『這大概是我們這輩子唯一的畢業典禮吧。』聽著實在令人悲傷。我衷心期待社會政策之一的『教育機會均等』，能夠盡早付諸實現。」

我進六中讀書的時候，分校已經不在旭町了。但是越過我們學校的圍牆，仍可清晰地看到那個位置，已經變成小旅館後面的曬衣台。當時學校一貫遵行的教育方針則教導我們，東京市內難免會有這種地方，但這種地方卻不是我們學生可以隨便踏入的。

不過，現在看了資料才知道，有一段時期，府立六中夜間部的學生也經常出入旭町呢。哎，其實我不知道的事情還多得很呢。天龍寺北邊的二葉保育園總校設在四谷鮫橋。後來到了大正五年，這所保育園也在旭町開了分校。昭和初年的經濟恐慌時期，相關機構還在旭町開過簡易食堂，六中學生也在那裡吃飯。所以今天介紹旭町之前，我們應該先去參觀一下二葉保育園的總校。今天的參觀路線，乾脆就以鮫橋為終點吧。

3

走出天龍寺之後，向左轉，再向左轉，就來到寺院後面的小路。從前這條路是廉價旅店街，現在路邊的建築幾乎全都變成了商務旅館或週租公寓。其中有一棟鋼筋建築的三層樓房，外面的招牌上寫著「商務旅館．野村」，大概就是《新宿裏町三代記》

的作者老家吧。據說這種旅館的價位大概是一個晚上四千兩百圓。那些鋼筋建築當中，也可以看到一兩棟舊式建築，都是灰泥外牆的木屋，據說這種旅館大約兩千圓就能住上一晚。白天走在這條街上，一個人影也看不到，給人奇妙的感覺，但我想每天早晚應該會有住客進出吧。

先簡單地回顧一下旭町的歷史。大正十二年九月發生關東大地震的時候，這裡也不幸地冒出大火，還好當時吹著南風，所以只燒毀了一部分建築，反而是下風處的追分鬧區那邊，大部分都燒光了。多年來，旭町的下水道一直承接周圍地區的汙水，或許這種結果也是老天賜予旭町居民的補償吧。

昭和四年（一九二九年），旭町的道路根據新法規拓寬為路寬二十二公尺的大路，並以對角線方式從四方形的町內貫穿而過。這時的「明治通」只開通了澀谷到新宿之間的路段。有很長一段時間，這裡預定修建道路的空地都是孩童的遊戲場所。旭町被分成東西兩半，上水道和下水道全都移到地下，從此以後，旭町終於不再是「爛泥髒水街」了。

昭和二十年東京大空襲的時候，可能因為之前為了預防戰火延燒，所以附近的長屋已被拆除，並建成了防火巷，所以天龍寺、都立六中、二葉保育園等設施都沒被燒毀，旭町的大部分地區也幾乎全都保存了下來。昭和二十七年（一九五二年），旭町改名為新宿四丁目。也就是在那段時期，我開始經常到這裡鬼混。那時我是日本大學藝術學部的學生，同校有兩三個跟我一樣畢業於六中的後輩，我們幾個整天都待在新宿三丁目的一家御好燒店裡，把那裡當成我們鬼混的據點。記得那時演藝場「末廣亭」前面的小巷裡有一家餐廳。既然寫到這兒，那我乾脆把店名也寫出來好了，那家餐廳叫做「飄零的葫蘆」，一樓是餐桌的座位和小面積的榻榻米座席。二樓有三個房間。雜誌《江古田文學》的工作人員經常在那裡舉行聚會，其中一人後來被女老闆看上了，還在這家餐廳當過保鏢。類似這種老闆跟顧客互相依存的沙龍，也算是戰後鬧區的一種特殊經營模式。

每天晚上打烊後，大家把毛毯鋪在御好燒的鐵板上開始打通宵麻將。但是因為三夾板牆很薄，容易被鄰居聽到，後來女老闆就邀大家到她在旭町的家裡去玩。她住在一間提供食宿的民房樓上，整層二樓只有她一個人。所以我們經常到她家去。附近還有很多廉價旅店、雜貨店、理髮店、中華洋食店、鈑金店等，像她寄宿的這種民房也不少。這種房子住起來很舒適，晚上打徹夜麻將也不會吵到別人。大部分在新宿鬧區工作的人，都住在這種曲折蜿蜒，富含情趣的小巷深處。

然而，現在這附近竟然一家商店也沒有，周圍幾乎都是上述那種民房。或許大多數土生土長的本地居民，都已悄悄地搬到更好的地方去了吧？從前那種提供三餐的出租房已經沒有了，二葉保育園的遺跡周圍也建滿了高樓，天龍寺那道長長的圍牆，現在看起來粗俗不堪。從前的大門就在現在這道圍牆的位置，從這裡進入境內，大殿和鐘樓都是面向大門。記得有一年元旦的清晨，我跟其他幾個朋友打算去敲除夜鐘，一起闖進了天龍寺，不料撞木被掛鎖固定起來，根本不能移動。看到這種情況，我們只好把大鐘朝向撞木推過去。於是大夥兒一面吆喝一面用力推動文化財。正忙得不可開交，寺院裡的住持出來了。「新年好！」大家看到住持，連忙向他拜年，說完，就匆匆逃走了。回想起來，這已是我二十多歲時所幹的蠢事。不久，天龍寺決定全部翻新重建，據說連大殿的坐向都要轉動一百八十度。那年是昭和三十九年（一九六四年），也就是日本舉辦東京奧運的那一年。因為這裡位於馬拉松賽程的沿線嘛。山門前面就是明治通，阿比比和圓谷幸吉當年都從山門前的馬路跑過去呢。而跟急速發展的大路僅隔一步之遙的小巷，就好比是歡場舞台下的地獄吧。

每片土地都有辛酸悲慘的故事，每片土地都曾經歷幾度改朝換代，但我想，每片土地也都擁有當地特有的DNA。天龍寺周圍的這片土地，無數人物曾經來過：江戶的賣藝人、明治的馬夫車夫、大正的林芙美子、街頭的私娼、昭和恐慌時代的乞丐、府立六中夜間部學生、戰後以美軍為對象的娼妓、人妖兄弟、御好燒餐廳的女老闆、一起打過徹夜麻將的同伴……，現在趁我還沒忘記當年那段歡樂時光，讓我把這些往事記錄在這兒吧。天龍寺出口旁邊有一座「雷電稻荷神社」，原本是一座小有名氣的神社，但在我就讀六中的時候，那裡的香火已經大不如前。現在還是跟從前一樣。我向賽錢箱裡拋了幾個零錢，拍掌默禱後離去。

都立新宿高中現在已經改建為白牆七層高樓。從正門望去，校園的地面已經填土堆高，看起來好像比門外的馬路還高呢。

我在這裡讀六中的時候，校舍是兩層樓房，建築外側雖是水泥牆，但牆壁裡面卻不是鋼架，而是木架。當時的中學是五年制，每個學年有六班，全校共有一千三百名學生。學校的教室根本不夠。所以二年級學生沒有固定的教室，而是趁別人上體操課、軍訓課，或在音樂教室授課時，才到空出來的教室去上課，二年級學生就這樣一年到頭四處流浪。回想起來，那時每個教室的時間分配也真是夠複雜的。今天的新宿高中則是三年制，每個學年只有三百多名學生，全校學生不到一千人，採取男女兼收制，廁所也比從前增加了一倍。不知七層樓的各層廁所是如何分配的？現在的每間教室都安裝了空調，把學生照顧得盡善盡美，無微不至。但我這個困窮時代的畢業生，現在就是歪著長滿白髮的腦袋，心裡妒忌得要命，又能如何呢？孔子說，過猶不及。不管學校設備如何，教出來的學生應該都差不多吧。

總之，比學校設備更值得介紹的，是正門前面的道路。從前這條路就是玉川上水的水道，我上學的時候水道已經變成暗溝，靜靜地沿著新宿御苑外圍向前流去。後來，汽車普及的時代來臨，開車經由國道20號（甲州街道）駛到伊勢丹前面的路口後，一連要轉兩個直角的大彎，令人感到十分不便。所以相關單位就開始研究從大木戶那裡開始，把這條路變成直線車道。然而，誰都不想把新宿御苑的樹林剷掉，經過反覆討論之後，終於決定利用隧道解決這個問題。平成三年（一九九一年）以大木戶為起點的隧道開通了，這條隧道的出口剛好就在六中的門前。站在這裡望去，每天都有無數車輛從地底噴出，又有無數車輛被吸進地下。現在我望著眼前往來奔馳的車流，越看越像現代的玉川上水呢。

4

玉川上水是什麼呢？

玉川上水是江戶幕府從多摩川上游的羽村開鑿的一條上水道，終點是四谷的大木戶，全長四十三公里。承應二年（一六五三年）開始動工，第二年，江戶市區就開始供水了。現在回顧從前，這已是三百六十年前的往事了。上水道的水送到大木戶之後，再用石管或木管輾轉送往市區，當時從日本橋到品川都能用到這種經由水道送來的水道水。這種送水過程完全不須利用水壓，稱得上是一項自然流水的大工程。也因為有了這種水道水，江戶各町誕生的江戶子才能自豪地向人炫耀，自己生下來第一次洗澡，就能使用水道水來洗。

即使到了後來的明治時代，玉川上水仍跟從前一樣提供百姓用水。田山花袋在《東京的三十年》一書中，曾經描寫過明治二十年代上水周圍的景色。當時花袋住在大木戶附近，每天上班都要經過上水的沿岸。「順著玉川上水狹窄的岸邊向前走」。「山手線的平交道……是這裡唯一的鐵軌，越過平交道之後」，周圍便展開一幅水彩畫似的田園風景，「纖細的水流，就像一條玉帶」，有時「流得十分湍急，攪起許多泡沫」。從這段文字可以看出，玉川上水的水道雖然狹窄，水流速度卻非常湍急。「（妓女例行）檢查日那天，我在路上碰到一群妓女，每個人的臉色都蒼白得嚇人，只見她們亦步亦趨從遠處走來。」

這段描述跟開設新宿車站的過程有關，所以讓我先簡單說明一下。明治十八年（一八八五年），日本鐵道品川線跨過甲州街道之後，在青梅街道旁邊開設了車站，最初是以貨運為主，每天只有幾班列車駛過平交道之後跨越青梅街道。四年後，甲武鐵道開始通車到立川。這條鐵路就是中央線的前身。前面提到的品川線則是山手線的前身，這兩條路線的車站都設在遠離鬧區的田野裡。

「內藤新宿」在江戶四宿當中算是比較樸實，或者也可以說是比較具有鄉土氣息的驛站。這裡共有五十二家旅店，每家旅店允許設置三名「飯盛女」。這些旅店的女服務員其實就是幕府默許的妓女。所以這裡流傳著許許多多妓女的傳說故事。譬如當時有一種祭文歌謠賣藝者，專門以唸祭文的語調說唱故事。「武士鈴木主水」就是一段著名唱詞裡的主角。歌詞首先唱道：「他有妻室與二子。身為二兒父，卻還天天去嫖妓。」這位主角鈴木主水住在青山，那時的青山還是荒郊野外，但他三天兩頭都從青山跑到內藤新宿的妓院「橋本屋」去跟妓女白糸鬼混。故事結束前，鈴木主水跟妻子和白糸相繼自殺身亡。說唱藝人最後唱道：「自古殉情故事多，這三人的故事特別惹人唏噓，義理顏面皆兼顧，相互理解又體諒。」白糸介紹自己的身世時唱道：「當年七歲尚年幼，被人賣進這間樓，辛酸從事這一行，眨眼已過十二載。」這個故事不僅被人寫成唱詞，也曾改編為歌舞伎。在以買賣人口為業的江戶青樓裡，或許這個故事極具代表性吧。

白糸從事辛酸行業的青樓，直到明治時代都沒有改變。不，應該說，比從前的規模更大了。白糸的後輩去做健康檢查時，每個人的「臉色都蒼白得嚇人」。花袋剛好在路上看到這群妓女在青樓守衛的帶領下，亦步亦趨地來到宿場後面的河邊集合。

這條河邊小路通往天龍寺的參道，據說沿途的橋頭有一座地藏菩薩像，也是為玉川上水中意外喪生者所建的供奉塔。宿場的各家商店生意越興隆，意外事故的數目也越多。玉川上水的水道雖窄，水流卻十分湍急，小孩掉下去的話，根本救不回來；成人若是懷著必死決心跳下去，應該也能如願。而那條水道剛好就在旅店街的後面，對那些想殉情的男女來說，真是最方便的選擇。

供奉塔的基石上刻著好幾對殉情男女的戒名。明治十二年進行道路整修工程時，供奉塔被拆除了。所以田山花袋並沒看過那座石塔。拆掉的供奉塔後來移到新宿二丁目的成覺寺，更幸運的是，據說現在仍然保存在那兒。所以今天就讓我們到成覺寺去看看吧。

不過前往成覺寺之前，還是讓我簡單介紹一下玉川上水後來的變化。明治十九年，日本發生了霍亂疫情，政府決定加速推行水道近代化建設。明治三十二年（一八九九年），主管單位利用新宿車站西邊的十萬坪田園土地，建造了淀橋淨水場。兩年後，玉川上水和神田上水不再向市內送水。之後，玉川上水只負責擔負供水源頭的任務，從代田橋經由新建的水道把水送到淨水場。而淨水場的水源從那以後一直都是玉川上水，水道的下游則改建為調節性河川。後來關東大地震之後進行重建時，玉川上水的下游被改建為暗溝。

神田上水的源頭來自井之頭公園的湧水池，附近的三鷹是一片台地，玉川上水就是從這塊台地流下山丘。兩條上水的位置一高一低，造成兩者之間水勢的明顯差異。大正八年（一九一九年），某小學的訓導主任松本在玉川上水的湍急水流中殉職了。那天，一名遠足的小學生不小心在河邊滑倒，掉進水中，負責帶隊的松本老師為了救助學生，立即跳下去救人，結果卻溺死了。現在河邊的公園裡有一塊大型追悼碑豎立在那兒。昭和二十三年，太宰治也跟女友一起在這兒跳水殉情。除了上述兩次有名的事故之外，類似的意外事件層出不窮，玉川上水也因此被叫做「食人河」。據說太宰跳水自殺之後，每年仿效他的溺斃者多達十人。就連下游的高井戶附近，也在明治二十六年建了一座「川中投身亡故者供養塔」。玉川上水岸邊的土堤全長約四十三公里，沿途幾乎隨處都能看到類似的供養塔。

玉川上水的下游流進大木戶之後，成為江戶子誕生後第一次潔身的洗澡水，也可說是「生命之水」，但相反地，露天的上游之水卻吞噬過無數生命。據說雖然有人曾在河裡喪命，但只要河水流過幾公尺，自然就能變成清水。而像這種染上太宰滋味的上水，江戶．東京的市民早已不知喝了多少年了吧。這樣才像大都市嘛。

昭和四十年（一九六五年），淀橋淨水場停止運作，剩下這片廢棄不用的土地後來變成了超高層大樓林立的新宿副都心。玉川上水也已完成任務，暫時退出歷史舞台。不過，羽村的取水堰至今仍可看到奔流翻滾，水流從這裡流向小平監視所，再用水管引向東村山淨水場。也就是說，玉川上水的上游現在仍然身負重任。

從小平出發的下游水道現在納入東京都「清流復活事業」的一環，緩緩流過水道的清水都是經過處理的下水。水勢雖已大不如前，這條水道卻象徵著後人對環境保護的重視，以及對江戶先人的敬意。這條水道一直流到杉並附近後匯入神田川。

上述的「清流復活」運動最近也擴展到了新宿御苑周圍。當初御苑旁開通隧道後，曾在這裡建造一段長達六百公尺的遊步道，如果能在遊步道沿途重建一條紀念玉川上水的人工渠道，就算只是循環式水道，我也會舉雙手表示贊成。同時，若能把那座地藏供奉塔從成覺寺遷過來的話，就更好了。

5

成覺寺的正面朝著靖國通，新宿通在寺前穿過靖國通之後通往新宿二丁目。

現在的新宿通兩側全是高樓，道路就像位於高樓山谷的谷底，其實這裡從前是一條花街。或許大家對「花街」這個字眼沒什麼感覺，不過，請大家想像一下，當年內藤新宿驛站共有五十二家妓院，直到後來的明治時代甚至大正時代，這些妓院仍在照常營業，各位聽到這兒，肯定會大吃一驚吧。明治三十六年（一九〇三年）底，「東京市街鐵道」開通了四谷見附到追分之間的路線。電車開始通車之後，路上自然會有男女老幼各種人群往來行走，所以這條花街也就不能像吉原那樣擺出花魁出行的排場，但猜想當時應該還是商店和旅店並存的狀態。大正四年（一九一五年），「京王電鐵」把起點站移到追分，目的也是為了便利乘客在鬧區換乘市內電車。

大正七年（一九一八年），警視廳終於命令所有旅店都遷到小巷裡的「牛屋之原」。因為周邊地區預定在兩年後劃入東京市區，如果在首都的大馬路上還能看到紅燈區，實在有損國家的顏面。因此政府才下令把花街藏在小巷裡。

切繪圖上的內藤新宿全部塗成灰色，旅店區的北側有三座大名的下屋敷並排而立。明治維新以後，這裡曾經變成桑樹園，到了明治二十一年（一八八八年），又被改建為牧場。這片總面積三千坪的土地上，飼養了許多乳牛，牧場叫做「耕牧舍」，經營者是新原敏三，也就是作家芥川龍之介的親生父親。芥川龍之介的誕生地是在聖路加醫院的旁邊，以前我一直認為那裡的環境很擁擠，根本不適合開牧場。現在才知道，原來牧場是在這裡。當年那些乳牛就是在這裡生產大量牛奶啊。但後來周邊地區逐漸進行都市化，新住民經常投訴牧場造成汙染，所以在大正二年（一九一三年），警視廳發出了強制遷移令。這家牧場最後終於關門大吉。之後，牧場的舊址變成荒廢的原野，平時有許多孩童在這裡遊戲，有時也充當夏季舉行盆踊大會的會場。一般人都把這片原野叫做「牛屋之原」。

大正七年，內藤新宿的五十二間妓院全部遷到「牛屋之原」。這塊正方形的土地位於緊鄰大路的小巷裡，多年來，這裡發生過火災，遭遇過戰火，每次都被燒得一乾二淨，每次又在重建後復活。尤其是第二次世界大戰以後，這塊地區曾經成為遊走法律紅線邊緣的特殊飲食街。由於位置在新宿二丁目，所以通稱為「二丁目」

五十二家妓院遷到「牛屋之原」後，這裡確實發生了很大的變化。不過這塊土地原本就擁有「壓榨眾多乳房」的遺傳基因，雖說從前壓榨的是牛乳，現在壓榨的是人乳，但還是頗具前後一致性。昭和三十三年（一九五八年）四月一日，政府開始實施

「賣春防止法」，全國約三萬九千家性風俗店以及十二萬女性從業員，全部遭到取締，一眨眼工夫，他們全都從社會上消失了。這真是神武天皇開天闢地以來的壯舉，令人拍手叫好！「二丁目」後來又出現一些類似的業者，譬如像土耳其浴，還有所謂的「賣春畫室」。顧客在進口處領取素描簿和鉛筆，然後有穿衣或裸體女性陪伴，當然顧客不想為那些女孩寫生也沒問題。

以「二丁目」為舞台的小說多如牛毛，大部分都在歷史的腳步中失去了蹤影，但是像吉行淳之介或五木寬之的作品，倒也十分平易近人。不過我今天不打算介紹他們的作品，因為我雖然讀過，腦海裡並沒留下什麼印象。其實當初東京的路面電車進行繞道靖國通的工程時，「二丁目」西部的面積已被縮小了，而且最近東京的性風俗店都集中在歌舞伎町。現在回想起來，當年走過二丁目的時候，總覺得這條路漫長無比，誰知現在竟然三兩步就穿過二丁目來到了靖國通，站在路邊向右轉，立刻看到眼前的成覺寺。

從靖國通走下幾級石階，繼續向前走十步左右，就來到這座淨土宗寺院的大殿前方。殿前的參道因為修建靖國通被迫縮短了許多，參道兩旁擠滿了各式各樣的石碑。

首先映入眼簾的，是堆得像小山似的無緣塔。旁邊有座高得必須仰望的石台，上面是一尊安坐蓮花座上的地藏菩薩石像。天保八年（一八三七年），內藤新宿的宿場町長老為了替妓女和路倒死者祈福，提議在此建立石像。坐像下方的基石共三層，旁邊還有幾十座童男童女的小型石塔並列一旁。像這種石塔，一般寺院都是安置在墓園裡面，成覺寺卻很突兀地設置在大殿前面。

成群的石塔旁邊有一塊設在蓮花座上的墓碑，碑上刻著「南無阿彌陀佛」六個字，這是為了供奉成覺寺歷代住持而建的。旁邊還有一塊石碑，正面刻著「孩童合埋碑」，基石正面刻著「旅籠屋中」（旅籠屋即「旅店」）四個字。據旁邊的案內板說明，這裡是宿場町的飯盛女合葬之地，這塊墓區建於萬延元年（一八六〇年），昭和三十一年東京市進行區劃整理時，把墓碑移到墓區的入口附近，合葬墓位於墓區最後方。

三輪的淨閑寺是吉原花街的投入寺，這裡則是內藤新宿的投入寺。所以說，江戶四宿以外的其他著名私娼區，應該都建造了這種寺院吧。不過，這樣的碑文實在冷漠。既然墓碑上寫著「孩童」，就表示雇主是他們的父母，而賣身到雇主家幹活的小童工就是埋在這裡的孩子。父母要怎麼處理孩子，當然是隨他們的意思。孩子死後跟別人家的死孩子埋在一起，有什麼問題嗎？基石上的「旅籠屋中」四個字，彷彿在向大眾宣稱，反正大家都這樣處理死掉的孩子，有什麼好怕的。

前面提到那位興建大型無緣塔的長老，據說他最先只是在青樓仲介妓女的皮條客，由於做事幹練，後來就變成了青樓老闆。這位長老大概為了贖罪，並為自己的來世祈福，所以才訂做了這座特大無緣塔吧。而孩童合埋碑之所以這麼小，因為墓碑的大小通常是由眾人一起討論決定的，通常總是臉皮厚的人才會堅持己見。

我突然想起天龍寺的墳墓。青樓老闆只要付出五兩金幣，就能讓自己的父母安葬在幕府賞賜葵紋的寺院，而青樓妓院的女子，卻只能裹著一張草蓆扔進這座墳墓裡。這就是江戶文化。不，其實現代還不是一樣？

我繼續朝向石階旁山崖上的墓群走去。那座寬政十二年（一八〇〇年）興建的地藏供奉塔，就在那群墳墓當中。四方形基石上刻著「三界萬靈」四字，基石頂端還有一塊圓筒狀基石，再上面是結跏趺坐姿（雙腿盤坐）的地藏菩薩像。總高度約兩公尺，現在已被新宿區指定為有形文化財歷史資料。根據旁邊的解說板介紹，這座石像叫做「旭地藏」。我看過其他各種簡介手冊的說明，內容大同小異，都說這座地藏菩薩像因為原本安置在旭町，所以叫做「旭地藏」。石像是在明治十二年移到這裡來的。其實那時旭町還叫做南町。可見後來旭町名氣有多大。

圓筒形基石上刻著一大排戒名：離欲信女、西征信士；離念信女、念淨信士等。面向山崖外側的部分無法看清，但可以看出總共刻著十八人的姓名，其中似乎包括七對殉情的男女。每對情侶殉情的日期也刻在碑上，大部分都死於文化年間。石碑建成之後，碑上的殉情者戒名仍然不斷增加，直到文化十年（一八一三年）為止，在那前後的十三年之間，基石上幾乎刻滿了殉情者的戒名。

也就是說，在那十三年當中，實際殉情或計畫殉情的情侶人數增加了很多。「現在去死的話，名字就能刻在供奉塔上。」那些情侶的心底隱藏著這種期待，所以才會迫不及待地匆匆赴死吧。換句話說，不能否認供奉塔也曾起到誘惑殉情的作用。請各位試想一下，如果這裡供奉的是那些淹死在上水的亡故者，路過的行人會不會在地藏菩薩像前面佇足膜拜一番呢？

供奉塔旁還有一座石碑，上面刻著許多青樓老闆的店號，因為當初這座供奉塔遷到這裡時，這些老闆都曾傾力相助。為什麼他們願意出錢出力呢？我想，道路工程只是藉口，真正的理由應該是令人畏懼的地藏菩薩遷走了，他們想立個石碑作為紀念吧。

緊鄰供奉塔旁邊的，是戀川春町的墳墓。他是駿河小島藩派駐在江戶當差的藩士，也是一位具有卓越才藝的浮世繪師兼劇作家。寬政元年（一七八九年），戀川春町創作的長篇小說《鸚鵡返文武二道》受到讀者廣大好評，但他卻因此引起幕府的不滿，命他到主管面前解釋為何揶揄幕府的改革政策，但春町沒有做出任何說明就突然去世了。猜想他是為了維護自己的主君才選擇棄世吧。可見劇作家創作劇本也是會要命的。墓碑的側面刻著春町離世前創作的最後一首詩，但現在已被雜草擋住，無法看清。只好把解說板上的詩句照抄如下：「生涯苦樂四十六年，如今脫卻浩然歸天，此身凋零已非我屬，臨終之際心生悲戚。」此刻，我彷彿聽到投水殉情供奉塔那邊傳來一聲嘆息：武士活著也不容易啊！說起來，戀川春町葬在供奉塔旁邊，也算一段奇緣吧。

越過大殿旁邊，繼續朝向後面的墓地走去。只見高及人膝的墓碑排列得十分整齊，穿過這些墓碑後，來到寺院後方的石牆邊。部分圍牆已被推倒，我從牆內直接走進寺院後方的小巷。我現在站立的位置在繪圖上位於一座大名屋敷的院內。不過，從前製作切繪圖的人員並沒進行過實地測量，所以我想那條搬運裹著草蓆的「孩童」的小徑，應該就在這附近吧。後來東京市區進行區劃整理時，小路也被拓寬成大路。如此說來，當年的合埋地不是在牆內就是在牆外吧。說不定就在這條路的路面上呢。

我順著彎曲寬敞的巷道繼續前進，不一會兒，來到太宗寺前方。

太宗寺的大殿是一座外型十分前衛的白牆殿堂。殿前並沒有山門，境內的地面全部施加過鋪裝工程，看起來很像學校的校園。寺院境內經常舉辦大型葬禮，有時也充當盆踊大會的會場。而在機能完善的境內角落，至今仍可發現江戶餘韻。

一踏進寺院境內，立刻看到一座巨大的地藏菩薩銅像。這座菩薩像完成於正德二年（一七一二年），據說在「江戶六地藏」當中排名第二。江戶時代曾在五街道的入口先後募款興建了五座寺院，其中包括：東海道的品川寺、奧州街道的淺草東禪寺、中仙道的巢鴨真性寺、千葉街道的白河靈岸寺。而我眼前這座位於甲州街道的太宗寺，則是由一萬兩千人捐款興建而成。「江戶六地藏」的前五名現在仍然保持從前的模樣，只有排名第六的深川永代寺，已在明治維新的時候拆除。眼前這座地藏菩薩手持寶珠與錫杖，頭戴寶冠，三百年來始終不畏風雨坐在這兒。

地藏菩薩銅像前方是四面泥灰牆構成的閻魔堂。昏暗的堂內有一座文化十一年（一八一四年）建造的閻羅王像。參訪者只要用手按一下按鈕，堂內的燈光瞬間大放光明，同時也能看到體型巨大的閻王睜大眼睛瞪著自己。據說從前那座閻魔堂在關東大地震的時候震倒了。重建的閻魔堂改用水泥建造，於昭和八年竣工。閻王像的身體部分也是用水泥砌的，外表用石灰調整造型之後塗上彩色，只有閻王像的頭部還保持從前的造型。居然是水泥做的！我不免有點失望。不過太宗寺裡奉祀的是閻王爺，當然必須建造得非常堅固才行啊。

堂內的左側角落有一座翻著白眼瞪人的奪衣婆像，據說她專門守在三途川（冥河）渡口搶奪亡者的衣物。原來如此，也可以說是冥界的資源回收負責人吧。因為亡者即將前往血池地獄、針山地獄，身上的衣物已成多餘之物。而那些被丟在成覺寺的「孩童」，身上的和服與腰帶都被剝光，只用一張草蓆裹住，也是因為奪衣婆就在附近吧。

閻魔堂境內的左角有一座不動堂，位置就在大殿的對面。堂內供奉一座銅製的三日月不動明王像。根據寺內的紀錄說明，這座銅像當初運往高尾山藥王院途中，曾在這裡小憩，不料銅像放下之後再也無法搬動，所以決定乾脆就留在這裡供人膜拜。

不動堂後方的墓園正中央，是內藤家的墓地。據說附近地區以前是德川家康的家臣內藤的領地，所以在不動堂境內的三百坪專用墓園裡，曾經建造過五十七座內藤家的墳墓。昭和二十七年東京市進行區劃整理時，墓園的面積縮小了，內藤家的墳墓全都改葬別處，但為了紀念先人，現在還有內藤家第五代的內藤正勝的墳墓，和另兩座小墳留在原處。

內藤家後來在領地裡建造的宿場，就是「內藤新宿」。不僅如此，內藤家還把地藏、閻魔、不動明王等諸神都請到家廟裡奉祀，當然也因此吸引了無數民眾前來參拜。傳說每年的元旦和七月十六日中元節的晚上，門前町的新宿通路上總是排滿前來趕集的夜攤。中元節就是閻王的齋日，也是鬼門大開的日子。從江戶時代到昭和時期，這條路上永遠瀰漫著熱鬧的氣氛，住在各町商家的夥計總是把這條路擠得水泄不通。「地獄極樂，恐怖閻王，快快飛去針山吧。」直到現在，我還記得從前邊唱邊唸的這首兒歌。上中學以後，每天搭乘市內電車通學，我曾多次在放學後繞到這裡，然後走進昏暗的堂內，睜大雙眼四處打量。然而，我並不知道閻魔堂是在昭和八年重建的，當時的我一直以為自己是在欣賞江戶時代的遺物。

之後，有一段時間，我對這類建築失去了興趣。因為當時的社會潮流講究生活合理化，大家認為這種封建時代殘留的淫寺邪教，全部都該打倒消除。後來，那些商家雇用的住宿夥計都不見了，奴僕夥計的返鄉假也沒有了，等到週休二日制變成常態後，原本人潮洶湧的廟會也變得門可羅雀。小攤販都消失了，大資本家卻賺得盆滿缽滿。最後，各地商店街的店家全都拉下鐵門。

傳說中的神佛所扮演的角色是嚴厲的正邪審判者，也是把世間視為地獄而企圖捨身拯救世人的救贖者。這種迫切的希求讓神佛長出手腳，圓睜大眼，細瞇慈目，也就是說，神佛用具體的形象指引理想的世界。這種表達形式難道只能視為落後的民間信仰嗎？假設神佛拯救世人的希求全被否定，世上只剩下隨波逐流之人，這個世界還有什麼好指望的？

在這寬敞的境內，平日的白天到這兒來參拜的，除了我，再也看不到第二個人。

6

走出太宗寺，我繼續向東前進，很快就到了四谷四丁目的十字路口。

過了四谷區民中心之後，前方就是新宿通和甲州街道隧道交會的岔路口。路口三角地帶的樹壇裡有兩座大小不一的石碑。大石碑的高度為四．六公尺，上面用篆書刻著「水道碑記」，碑文共有七百六十個漢字，文中介紹了玉川上水開鑿的經過，也對負責施工的玉川兄弟所創下的功績表示讚揚。但我只是抬頭瞻仰一番，並沒仔細閱讀。據旁邊的案內板說明，大石碑後方那根高度約兩公尺的石柱，是玉川上水的石管，據說是地鐵丸之內線於昭和三十四年（一九五九年）施工時，從地下挖出來的。多年以來，石管一直橫躺在地底，現在卻被豎立在地面，而且被刻上了一行字：「都舊跡．

四谷大木戶跡」。這根石管最初是豎在十字路口對面，後來因為道路拓寬工程，才被移到現在的位置。

大木戶原是進出江戶的門戶，據說最早就設在前面這個寬闊的十字路口正中央。不過文政時期出版的《江戶名所圖會》裡面，已經看不到那扇木戶（木門），只剩下木戶兩側的石牆。到了明治九年，兩道石牆也一併拆除，只有「大木戶」這個地名一直流傳至今。我搭市內電車通學的時候，這裡的車站就叫做大木戶。

大木戶旁邊是管理玉川上水的奉行所，駐守官員除了必須清除水門的垃圾，還要負責調節水量，把多餘的用水引向南邊的澀谷川。奉行所前方豎著一塊告示牌，上面寫道：

「禁止在此上水道捕魚、戲水、丟棄垃圾。
不可在此清洗任何物品。
不准摘取道路兩側與路上的路樹、花草或雜草。
如有違反上述規定者，必將受到處罰。
元文四己未年十二月 奉行」

元文四年（一七三九年），玉川、神田兩條上水納入江戶奉行所管轄時製作了這塊告示牌。不過，駐守在此的官員真的非常辛苦，不論看到垃圾還是殉情的屍體，他們都得立刻打撈上岸，就連落水生還的自殺未遂者，他們也必須伸出援手。直到上水加蓋變成暗渠之後，這種麻煩事才終於不再發生，真是謝天謝地。

說起來，關於自殺的傳聞真的是不勝枚舉。譬如這個十字路口的西北方，那裡有一座白色的七層樓房，牆上開著一排細長的窗戶，樓外的招牌上寫著「陽光音樂」。這是一家老牌藝能經紀公司。大約在二十多年前，一名少女曾從這座樓房的屋頂跳樓自殺。那天是昭和六十一年（一九八六年）四月八日，正午時刻，這家公司的偶像藝人岡田有希子從頂樓跳下身亡，得年十八歲。據當時正在上智大學就讀的學生表示，那時雖然沒有手機，這個極具衝擊性的消息卻立即傳入四谷見附上智大學的學生耳中。

在一扇名為「青春」的人生大木戶前面，岡田有希子被訊息的狂流淹沒了。她自殺的那天，七樓屋頂有一塊看板，上面寫著「可麗娜洗碗台」。路旁的樹壇裡，連續幾十天都不斷有人帶著香燭鮮花來祭奠她。在她去世的第四十九天，我也到現場去看熱鬧。真的看到十幾名前來弔祭的男女佇立在樓前。

事件發生時，那座樓房外牆是灰色的，現在已經改塗為乳白色，屋頂看板的文字現在也變成了「可麗娜系統廚具櫃」。今天已經沒人記得岡田有希子，但是附近的投水殉情供奉地藏塔裡應該有她的前輩，想必那些前輩都曾熱情地迎接她吧。這個十字路口，畢竟還是一扇大木戶。今天仍把這裡叫做大木戶，也不會有人反對吧。

越過十字路口，我開始爬上坡道，繼續朝向下一個十字路口前進。

不一會兒，來到四谷三丁目的十字路口。這裡從前叫做塩町。從這兒向右轉，就可直達信濃町車站，向左轉則進入一條小路，可直達左門町的恬靜住宅區。

前方的道路兩旁插著紅色旗幟，右側是日本講談協會供奉的旗子，上面寫著「於岩稲荷田宮神社」。稲荷堂的前方有一座石製鳥居，境內打理得像座小型樹林，面積大約跟一般獨棟式住宅相同。這裡就是江戶時代的歌舞伎狂言作者鶴屋南北的《東海道四谷怪談》女主角阿岩接受供奉的地方。現在已經成為東京都指定史蹟。

《四谷怪談》原本只是這附近流行的傳說。故事內容大致如下：住在附近的田宮家女兒阿岩有個入贅的丈夫叫做伊右衛門，由於丈夫行為不檢，腳踏兩條船，阿岩含恨投水自盡後變成冤魂。剛好就在同時，這附近發生了另一件意外。一天，附近小河裡浮起一塊門板，上面釘著一個女人的屍體。於是狂言作家就把一連串流言和事實混合起來，寫成了充滿懸疑氣氛的神怪故事，故事主角就是民谷伊右衛門和阿岩，文政八年（一八二五年），劇本首度舉行公演。演出後，立刻獲得廣大好評。直到今天，《四谷怪談》仍是深受觀眾喜愛的劇目。

歌舞伎劇本是從淺草觀音擠滿參拜香客的場景展開序幕，與此同時，寺院後面的田裡正在進行一樁謀殺案。接著，故事的舞台開始朝向大江戶的東西南北城鎮邊緣地帶展開，譬如像雜司谷、砂村、深川、本所等地名都出現在舞台上。所謂的「城鎮邊緣地帶」，是指鄉間發展為城市的過渡地帶，也就是自然與非自然的衝突地帶。作者把上述地帶當成舞台，用冤魂的鬼火把文化・文政時期的繁榮包裹起來。不僅如此，曲折有趣的故事情節令人聯想到《忠臣藏》外傳；另一方面，故事的內容明明跟東海道毫無關聯，作者卻定名為《東海道四谷怪談》，彷彿想藉此告訴觀眾，從頭到尾都是我杜撰的唷。觀眾看完這部情節緊迫的傑作都認不住悲嘆，人類竟會如此兇殘邪惡。

田宮家是專供德川將軍家使喚的「御家人」。田宮家的周圍地區屬於甲州街道沿線，是具有「幕府直參」（面見將軍）資格的屬下才有資格居住的地區。劇本裡的田宮家主人叫做「四谷左門」，如果後人想要找個地方奉祀變成冤魂的阿岩，再三祈求冤魂不要作怪，這個地方當然非四谷莫屬。在切繪圖〈千駄之谷・鮫橋・四谷繪圖〉（嘉永三年版）裡，從前這條道路的盡頭有一間「於岩稻荷」（「於岩」即「阿岩」，兩者發音相同）。後來在明治十二年被大火燒毀。之後，「於岩稻荷」遷到了商業區越前堀（現在的新川二丁目），剛好劇場聚集的芝居町就在附近。但後來到了戰後的昭和二十七年，「於岩稻荷」又遷回現在這個位置，還在路邊豎起象徵香火鼎盛的紅色旗幟。

如今神社境內四周被小型石柱組成的石牆圍繞，每根石柱上都刻著捐贈者的名字，從門前的鳥居向左排列順序為：歌舞伎座、明治座、演舞場、菊五郎劇團、吉右衛門劇團、市川壽海、中村歌右衛門、中村時藏、中村勘三郎、喜多村綠郎、花柳章太郎……。從鳥居向右排列順序為：村上元三、岩田專太郎、一龍齋貞山等各界人士。

這些都是經常把《四谷怪談》當成表演素材的藝人吧。石柱上的刻字塗著紅漆，看起來分外華麗。猜想這些藝能界人士顯然都受到前輩認真叮嚀，如果演出前不來這裡參拜一番，演出肯定不會順利。這些紅色旗幟和石柱就是最好的證明。

直到今天，藝能界的這種傳承仍在延續。前輩都會教導後輩，做人不可蠻橫無理，否則就會倒楣。這也是理所當然的啦。據說演出一齣戲劇時，必須從演員到後台工作人員攜手合作，同心協力，才能把成果呈現在觀眾面前。如果因為個人業力或悲傷而忽略了整體的合作，說不定負責舞台變換的工作人員譬如大道具、小道具等，就會因為個人的心情而影響演出。我走到神社殿前，看到屋頂上掛著一個第六頻道TBS供奉的紅燈籠，上面寫著《新．四谷怪談》。我在殿前拍手低頭，默禱一番之後才離去。

穿過田宮神社的鳥居下面走出門外，看到對面也豎著幾面旗幟，其中一面寫著「於岩稻荷靈神」，施主是「新橋演舞場」。原來對面是一座紅門瓦頂的小廟，叫做陽運寺。這種神社與寺廟並存的現象，是江戶時代的「神佛混淆」與明治時代的「廢佛毀釋」各行其道的實例，全國各地都很常見。但我沒想到能在這裡看到，不禁有些感慨。據說陽運寺是在戰後才遷到這裡來的，建寺的詳細經過不明。寺內正在出售「除厄辟邪阿岩」「祈求結緣」「水子供養」等各種護身符，顯然比對面的業務範圍更廣，香火似乎也更旺。境內的地面鋪著石板，整修得十分完善。

繪馬架上密密麻麻地掛著許多定價三百圓的開運繪馬。都用繩紐繫在木棍上，繪馬架的後方掛著一片竹簾。木架的柱上寫著「不可窺視別人的繪馬」，旁邊還畫了一個女人的立姿，彷彿是阿岩向大家叮囑。原來如此，最近連寺院都很重視隱私呢。但那些繪馬板掛得亂七八糟的，有些還把寫字的背面朝外掛著，再說，我從前已經來過好多次，早就看過別人的繪馬了。其實這些寫在木板上的願望，也可以歸類為一種史料吧。我今天就挑選幾塊公開給讀者們欣賞一下吧。「希望老公盡快跟╳╳代分手。祈求全家幸福，生活美滿。」「快點讓我跟那個討人厭的男友△△男斷絕關係。」「希望我跟○○○○子之間的緣分盡早了結。」「隔壁公寓的居民□□跟◇◇房屋仲介公司，求老天爺快點懲罰他們。」「跟蹤狂╳╳助，不要讓我跟他再有任何牽連。」等等。雖然有些繪馬寫著「祈求舞台演出平安成功」之類的願望，但大部分都是希望跟某人分手。或許他們都遇到痛苦的事情，但光看這些繪馬上的願望，實在無法否認這些人都太一廂情願了。我想除非像阿岩那樣，被自私自利的伊右衛門折磨得送了命，神佛才會保佑她吧。再說，一廂情願正是造成個人業力和悲哀的因素。四谷左門町的那些紅色旗幟，什麼時候才會收起來呢？

7

穿過左門町之後，走到道路盡頭向左轉，我慢吞吞地順著須賀町的坡路走向山下。切繪圖上的這條道路右側，全部是紅色的寺院聚集區。現在雖然混雜著一些民宅，但整條街上還是有很多寺院。其中有一間西應寺，據山門前的案內板介紹，劍俠榊原鍵吉的墳墓就在境內。再往前走，有一間戒行寺，前幾年為《鬼平犯科帳》裡的長谷川平藏在境內建了一座供奉碑。如果細細介紹起來，兩間寺院都有說不完的故事，但我決定過門不入，繼續順著戒行寺坂的陡峭斜坡一鼓作氣向山下走去。

坡路下方的盡頭是若葉二丁目商店街，道路蜿蜒曲折，可能因為從前這裡是河流沿岸吧。順著彎路向右前進，不一會兒，看到前方出現一段高架鐵路。JR 中央線的電車離開四谷車站後立刻鑽進隧道，等到電車從隧道出來後，又馬上駛入山崖挖成的路塹。現在看到的高架鐵道，就是從隧道出口到路塹入口的短暫路段。可能這裡是夾在台地之間的一段谷底吧？前方接二連三轟然駛去的電車不斷地向我證明這項事實。

這片谷底地帶就是「鮫橋」，在「東京三大貧民窟」裡排行第一。我腳下這條彎曲的道路在切繪圖裡通過「鮫橋谷丁」之後，繼續通往「舊鮫河橋表丁」。明治時代以後，上面兩個地名變成了谷町一丁目和二丁目。「鮫橋」即是「鮫河橋」，日文發音都一樣，唸作「サメガハシ」或「サメガバシ」。

《日本之下層社會》（明治三十二年出版）的作者橫山源之助在書中寫道：「整個東京市內，這種月租三毛九分的房間恐怕只有谷町二丁目才能看到。居民以日雇勞工與人力車夫居多。」「九尺二間（寬約二・七公尺，長約三・六公尺）的陋室，總面積大約是六疊榻榻米，其中還分隔出一個小房間，約四疊榻榻米大，裡面住著一對夫妻加上孩子，總共約五、六人。」當時谷町一丁目與二丁目的居民共有一千一百三十九戶，人口共有四千零四十二人。

畫家山本松谷的作品〈鮫橋貧家之夜〉，於明治三十六年十月刊載在《風俗畫報》的特集「新撰東京名所圖會」裡面。畫面裡的「口琴長屋」就像口琴的吹孔一樣，一間接著一間的小房間緊密相連，每個房間上面的屋頂只有一層薄板，窗框上沒裝紙窗。家家戶戶都有水缸和水桶，屋後的小巷裡停放著人力車。幾名車夫和遊走藝人剛走到家門口，家裡的女孩連忙出來迎接。長屋裡的家家戶戶各自忙著生活，有人在洗米，有人在生火，有人正在炙艾灸，有人臥病在床，還有人似乎因為繳不出房租而在向房東道歉。小巷的溝裡積滿汙水，平時若是下起大雨，周圍肯定就會淹水。畫面背景裡的森林裡群鴉飛舞，高台上面寺院林立。

作者在註記中寫道：「以谷町為中心的這片地區地勢低窪又潮濕，放眼望去，到處都是低矮的建築，破損的牆壁，數以千計的貧民在混亂擁擠的環境裡躲避雨露，實在令人憐憫。當鋪是這裡唯一的『機關』，其他都是門面寬僅九尺（二・七公尺）的小店，其中包括米店、薪柴店、酒鋪、魚店、舊衣店，各種日用所需，應有盡有，共同組成社區。」

明治三十六年九月，鮫橋尋常小學開校。這是一所特殊學校，專為松谷畫中那些孩子設立的。松谷畫作裡的那些孩子看起來生氣勃勃，有些孩子還抓著老鼠尾巴到處遊蕩。

三年後的明治三十九年，二葉幼稚園開校。大正五年，幼稚園改為保育園。畫作裡那些幼兒應該都在二葉保育園裡被老師照顧過。當時住在高台上的居民把這塊低地叫做「島」，大家都警告自己的孩子絕對不可到那裡去玩。

現在放眼望去，從前那種氣氛已經蕩然無存。這也是當然的啦。儘管眼前的商店街有點冷清，但至少區內各處都能看到超級市場和公寓。

我先簡單回顧一下這片街景變化的過程吧。關東大地震時，這裡並沒遭到大火蹂躪，後來進行都市重建計畫時，這塊地區跟別處一樣，順序鋪設了瓦斯管、自來水管和下水道。鮫橋小學校後來變成普通小學，改名叫做「四谷第七小學」，也算是市街狀況獲得改善的一項證明吧。順便值得一提的是，近年來，由於學童人數太少，這所「四谷第七小學」已跟「四谷第五小學」合併，改名叫做「花園小學」，並在新宿一丁目重新建造新校舍，原本第七小學舊址現在也已變成「若葉公園」。

昭和十八年，東京市改制為東京都，這裡的町名也跟著發生變化，「谷町一丁目」改名為「若葉三丁目」，「谷町二丁目」跟台地上的寺院聚集地區合併後改名叫做「若葉二丁目」。第二年的昭和十九年，由於戰況更為激烈，政府強制規定建築物之間的距離必須拉長，所以這條彎曲山路兩旁的房舍全部拆除，從前殘留的長屋之類的建築，也全部剷除一淨。然而，這種疏散政策雖然有時有效，但在大部分的情況下都是徒勞。第二年的昭和二十年四月和五月，東京遭到空襲時，這附近幾乎全部毀於戰火。直到戰後，這裡才又全部進行重建。

不過，原本的谷底還是谷底，高台仍是高台，高級住宅仍然建在高台上，低級房舍則建在低地。我想這種根深蒂固的社區結構應該很難打破吧。為了證明我的推論，今天特地走進若葉三丁目石板路的小巷探訪一番。只見巷道裡排列著灰泥牆或新穎建材建造的兩層木屋，巷底的路邊堆滿各種盆栽花草。啊！我聞到空氣裡瀰漫著昭和的氣息。平淡無味的平成日常不可能在這種地方出現，響著尖銳警笛的救火車也絕對擠不進來。我在崖下的石階暫坐片刻，深深沉浸在周圍的氣氛中。

不一會兒，我重新返回道路旁的商店街，只見路邊排列著電器店、鞋店、花店、拉麵店、齒科診所……。果然是「各種日用所需，應有盡有，共同組成社區」。這些商店當中有一座豪華宅第，周圍被黑色木板牆圍住，屋旁還有一座白牆倉庫。這座宅第就是前文提到的當鋪，《日本之下層社會》把它形容為：「國家有銀行，貧民有當鋪。」這間當鋪可能在附近算是年代最久的老宅吧。除了這裡之外，還有另一間老宅，位於JR高架線前方右邊的角落，那裡就是「二葉保育園」。

校園裡共有兩棟米色的建築並排而立，其中一棟是兩層樓房，門前有一條長長的輔助坡道，這棟建築是「二葉南元保育園」。另一棟靠近高架線的三層樓房則是「二葉育幼院」，也是社會福祉法人「二葉保育園」的總部，從當初創校以來，創辦者就一直在這裡從事各種教育活動，就連招牌都沒變過。

不，其實這裡最初的名稱叫做「二葉幼稚園」。

8

明治三十三年（一九〇〇年）一月，「二葉幼稚園」在麴町番町（現在的千代田區）的一角開始經營。創辦者是野口幽香和森島美根。她們原本都是華族女學校（女子學習院）附屬幼稚園的保姆，後來卻毅然決定為貧民子弟創辦一所幼稚園。或許是因為照顧皇家的公主感到厭煩，不想再伺候下去了吧。總之，她們先在番町租了一間民宅，然後收了六名學生，從此正式展開照顧幼兒的事業活動。很快地，她們就發覺那間民宅的面積太小，而且幼稚園開在麴町也不方便，所以決定把校址遷到更適合的地方。明治三十九年（一九〇六年）三月，二葉幼稚園搬到了小有名聲的現址。

二葉幼稚園的創設過程頗為曲折，有一本叫做《二葉保育園走過的一百年》的書裡簡略地記錄了創校經歷。據書中記載，兩位創辦者為了創校到處募款，各界捐款當中以三井財閥捐贈的一千五百圓最多，而其他的捐款總數大約相當於這個數目的兩倍。她們在現址建造了一座大型校舍，其中包括一座可以容納一百多名幼童的大浴室。依照慣例，當時這類福祉事業都是由慈善家出面創辦，然後由富裕階層繼續提供資金援助。明治時代的報紙就經常報導這類慈善事業舉辦的園遊會。所以像「二葉幼稚園」這種事業在當時也算一種流行吧。換句話說，由於近代化非常迅速，當時的社會貧富差距越來越大，很多瞬間誕生的暴發戶為了減輕自己罪惡感，就想到模仿西洋，出資辦學。我想這樣解釋當時創辦這所幼稚園的初衷，應該八九不離十吧。當時出面辦學的兩位女士都很認真，加上基督教這種新思想提供助力，所以她們才能獲得鉅額資金和土地，最後終於開辦了這所打破紀錄的貧民窟幼稚園。

二葉幼稚園開校後不久，又有一位女學生加入了辦學的隊伍。這位女學生叫做德永恕，她在府立第二高等女校（現在的都立竹早高中）就讀時，聽說有人創辦了二葉幼稚園，內心深受感動，所以志願來當義工。後來她高中畢業後考取了保姆資格，就被校方錄取為保姆。

其實戰後的日本也出現過一位像德永恕那樣的義工。她叫北原怜子，住在隅田川邊的拾荒者部落（廢物回收業者共同生活的村落）。當時大家對她獻身社會服務的行為讚不絕口，還稱她是「螞蟻街的瑪利亞」。後來北原怜子得了結核病，於昭和三十三年（一九五八年）一月病逝在螞蟻街，得年二十八歲。

德永恕的身體倒是非常健康，而且她也沒有任何壓力，不像北原怜子那樣被媒體追著採訪。德永恕在女校唸書時的外號叫做「爸爸」，從照片裡也可以看出，她的身材十分魁梧。不像是會輕易受人擺布的性格。

大正五年（一九一六年），「二葉幼稚園」改名為「二葉保育園」。這時園內早已開始接受托兒，事實上，那時的校園已被兩百名兒童塞滿。就在這一年，校方又在新宿南町開設了分校。由總校派去五名保姆，其中的德永恕擔任分校負責人，這時她才二十九歲。

「二葉保育園」的資料裡曾對當時新宿南町的狀況留下紀錄：「在南町的填築地上，政府建造了四百數十間所謂的共同長屋，總共約有兩千多名流離失所的市民聚居在那兒。他們的生活慘狀比鮫橋更甚，著實令人震驚。」就在那種狀況下，德永恕帶領其他同事一起奔赴當地，懷著勇往直前的心情迅速投入工作。當時滿街都是沒上學的學齡兒童，所以「二葉保育園」設在新宿南町的分校又加設了小學部。直到鮫橋小學分校開校為止，周邊的學童都是在這所小學就讀。

關東大地震時，二葉保育園總校並未受到損失，但新宿的旭町分校（之前叫做南町分校）卻被燒毀了。現在回顧當時迅速重建的校舍照片，可以看到校園中庭裡有一棟看來很實用的二層樓房。小學部這時已經停辦，但是小學生仍像從前一樣在這裡接受課外活動指導。另一方面，旭町分校也跟總校一樣設置了支援母子家庭的母子寮和孤兒院。校方雖然遇到各種難題，卻都一項一項地順利解決了，保育園的規模也越來越大。詳細過程請參照上笙一郎和山崎朋子合著的《微弱的光》。

昭和六年（一九三一年），旭町分校開了一間「五錢食堂」。當時正是日本經濟最不景氣的時候，滿街都是四處遊蕩的日雇勞工。旭町分校租了一間空屋，玄關裡面有一塊空地，大約是六疊榻榻米大小。校方不計血本地在這塊空間提供五錢一份的早餐。晚上則為那些唸夜間部的學生提供十錢一份的晚餐。每天到這裡來吃晚餐的顧客，主要都是府立六中夜間部的學生。大家都是從各自的職場趕來上學，所以每天上課之前，就先奔向校門前方的雷電稻荷通填飽肚子。府立六中的老師也常到這裡吃飯。據說每年畢業典禮那天晚上，學生們都不約而同地帶著禮物來向食堂道謝。

對了，同樣都是府立中學，日間部跟夜間部的教育方針是完全不同的。夜間部學生每天都到旭町去打工，其實等於是旭町在照顧這些學生。譬如像漫畫家加藤芳郎（加藤芳郎曾任日本漫畫家協會會長十五年，對漫畫界貢獻極大），他就是夜間部學生，每天白天則在東京市立駒込醫院打工。加藤先生比我大兩歲，好像是昭和十三入學的。或許後來因為戰爭促使景氣好轉，五錢食堂的使命也就結束了。我想，如果要推舉照顧學生的有功人士，那當然非德永恕莫屬，因為她培育了日本戰後的漫畫界人才啊！寫到這兒，順便再向各位介紹一下，府立六中的日間部校友會叫做「朝陽」，夜間部後來改為定時制中學，校友會叫做「北斗」。前幾年，北斗校友會慶祝八十五周年時，還特別在母校大門旁邊建立了一塊紀念碑呢。

昭和六年，德永恕繼野口幽香之後，接下「二葉保育園」園長的職務。昭和十年，保育園的組織變成財團法人，由德永恕擔任理事長。第二年的昭和十一年，「二葉保育園」在深川開設母子寮與托兒所。但隨著戰況日趨激烈，昭和二十年，東京的孩童被強制疏散到鄉間，敵軍開始在市區進行空襲，校本部與深川校區都遭到戰火摧殘，只有旭町分校在戰火中倖存下來。

戰後進行重建時，校方決定把重點放在旭町分校，除了向戰爭孤兒、母子家庭提供援助之外，也幫忙照顧戰爭難民和海外戰場歸國者。昭和二十五年，總校又重新建造了保育園、育幼院和母子寮。昭和二十九年，學校的代表德永恕當選為東京都名譽都民，接著又獲得昭和三十七年度的「朝日賞」（社會奉獻賞）。之後，她陸續收到各種獎金，但她全部都捐獻給自己興辦的事業。昭和四十八年（一九七三年）一月十一日，德永恕去世，享年八十五歲。從她十九歲投身「二葉幼稚園」，前後共六十六年，她始終未婚，終身都跟幼稚園學生在一起。德永恕的墳墓在多磨靈園23區1種60列。

戰後興建的幼稚園校舍隨著歲月流逝而日漸老化，因此，校方在平成十四年（二〇〇二年）全部進行改建，新建的校舍也就是大家現在看到的模樣。位於旭町的分校後來遷到調布，現在這所分校的校舍分成兩部分：「二葉楠木保育園」與「二葉學園」，後者是兒童養護設施，專門照顧沒有保護者的兒童。

接著再談談「二葉幼稚園」的創設經過吧。前文介紹過「二葉幼稚園」在鮫橋創校時的資金來源，據二葉創業紀錄顯示，當初校址的用地是「特准借用四百坪皇家領地」。正確的數字應該是四百六十六坪，全部都是免費借用。換句話說，等於就是把皇家領地借給貧民窟使用。

我再度翻開切繪圖檢視，圖中的校址東邊是高台，那裡現在是迎賓館和東宮御所，但在切繪圖上卻標示著「紀伊殿」，也就是說，那個位置是紀伊德川家的上屋敷。明治維新之後，德川家勢力漸衰，原本屬於德川家的府邸也變成了皇室的行宮。明治六年，皇居發生火災，大火撲滅後，明治天皇搬到行宮居住，所以明治二十一年以前，這裡一直是天皇的臨時御所。也是在這段時期，皇室又在附近收購了大批土地，西牆外那條坡道上的商店全部都被拆除，之後，為了美觀與防火，便在山坡上種植許多林木。山坡下低凹處的土地十分潮濕，一年到頭都覆蓋著茂盛的野草。

明治十八年（一八八五年），這座高台上開設了一所華族女學校。明治二十三年，學習院取代了華族女學校在這裡開校。明治三十二年，學習院初等科（小學部）的校舍建設完工。

明治二十七年，中央線的前身甲武鐵道在高台上挖通隧道，鋪設高架鐵路。這條隧道也是借用皇家領地提供公眾使用，所以定名為「御所隧道」。據說這條隧道現在仍然使用這個名稱。

到了明治三十九年，原本在華族女學校擔任保姆的兩名女子，以信用借貸的方式得到了高架鐵道旁這塊低濕空地的使用權。二葉幼稚園因而才能開校。不久，山坡的可用面積增加到九百坪。於是就在高台上面開設了學習院初等科，山谷底下則是一間貧民窟幼稚園。在同一位地主的地上，同是特殊教育設施的兩間學校，一上一下，同時並存。

9

從保育園前方的鐵道高架橋下穿過後繼續前進。

橋身的水泥牆上貼著一塊JR東日本的告示板，上面寫著「鮫橋通陸橋」。喔，原來「鮫橋」這個地名現在還被這座陸橋使用呢。中央線電車接連不斷地穿過御所下方，再從鮫橋上面駛過。

過了鮫橋之後，道路左側是「南元町公園」，平坦的廣場跟高台之間是坡度陡峻的山坡地，坡上種滿林木。正在斜坡上玩耍的眾多孩童看起來就像一群小猴子。山坡上的茂密樹林彷彿是皇家領地時代留下的紀念品。

公園的角落有一座鐵皮屋頂的小廟，鐵管搭建的鳥居前方有一塊石碑，上面刻著「鮫橋止咳神」。後面還有一塊石碑，上面寫著「四谷鮫河橋地名發祥之所」。原來，鮫河流到谷丁之後變成曲折的蛇行狀，這附近曾經有一座小橋，後來橋名就被用來當作地名，叫做「元鮫河橋町」。之後，這塊地區變成了皇家領地，重新恢復為從前的濕地狀態。然而，時光飛逝，物換星移，多年之後，這裡卻重新建起市街，先有「元町」，後有「南町」，然後兩町合併為現在的「南元町」。道路的右側高樓林立，看起來很像公司宿舍。

鮫河後來在這附近加蓋變成暗渠，並且建立一道防阻垃圾流入的土壩。前面提到的那座「止咳神」小廟，很突兀地矗立在土壩下方的水池邊，廟中的大神號稱專治氣喘和百日咳。這真是混淆的極致！不過，就算只是同音（「堰塞」與「止咳」的日文發音都是「せきとめ」），也能給人帶來些許生命的希望吧。所以在患者的心目中，這間小廟等於就是呼吸內科，專治各種肺病吧。說起來，結核菌倒也算是相當公平的細菌，不論身分貴賤，任何人都可能被傳上。明治時代以後，結核病從軍隊、工廠宿舍等處蔓延到全國，然後變成國民病。松谷畫師筆下的口琴長屋裡，那個臥病在床的患者大概就患了這種疾病吧。現在公園裡這塊「止咳神」石碑建於昭和初年，「地名發祥之所」石碑建於昭和四十年左右。後來每次整修道路時，兩塊石碑都被移來移去，最後才一起安置在這座公園裡。

順著公園旁邊這條道路一直走，最後來到東宮御所的圍牆邊。平成十五年（二〇〇三年）五月的某一天，就在我前方的東宮御所的大門打開了，一對年輕夫婦陪著一名女童走出大門，然後步行來到這座公園。那天是皇太子的一歲半女兒愛子第一次到公園來玩。「二葉保育園」的保姆們剛好都在現場，大家一齊發出歡呼表示歡迎。這種令人驚喜的經驗，只有住在附近的居民才可能遇到吧。

我鑽過高架鐵道下方，重新回到「二葉保育園」門前。

「二葉南元保育園」的校園十分冷清。雖然全國各地都有保育園不足的問題，但最近因為少子化與某些地區人口過少，所以保育園不敷使用的壓力似乎已經稍獲緩解，現在反而是育幼院突然出現院童過多的現象。

育幼院跟保育園的業務內容其實是完全不同的。保育園主要是幫助夫婦都在上班的家庭看顧幼兒，而育幼院除了接受短期入住的院童外，主要是負責照顧父母無法負起養育責任的孩童。現在這種需求驟增的狀況，只靠現有的育幼院根本無法應付。因為按照規定，育幼院只能接收兩歲以下的幼兒，所以等到院童好不容易跟保姆熟稔的時候，就得轉到其他設施去了。而且現在不像從前，從前的保姆都會設法盡快跟院童拉近關係。所幸最近的保育設施和規定都比從前更完善，福祉設施的選擇也比從前更多，幼兒的父母不必像從前那樣忍耐各種不便。

校園裡還有一棟三層樓房，一樓是育幼院，二樓是相當於地區交流中心的「二葉廣場」，三樓看起來很像宿舍。我鼓起勇氣走到服務台前，轉眼向四周打量一番，每個角落都打掃得一塵不染，就像用舌頭舔過似的。儘管如此，其實今天日本的育幼院正在對抗另一種貧困現象。

現在有許多年輕媽媽的心理狀態遭到憂鬱症、記憶喪失、多重人格等各種問題摧殘。讓她們覺得要命的不是「鮫橋」，而是「鮫牙」。我所說的「鮫牙」，就是那些不斷瘋狂追求全球化經濟發展的超級大國和大國追隨者，他們就是鯊魚的利齒！某種東西正在走向崩潰，毀滅前的呻吟逐漸瀰漫在全國各個角落。

好，還是讓我們繼續前進。下面就去參觀位於遙遠高台上的學習院初等科吧。爬上坡道後，來到學校大門前方。我轉頭向右望去，看到樹壇旁的鐵柵門上寫著「學習院」三個字，正要舉目細細欣賞校舍，咦？突然看到門內有一座白色建築物，靜悄悄地矗立在眼前。據說這座建築裡面有座游泳池，是專為秋篠宮家的兩位千金新建的。原來皇家領地從來不曾減少半分，最近甚至擴張到這裡來了。一條從高台出發的隧道，已把學習院後面的小門跟「二葉保育園」連在一起，兩所學校現在相向而立，分別位於道路兩側。它們已經變成鄰居了。

08

祭拜先人在兩國

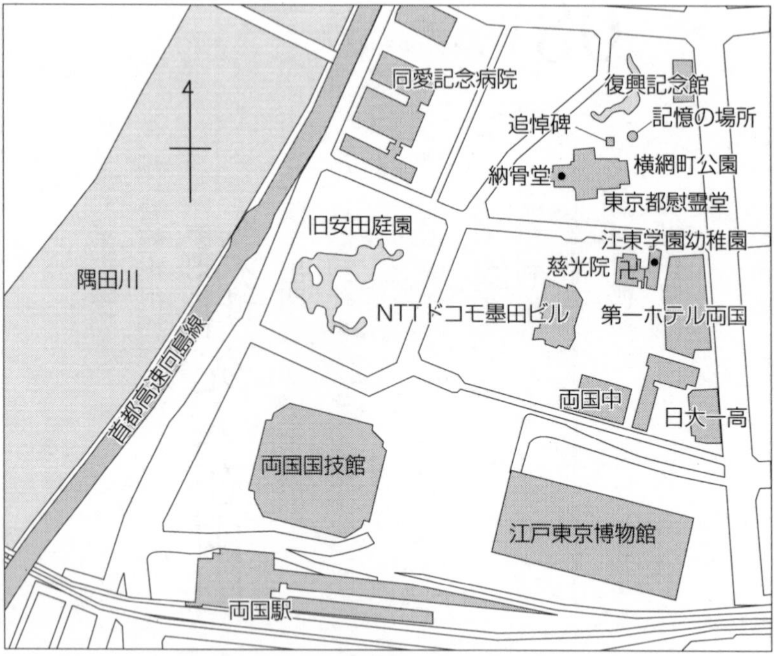
同愛記念病院
復興記念館
追悼碑
記憶の場所
納骨堂
横網町公園
東京都慰霊堂
旧安田庭園
江東学園幼稚園
慈光院
隅田川
NTTドコモ墨田ビル
第一ホテル両国
首都高速向島線
両国中
日大一高
両国国技館
江戸東京博物館
両国駅

1

站在ＪＲ兩國站的月台向北望，國技館的綠色大屋頂近在眼前。國技館的右邊是一座長著四隻腳的白色建築。看起來很像一張大桌子上面堆滿了白色紙箱。那就是江戶東京博物館，真不知當初為什麼把它設計成這樣。

走出車站正面大門，記得我第一次到這裡來的時候，是出門後向南走，穿過陸橋下方後朝著回向院前進。這次我決定出門後向北走，立刻就到了國技館門前。館內正在舉辦相撲競賽的時候，門前可以看到代表力士的旗幟四處飄揚，但是今天的門外卻顯得格外冷清。

國技館的大屋頂能把承接的雨水送往地下的儲水槽。槽中的儲水可以當作防災用水，平時則用來沖洗廁所，據說碰到緊急狀況時，還可把儲水加工為飲用水。其實不只是國技館，整個墨田區都是雨水再利用的先進地區。除了區公所和學校等相關機構都裝置了這種設備，區內的每條小巷都有附帶抽水泵的水井，平時下雨時就把雨水儲存在井裡。大家都把這種水井稱為「路地尊」（路地即小巷之意）。這個名字真不錯，彷彿在告訴大家，住在陋巷也是值得尊敬的。相信各位明瞭了上述的儲水設備與由來，就能想像這裡遭遇過的歷次災難吧。

經過國技館門口再向前走，就來到舊安田庭園那道長牆邊。今天剛巧後門開著，所以就從後門進入園內。園裡有一座循環式水池，以前是從汐入引進隅田川水流進池中，現在已換裝人工潮汐裝置。換句話說，就連這座庭園也裝設了地下儲水槽。

庭園入口處的牆上寫著建園的「沿革」，據其中文字介紹，這裡最初是下野國足利家的下屋敷，庭園是在元祿年間修造的，之後換過兩三個主人，明治二十四年（一八九一年）變成了安田善次郎家的主宅。後來他把北鄰的武家屋敷遺跡也買下來建成別邸。現在那塊別邸的位置是安田學園與同愛醫院。

安田善次郎出生在越中富山，幼時在江戶的商家當學徒，後來在幕府末期的局勢動盪時期，眨眼之間變成富豪，並成為日本金融界的霸主。他為人勤儉，排斥奢華，而且身體力行，從來不肯隨便捐款，所以他也沒有獲得任何勳爵。到了晚年以後，他對後藤新平提出的東京改造計畫深表贊同，便答應向新藤提供援助。但是誰也沒有料到，大正十年（一九二一年）九月二十八日，安田善次郎竟被一名痛恨暴發戶的暴徒刺殺，結束了長達八十四年的人生。行兇的犯人也當場自殺身亡。

第二年的大正十一年，安田善次郎家的主宅根據他生前立下的遺囑，捐贈給東京市政府。市府決定把庭園開放給一般市民利用，並在庭園的一角建立一座公會堂（最初歸本所管轄，後來歸屬於兩國）。相關單位後來還建設日比谷公會堂．市政會館，捐贈「東大講堂」……這些善行都是按照安田善次郎生前的遺願付諸實行。

就在安田庭園正在進行開放的準備作業時，大正十二年（一九二三年）九月一日上午十一點五十八分，一場規模七．九的大地震突然襲擊東京。由於震央位於相模灣北部，整個關東南部地區都搖晃得非常厲害。更不幸的是，當時剛好是午餐時間，很多地方都發生了火災。尤其是隅田川兩岸的下町地區，前後總共延燒了四十二小時，幾乎舉目所及，全都被燒成一片焦土。東京市的震災死者當中，超過半數的三萬八千多人都是在安田庭園和隔著一條街的被服廠舊址喪命。

竟然，唉……我彎身在池畔的木椅坐下，腦中重新憶起發生在這裡的歷史事件。靜坐半晌，我才站起身，準備到被服廠舊址去看看。

2

《江戶切繪圖》的〈本所繪圖〉（尾張屋版，安政二年校正）裡，隅田川邊並列著幾座大名屋敷，屋敷後面是一片面積廣闊的三角地，叫做「御竹藏」。這是對岸淺草御米藏（幕府米倉）的分館，同樣也是幕府的倉庫。所謂的御竹藏，我想應該不是存放竹竿的倉庫，而是四周全被竹林包圍起來的意思吧。河邊還有一條水渠，從太鼓橋下方流過，隅田川水就是經由這條水渠流向東京灣。

明治維新之後，這塊三角地變成陸軍省的倉庫，後來又把專門製作軍裝的被服廠建在這兒。作家芥川龍之介就是在這附近出生、成長。他在回憶錄《本所兩國》裡寫道：「我上小學的時候，這裡還是封建時代的『御竹倉』，到處長著許多雜樹林和竹林，『大溝』環繞在四周。」明治三十八年（一九〇五年），芥川龍之介進入府立第三中學（現在的兩國高中）就讀，也是從那時起，附近地區突然開始進行都市建設，那條水渠南側的地上，也建起了總武鐵道兩國站的站舍。

被服廠後來搬到赤羽，留下一塊總面積兩萬四百多坪（六萬七千平方公尺）的三角形空地。大正十一年三月，東京市政府與遞信省買下這塊土地，拆掉從前的建築物和樹林後，打算在這裡建造運動場和一所小學。

就在這時，關東大地震發生了。東京各地小巷的居民都扛著家私逃出家門。附近地區從明治時代以來，就是專門製造象徵文明開化的日用百貨的工業區，這裡生產的物品包括：火柴、毛線、皮革、橡膠、肥皂等。勞工和家屬密集地聚居在區內。火災發生後，剛被拆光的被服廠舊址當然是最好的避難場所。當時就連警察都大聲誘導民眾到這裡來避難。所以一眨眼工夫，廣場上就被家私堆得滿滿的。誰都沒想到，那些家私後來全被大火燒得一乾二淨。

如果是在現代，任何人都知道，遇到危急時，最好立即空手逃跑。因為家裡堆得滿坑滿谷的家電用品反正搬不走，最後只能背個背包逃命。但是當時並不像現在，大江戶居民都過著十分簡陋的生活，家裡並沒有什麼東西，通常聽到警鐘響起，大家只知背起棉被和鍋子逃命。當時的衣櫥也是組合式，可以拆解為三個部分，以便危急時背走。所有江戶居民都是租屋生活，就算房子燒掉了，無家可歸也是暫時的，只要再去找間屋子就行。關東大地震那天，有感的餘震發生了一百二十八次，民眾因為害怕餘震，都聚集在廣場上，大部分的災民都以為等到餘震停了，應該就可以背著家財回家。《震災畫報》等雜誌的照片也顯示，當時的上野車站周邊、皇居前廣場等地，擠滿了載著家私的大八車和群眾。我父母那時在田村町附近租屋居住，他們逃到芝公園的時候才發現，那裡也跟別處一樣已經人滿為患。好在大火燒到上野公園、東京車站、芝公園等地就熄了，沒再繼續延燒，而我父母在四年後生下了我，就是他們在那場火災中倖存的證明。

不幸的是，被服廠舊址位於燒毀區的正中央。下午四點左右，天空變得昏暗無光，猛烈的旋風突然從西邊吹來。一陣吹完又吹來第二陣，接著是第三陣，隅田川的河水被捲起三十間（五十四公尺）那麼高。

「原本停在旁邊的推車和車上的物品全被捲向天空，然後落在遠處的郵局屋頂上……多達數百的災民也像撒向天空的紅豆，全被捲上天空。」突然，一股黑色龍捲風從河對岸朝向安田府撲來，「廣場上，大量火星從天而降，不僅是物品被引燃，就連群眾身上的衣物也跟著燃燒起來……旋風撲來的聲音實在很嚇人，聽起來就像飛機的發動機在耳邊轉動。廣場上的群眾都爭先恐後向中央奔逃，慘叫聲就像猴子遭到虐待時發出的哭叫，聽起來悲慘極了。各種悲鳴和慘叫持續了一個多小時，之後，哭叫聲都停了。四周陷入一片寂靜。但這時空氣還是熱得令人受不了。我稍微抬頭四下張望，看到龜澤町那邊仍是一片火海，安田府也正在燃燒。」火勢後來終於逐漸轉弱，到了晚上八點左右，大火才算撲滅。但對岸仍然冒著熊熊火焰正在延燒。

以上這段文字摘自宇佐美龍夫的《東京地震地圖》（新潮選書）。這本書是作者訪問現場災民之後留下的紀錄。簡直就是明曆大火時西本願寺前的慘劇重演，而且規模不知比從前大了幾倍。所幸在三萬八千多堆疊成山的屍體當中，仍有四百多人幸運地活了下來。由於水道的水管也被震裂了，廣場上到處都是積水。但仍有百分之一的幸運兒，雖然全身都浸泡在水裡，卻沒被倒塌的建築壓死。

跟被服廠舊址只有一街之隔的舊安田府主宅和別邸，也全被燒毀了。原本住在別邸的安田家的親族幾乎全被燒死，園裡的樹木東倒西歪，還有不知從哪飛來的鐵皮像碎布似的捲在一起。隅田川畔引導河水流入出海口的人工水池裡，有人已經斷氣，也有人一息尚存。作家芥川龍之介的妻子有位親戚，家裡共有九人，結果只有一個兒子倖存。據說「他怕火星飛進家中，正忙著把木板豎在窗前，誰知一陣旋風吹來，把他捲上天空，然後掉在安田家庭園的水池邊，最後好不容易才把他救活」。（《本所兩國》）

有一本叫做《帝都大震火災系統地圖》的印刷品，於大正十二年底發行。這份資料是由「東京帝國大學罹難者情報局」負責進行調查，並由「東京日日新聞社」和「大阪每日新聞社」共同發行。地圖裡用紅線標出燒毀地區範圍，起火位置以紅圈標示，箭頭表示風向，延燒時日則採用不同的顏色區分，屍體堆積地點標出大概的死者數字。看了資料裡的地圖，大致就能了解火勢蔓延及受災狀況。譬如像淺草觀音、神田佐久間町等地，當時都很神奇地逃過了燒毀的命運，這種結果從地圖上一眼就能看得很清楚。這本地圖的復刻版現今放在江戶東京博物館的商店出售。

那本資料裡還顯示，震災造成的屍體分布狀況為：被服廠舊址三萬四千五百具、舊安田府五百具、本所橫川橋兩千五百具、本所豎川橋六千具、新大橋一千具、永代橋下的河裡有三千具、橋上有兩百具。超過千具屍體的地點大多在隅田川東岸，想必那些群眾都想跳進水裡，所以才一齊湧向岸邊吧。隅田川西岸屍體較多的地點為：新吉原弁天池六百具、江戶橋（也就是當時的魚河岸）四百具。而淺草田中町最先的紀錄是三百六十具，後來卻修正為一千具以上。可見當時這類統計數字都是概數而非精確數字。

關於被服廠舊址的受災慘狀，曾經有很多著作都曾提到，下面就讓我選出其中一兩段，供讀者參考。

九月五日那天，作家田山花袋步行經過隅田川東岸。他順著電線斷落的電車軌道從向島走向兩國。一路上，只見屍體越來越多，最後只能從屍體上面跨過去。「我親自採訪過日俄戰爭，看過無數屍體，也知道戰場是什麼情況，所以當時看到路上的屍體，我並不覺得多可怕，但那種醜陋的狀態和腐爛屍體發出的惡臭，卻令人震驚……真的太嚇人了。仔細打量才發現，路邊有許多燒得焦黑的人類頭顱，就像煤球似的堆得一層又一層，不知堆了多少層。啊！這裡，就是被服廠吧！」田山花袋雖然看到很多人背著相機衝進建築物，他卻不想跟著大家一起進去。上面這段文字選自《東京震災記》。

大曲駒村的《東京灰燼記》則像一篇隅田川西岸的觀察紀錄，他對東岸的狀況只引用了幾則新聞報導。譬如九月八日的「都新聞」曾經刊載過下面這篇報導：

汽車駛過兩國橋，前方是一片被大火蹂躪過的原野，「這裡不像京橋、日本橋那邊，這裡完全看不到有人搭建臨時小屋，只看到三五成群的民眾茫然若失地在火場的灰燼裡挖掘。」隅田川西岸在大火撲滅後，立刻就開始搭建臨時住宅。許多露天小販也在路邊擺攤做生意，行人和車輛把馬路擠得水泄不通。從這段文字可以看出，東岸的復原速度跟西岸完全不同。隅田川東西兩岸的受災狀況相差甚遠，就跟安政地震的時候一樣。不久，道路前方被「許多看起來十分恐怖的人群堵住」。他們都是趕到被服廠舊址來看熱鬧的。「只見四尺寬的水渠裡堆滿了死屍，連個下腳的地方都沒有……這些人被四面襲來的大火包圍，於是都爭先恐後地擠向水渠中央吧。而在那個貌似正中央的位置，已有無數屍體堆成一座小山，高度約有一間半（將近三公尺）。」

從當時的紀錄照片裡也能看到全身燒成焦炭的屍體小山，還有無數半裸的死屍堆在一起。他們大部分都是缺氧窒息而死吧。有些人的衣服甚至被旋風捲走。當時正是夏季即將結束的時候，負責清理現場的工作人員忍著腐臭清點了屍體的數目。總共清理出三萬八千一十五具屍體。據吉村昭在《關東大震災》書中指出，後來又用卡車從附近不斷載來屍體，最後屍體總數增加到四萬九千八百二十一具。

為了立即焚燒這些屍體，九月五日起，相關單位前後花了十天時間緊急建造柴油焚化爐。堆積在現場的骨灰山高度超過三公尺。後來發行的明信片上也能看到當時僧侶圍繞這座骨灰山誦經祈福的景象，周圍還有許多群眾合掌默禱。

記得我還是少年時，家裡就有那張明信片和前面提到的《震災畫報》。上小學時，學校經常舉行避難訓練。假想的地震來襲時，學校教大家先躲在課桌下面，等到第一波激烈的震動平息後，大家才奔向走廊。每個人在向校園前進時，都得設法跟排在前面的人保持距離。保持距離的方法是把右手向前伸出，然後用左手撐住右肘。桑原甲子雄的寫真集《東京昭和十一年》裡可以看到，下谷小學進行避難訓練時就是這種景象。這張照片也證明，至少當時下町的小學都是這樣進行避難訓練。暑假到鎌倉避暑時，大家會到海濱觀賞夜間電影，開始放映正片之前，必定先放一段短片介紹地震避難守則。這種短片通常都是以卡通片的形式教導大家，地震時，木造房子的一樓容易被壓垮，所以遇到地震時，最好用手抱著腦袋躲在二樓。然後……

所以說，我上小學時，大家幾乎天天都活在大地震後遺症當中。其實我上的那間小學，還有我每天通學的街道，甚至連我家，都可算是震災重建紀念物。而我就在這些紀念物的環繞下出生、成長。

3

關東大地震的第二天，也就是九月二日那天，總共發生了九十六次餘震。大地震之後，後藤新平被任命為內務大臣。大約就在一週之前，首相加藤友三郎病逝，山本權兵衛首相的新內閣剛剛組成時，發生了這場大地震。

我在前面曾經多次提到後藤新平，在本書的最後一章，讓我對他這個人做個總結吧。他就任內務大臣之後設立了帝都復興院，並且還親自兼任總裁。在之前的大正九年（一九二〇年），當時擔任東京市長的後藤曾經提出預算八億圓的首都改造計畫。因為他認為東京的現代化實在太落後了。然而，他的構想雖然遠大，實踐起來卻非常費時又費力，所以他決定把建設所需用地上的所有建物全部剷平。這項改造計畫猶如箭在弦上，已經無法後退，所以後藤接著又推出四十億圓復興案，構想內容是由國家以每坪一百圓的價格收購受災地區的全部土地。但當時日本的國家預算每年才只有十五億左右，後藤的構想等於要拿錢去養三個大日本帝國。於是四面八方湧來的意見都批評他在畫大餅，最後他的首都改造計畫也就不了了之了。

以上這段往事在日本幾乎是無人不知。更不幸的是，大正十二年的年底發生了「虎之門事件」。十二月二十七日那天，攝政親王（後來的昭和天皇）前往帝國議會參加開幕典禮的路上遭到難波大助阻擊。事件發生後，山本內閣總辭，後藤新平也不得不跟著下台。之後，他所提出的復興預算遭到地主出身的議員猛烈反對，最後整個計畫都被刪除了。第二年的大正十三年二月，政府決定廢除復興院，然後將縮小規模的復興院編入內務省復興局。這種結果雖然讓復興院很沒面子，但是大眾對於復興局負責的各項災後重建事業卻很支持，備用方案的區劃整理計畫也進行得非常順利。昭和五年（一九三〇年）三月，帝都復興祭在皇宮前廣場舉行，由天皇親臨主持盛典。

但在那天的典禮上，後藤新平卻沒有出席。因為他在前一年的四月十三日，因腦溢血去世，享年七十一歲。寫到這兒，我不禁要向後藤新平再度表示感謝，因為有他這樣的國家重臣，政府才能集結大批英才繼承他的遺志。多虧他提出了遠大的理想，東京的道路、橋梁、公園才能擁有今天的面貌與未來的身影。

昭和九年（一九三四年）我進入京橋區泰明小學就讀。校舍是一棟鋼筋水泥的三層樓房，整棟建築都安裝了熱水式暖氣片。冬季上課時，我們就把便當盒擺在暖氣片上，所以每天都能吃到熱呼呼的便當。學校的廁所有水洗式便器，屋頂上還搭了藤棚。

校園地面全部砌了水泥，摔跤時雖會磨破膝蓋，但我們可以到保健室塗碘酒啊。其實大部分的情況下，只要塗點自己的口水就沒事了。那時的許多小學都要充當災難時提供避難場所的設施，學校旁邊也有一座小公園。類似這種小學，每個町都會有一間。後來進了中學，教室裡改用煤炭暖爐取暖。等到上大學時，剛好碰上戰後物資缺乏時期，冬季在教室裡也得穿大衣。現在回想起來，我那間中學和大學的校舍，早就重新改建過了，但我以前的那間小學，校舍直到現在仍在使用。而我在那裡就讀的整整六年，可說是人生中的黃金時代。

從整體來看，震災後重建的現代東京比從前更顯粗鄙。站在八層建築的百貨公司頂樓向下望去，眼前盡是一片鐵皮構成的屋頂海。那些木造房屋只有外觀貌似永久住宅，其實造得非常粗陋，不過這種建築現在卻被後人視為寶物，還給它取名叫做「看板建築」。不久，東京的街頭建築逐漸趕上重建的腳步，市內全面鋪設了下水道。不知當初那些八層樓房是否預見到這種情景？「昭和通」的路面修建得特別寬闊，寬得令我每次過馬路都心懷恐懼。然而，這種大馬路早已在市內各處縱橫交錯，通行無阻。其實按部就班地慢慢建設不是更好嗎？

關東大地震之後，國外立刻送來了各種救援物資。貨輪、軍艦等交通工具運來了各國的糧食、燃料、醫療用品等。日本的首都瀕於毀滅的新聞很快就傳遍了全世界，全世界也史無前例地向日本表達了萬分同情。在所有提供救援的國家當中，美國的捐款遠遠超過其他國家，如果換算成日幣，美國總共捐出六千八百六十萬日幣。這個數字相當於日本災後重建預算的十分之一。為了永久紀念美國對日本表達的深厚同情與友情，日本決定在受災最嚴重的地點建立一座救命醫院。這也是「同愛紀念醫院」誕生的由來。據醫院簡介裡的「沿革」部分介紹，美國捐贈的款項當中，七百萬圓被用來當作這座醫院的建設經費。昭和四年（一九二九年），醫院興建完成，開始向大眾提供診療服務。

三層建築的醫院房舍位於隅田川邊，現在大家如果搭乘隅田川的水上巴士，就可從船上清晰地欣賞院舍全景。被服廠舊址的北邊現在是橫網町公園，園裡建造了一座震災紀念堂。這座佛堂後方還有一座三重塔。同愛醫院和這座三重塔並列的畫面曾被印在風景明信片上。

但誰也沒想到，十八年後，日本卻跟這個出手大方的友好國家進入交戰狀態！日本最先打出的一拳雖然獲勝，後來卻遭到對方狠命反擊，昭和二十年（一九四五年）三月十日，東京遭受大空襲的重創，從隅田川兩岸直到遠處的地平線為止，大地全被炸為一片焦土。位於這片土地的同愛醫院、震災紀念堂和兩國車站周圍，都很幸運地沒被燒毀，這次，逃到這裡的難民全都獲救了。

八月十五日是日本戰敗的日子。同愛醫院被美軍接收，變成進駐軍的軍用醫院。這間醫院原本就是用美國國民的捐款建造的，可能美國人用起來也覺得理所當然吧。

昭和二十六年，美國跟日本簽訂了和平條約，醫院仍歸美軍管轄。直到昭和三十年，同愛醫院才和築地的聖路加醫院一起歸還給日本政府。在被美軍徵用十年之後，兩家醫院總算又重新開放給日本患者使用。直到今天，這兩家醫院始終扮演著地區醫療中心的角色。

昭和五十一年（一九七六年），同愛醫院新建的九層病房大樓竣工。之後，院內各棟建築也逐年順序進行改建。前些年，最初興建的那棟附帶室外樓梯的美式三層樓房也被拆除了。現在這棟新建的白色九層大樓，可以視為一九二〇年代國際給予日本同情和友情的紀念碑吧。

災後重建的快步中，現代東京逐漸誕生，丸之內變成了辦公區，銀座中央大道沿途的八個町被劃為高級商業區，淺草六區開始興建劇場街，新宿也建造了紅磨坊劇場。這段時期，也是大眾文化的繁盛期。當初後藤新平畫出的大餅，如果綁上國際友情的絲帶，朝向構築近代都市的目標邁進，或許日本就能走上長達百年的康莊大道。就像當年德川幕府走過明曆大火帶來的困難時期一樣。

但事實上，當時的現實狀況卻很像安政地震之後幕府面臨的局面。關東大地震之後過了二十二年，現代東京又變成一片灰燼，大日本帝國也瀕於瓦解。之後，日本這個國家不僅容貌改變了，就連憲法和政治形態也都煥然一新。

為什麼關東大地震之後的日本，不能像明曆之後，而是酷似安政之後呢？政府即使不能洞燭機先，至少也該進行深切反省才對啊。我想下面這段文字就是標準答案吧。

昭和五十八年（一九八三年）是關東大地震六十周年，昭和天皇發表感想時表示：「我經歷過各種震災，現在只想告訴大家，當年後藤新平負責災後重建工作時提出過規模非常龐大的計畫，如果他的計畫付諸實施，東京後來經歷戰火的受損度一定非常小，現在回想起來，我就覺得當初後藤新平提出的構想沒有實現，實在令人非常惋惜。」

上面這段文字引自越澤明的〈關東大地震與都市計畫〉，這篇文章收錄在小澤健志編纂的《照片裡的關東大地震》書中（筑摩文庫）。關東大地震發生的時候，二十二歲的昭和天皇是攝政親王，代替體弱多病的大正天皇處理國事。在那段局勢動盪的歲月裡，他始終陪伴全體國民同甘共苦。也因為他在國民心中留下這種印象，所以大家都覺得他跟國民比較親近。在上面這段文字裡，他一連使用了三個「非常」，悲切地表達了一個不善言詞之人的心情。

後藤新平提出的災後重建計畫中，將把「昭和通」的新橋至三輪之間的路寬改為二十四間（四十四公尺），南北相連的總長為十六公里。這種結構對抗空襲極具效果。東京大空襲時，下町沒被戰火燒毀的市街包括：木挽町的一部分至明石町、日本橋本町至人形町一帶，此外還有鳥越、竹町、稻荷町、神吉町、入谷、三輪等地，大部分都是位於「昭和通」沿途的市街。據說最初的重建構想，其實是想把昭和通建成路寬為六十間（一〇九公尺）的大馬路。如果那個計畫付諸實行，肯定更能起到防災效果吧。所以昭和天皇這段發言，儘管理論上有矛盾之處，他的心情還是能夠引起國民的共鳴。然而，既然政府與議會當年能跟具有先見之明的後藤新平合作共事，為何後來又會投入那場造成遍地枯骨的大戰呢？

昭和六年（一九三一年），滿州事變發生。第二年的昭和七年，偽滿州國建立。昭和八年，日本退出國際聯盟，同年九月，日本舉辦第一次關東地區防空大演習。之後連續數年，東京市民被迫參加各種家家酒遊戲似的演習，譬如像提水桶接力救火、手壓抽水泵等。攝影家桑原甲子雄的《東京昭和十一年》裡面刊載的幾張照片就是證明，畫面裡的警防團員個個精神抖擻，家庭主婦則人人滿臉不耐，她們都是在不久前的大地震裡倖存下來的呢。

其實這項演習只是各町自治會警防團的例行活動，或許從關東大地震之後，他們只是單純地延續前人留下的慣例吧？

上述疑問我決定留待以後再說，還是繼續前進吧。走出舊安田庭園的正門，十字路口的對面是橫網町公園。

4

今天的橫網町公園顯得特別擁擠，似乎跟平時不同。也難怪啊。今天是平成二十一年（二〇〇九年）三月十日。東京大空襲六十四周年紀念日。現在正是中午時分，天氣晴朗，空氣平和，氣溫十八度。

「東京都慰靈堂」大殿的正面垂掛著紫色帷幕，上面印著銀杏徽紋，每年今天的上午都在這裡舉行春季慰靈法事。按照慣例，皇族代表和東京都知事都會出席這項盛典。今年的皇族代表是三笠宮，去年是高圓宮。不過今天一般民眾不能隨便進入大殿，四周站著身穿西服的目光銳利人士，所以我只好等到典禮結束，貴賓離去之後再走進大殿。踏進殿內時，看到祭壇的正面兩側較高的位置各放兩盆鮮花，分別是「東京都慰靈協會」與寬仁親王供奉的，此外，還有總理大臣、參眾兩院議長、都知事等人供奉的花盆排列在兩旁。據說上午的法事是神道教儀式，下午則由本所當地的佛教協會各宗派舉辦共同法事。前來參拜的民眾絡繹不絕，絕大多數都是中老年人。我也混在人群中走向前去，上香、合掌膜拜，然後找了一張空椅坐下。殿內瀰漫著線香的煙霧，我轉眼打量著四周。左右兩邊的屋柱之間排滿了附近町內自治會供奉的花圈，其中還看到日本相撲協會的花圈。

被服廠舊址的總面積為六萬七千平方公尺，橫網町公園的面積不到兩萬平方公尺。大正十二年發生慘劇的那塊三角地帶，只有北邊三分之一左右的土地變成了公園。公園裡的震災紀念堂是在昭和五年（一九三〇年）九月興建完工。這座震災紀念堂算是一種折衷式建築吧，因為它既像神社又像佛堂，同時也有點像教堂，總之，就是一座貌似佛寺的瓦頂大講堂建在公園境內。緊鄰大殿後方有一座頂上聳立三重塔的納骨堂，堂內存放著大約五萬八千人的遺骨。

戰後的昭和二十六年（一九五一年）九月，這座震災紀念堂改名為「東京都慰靈堂」。下面就讓我向各位細細說明改名的理由。

戰爭快要結束時，東京三天兩頭遭到空襲。簡單地說，昭和十九年（一九四四年）十一月二十四日以後，東京總共遭受一百一十一回空襲，受災市民約三百萬人，死者超過十一萬。其中規模最大的空襲發生在昭和二十年三月十日，三百二十五架B29轟炸機組成大型編隊飛到東京上空，僅在一夜之間，東京市內就燒毀了二十七萬間房屋，災民一百萬，推測死者共九萬人，傷者四萬人。大量死者只能暫時埋葬在市內七十個地點，位置遍及公園、墓地、寺院和神社。

大空襲之後過了兩天，我到燒毀的街頭去看熱鬧，剛好看到他們搬運屍體。東神田附近有一條電車軌道，電線已經脫落，我走到那兒時，看到遠處從兩國那邊駛來許多卡車，車上堆滿燒焦的屍體。有些屍體是警防團從焦土下面挖出來的。那時我凝神注視兩國橋方向，看到同愛醫院到兩國車站之間的市街就像奇蹟似的完全沒有損毀。

其實我大可繼續越過兩國橋向前走，但我卻膽戰心驚地轉身往回走。那時我還是中學生，卻被動員到工廠勞動，整天都覺得餓得不得了。

那年的四月和五月，敵機繼續派來大型編隊進行空襲，東京市內的焦土面積越來越大，就連高台上的山手地區也遭到轟炸。四月共有三千人犧牲，五月則有四千人。不久，日本宣布投降。那些暫時埋葬的屍體終於能夠依序挖出來進行火葬。昭和二十六年開始，火葬後的骨灰按照順序被安置在這座納骨堂裡。

震災死者五萬八千人。戰災死者十萬五千人。二十二年當中，這些屍骨散布在同一個東京市的大街小巷。無數屍骨後來被收集在一處供人憑弔，這個地方就是「東京都慰靈堂」。

戰敗後的極度貧乏時期，戰災死者只好借用震災死者的空間。儘管這是無奈之舉，卻還是令人無法釋懷。怎麼可以把天災和人禍的犧牲者放在一起呢？這應該是多數市民的想法吧。我也是多數市民之一。如果將來情況許可，當然應該單獨供奉戰災死者。只不知我這個心願哪一年才能實現。

多年之後，世界將會發生各種變化。不斷進步的人類整天都會感到不安，現在所謂的天災包括地震、雷電、颱風、洪水、核災，其實更接近人禍吧？

每年九月一日和三月十日是東京都慰靈堂舉辦盛大祭典的日子。選擇這兩天辦法事，也是理所當然吧。（關東大地震發生在九月一日，東京大空襲發生在三月十日）

走出大殿，我看到境內好幾個地方都排著長長的隊伍。大殿後面的納骨堂平時大門緊閉，今天門扉敞開，參拜的行列一直排到南門附近。我也趕上去排在隊伍最後面。

大殿門外擺著賽錢箱和供物台，民眾依序參拜後離去，我站在人群中四下窺視。前方有一條筆直的通道通往大殿深處，通道左右兩側各有兩排高大的木架，架上分隔為六層，許多四方形骨灰罈排列在每一層木架上。白瓷燒製的骨灰罈閃閃發光，體積比一般家庭裝柴油的塑膠罐小一些。通道最深處的地面升高一階，似乎是另外一個房間，通道盡頭還有另一座木架，分隔為四層，架上密密麻麻排列著同樣的骨灰罈。左右兩側也放置著一樣的木架。

通道最深處的木架上擺放的是震災死者，靠外面的木架則是戰災死者，全都是按照地區分類。震災死者的骨灰大約有兩百五十罐，戰災死者的骨灰約四百五十罐。所以通道深處的木架上，大部分都是在慰靈堂這個位置，也就是被服廠舊址燒死者的骨灰。而擺放在靠外面木架上的骨灰罈，則是當年分成七十多個地點暫時埋葬的死者骨灰吧。現在他們都是按照當年埋葬地點重新分類了。假設每層木架分前後兩排，總共擺放十個骨灰罈，那麼，二十罐 × 六層 × 四座木架＝四百八十罐。存放的空間是足夠的。

我混在參拜人群中反覆仔細地打量，接著又得出一項推論：通道深處那個房間，也是一間納骨室，門口靠外側的部分是參拜供奉的地方。那個房間的木架全部放滿之後，就變成了現在這種狀況。也就是說，現在已經沒有更多空間了。今後東京再遇到震災或空襲，已經沒有地方存放我們這些市民的骨灰啦。

我看到參拜者帶來的供花已經塞滿兩個水桶，供物台上堆滿了瓶裝水、綠茶、果汁、香蕉、橘子、香菸等。一名幼兒在母親陪伴下，努力伸長手把一袋糖果放在供物台上。還有一家人把便利商店買來的食物分別共在曾祖父母等親人的骨灰罈前，那氣氛就像今天大家是到這座公園來野餐似的。

六十四年前我在東神田的路上看到的，那些卡車運來的焦黑屍體，現在也被安放在前方那些木架上的某個骨灰罈裡吧。我寧願相信是這樣。就跟他們打聲招呼吧。各位，久違了。阿彌陀佛。

我重新回到大殿前方，從正面望去，大殿左側搭了兩頂帳篷，周圍擠滿了群眾。那裡是申購板塔婆的地方。一片一千元的塔婆板看來像是普通塔婆板的迷你模型。平時是堆成兩層供在祭壇上。儘管園內的東京慰靈協會事務所一年四季都可隨時接受民眾申購，但今天畢竟是個大日子，而且當年發生慘劇的地點就在這裡。我們這些倖存者，包括六十四年前那些悲慘死者的兒女、孫輩、曾孫輩、鄰居、遠親，甚至陌生人，我們至今仍然健在的理由，就是為了向那些逝者祈福。

大殿右邊有一座前幾年新建的紀念建築物。許多人正在建築前面排著長長的隊伍。我也走到隊伍尾端跟著排隊。這座建築物的地面有個狀似研磨缽的大坑，以坑底中央的圓形水池為分界點，大坑靠前方的半邊是石階，靠後方的半邊建成貌似棒球外野看台的模樣，整面看台就是一座花壇，壇中種滿花草。花壇的中央有一扇小門，今天這扇門打開了。通往小門的道路平時藏在水池底部。今天水池的水被抽乾了，所以池底的道路露了出來。花壇的下方有個房間，裡面存放戰死者名簿，全都按照人數分類歸檔。旁邊的牆上有一塊不鏽鋼案內板，上面刻著「東京空襲犧牲者追悼和平祈念碑」。製作者是雕刻家土屋公雄，標題為「記憶的場所」。建造時間為平成十三年（二〇〇一年）。

存放在納骨堂的四百五十個骨灰壇裡，裝著完全無法分辨誰是誰的混合骨灰，但名簿裡都清楚地記載著每個人的姓名。當初製作這些名簿時，唯一的訊息來源就是由遺族主動提出申報，但隨著歲月流逝，那些死者的親族也已逐漸凋零。空襲後第五十四年，也就是平成十一年（一九九九年），這個時間可說是製成名簿的最後時限了，東京都這時才終於開始進行製作名簿的工作。記得本所的町內會長曾對我說，看吧，一下子就從全國各地跳出那麼多人來申報。接著他又說：「現在這附近的住戶裡，從戰前就住在這兒的，連十分之一都不到。不過二十分之一是有的。」舊住戶雖然零零星星地搬到別處去了，但只要他們還活著，就不會忘記那個慘劇。東京都收集到的死者訊息，包括姓名、死亡年齡、推定死亡地點與日期，全部人數超過七萬八千人。

不一會兒，輪到我入室參拜了，我順著通道越過水池，走進名簿室。室內的通道呈圓弧狀，存放名簿的櫥櫃都裝設了玻璃門，一本接著一本的名簿非常慎重地排列在櫃中。每本名簿都是深藍色布製封皮，上面用燙金字直寫「東京空襲犧牲者名簿 第X卷」，厚度跟電話簿差不多。據說每本裡面大約記載兩千五百名死者的資料。目前總共收集了第一卷至第三十四卷。我看櫥櫃裡的空間大約還可以存放五卷左右。可能這項收集死者訊息的作業也快要中止了吧。假設有些家庭全家遭難或因為其他各種理由，這些名簿收集的人數可能跟納骨堂統計的死者人數對不上，但起碼應該已經收集到四分之三的死者訊息了。這些名簿開放給公眾參拜，是從紀念建築物竣工後的第六年開始的，也就是平成十九年，距離現在不久之前。開放第一年的名簿裡記載的死者有七萬八千零九十人，第二年的平成二十年死者人數為七萬八千四百四十人。然後到了現在的平成二十一年三月，死者人數共有七萬八千八百六十八人。大約每年增加四百人左右。

我突然發現這條通道沒有窗戶，心中不禁生出一種重壓的感覺。這種設計是為了製造防空洞的效果吧……走出室外之後，忍不住連連地深呼吸。這時我又看到旁邊的帳篷前面也有很多人在排隊。這些人都是想要尋找自己申報的故人姓名紀錄在第幾卷名簿裡，帳篷裡負責接待民眾的人員，可能是東京都慰靈協會的義工吧。坐在電腦前面的義工把電腦檔案裡的名簿翻出來進行搜尋。這些民眾的心情也是可以了解的，眼前的名簿裡記載著自己認識的人名，當然會想參拜故人吧。

聽說沖繩的摩文仁之丘上有一片碑林，叫做「和平之礎」，碑上刻著沖繩戰爭殉難的二十四萬死者姓名。碑林位於俯瞰大海的丘陵上，看起來很氣派。所以我認為，東京也可以在隅田公園的堤防旁邊，建一座很長的屏風狀紀念建築物啊。如果能讓流浪漢在建築物的縫隙之間定居，肯定也別有一番意義吧。

相較之下，眼前這座紀念建築物卻顯得如此簡陋。不，等一下，我突然發現一件事。為什麼用「記憶的場所」來象徵「空襲」呢？這個貌似研磨缽的大坑，是要表現炸彈掉下來炸出一個大洞吧？設計者是想藉由「記憶的場所」向世人公開恐怖的炸彈痕跡和毫無用處的防空洞啊！嗯，這種表現方式倒是非常厲害。

每次到這裡來，扇狀花壇裡用花草拼出的圖案都不一樣。據說這些圖案總是隨著季節的變換改種不同的花草，藍圖是從小學生的應徵作品裡選出來的。負責維持這片花壇的單位是東京都生活文化科，這種工作真是充滿雅趣呢。

5

在「記憶的場所」左側樹蔭下，一塊巨大的石碑矗立在那兒。

抬頭仰望碑面，只見碑上用行書寫著一行字：「焦黑原野上，棕櫚奮力冒新芽。」

下面刻著作者的名字「青嵐」以及題詩的時間。「青嵐」是關東大地震時的東京市長永田秀次郎創作俳句時使用的俳號。永田是後藤新平的心腹，曾向後藤建議進行災後重建項目。昭和七年，永田在第二期任內把東京的行政區從十五區增加到三十五區，大東京市因而誕生。昭和十八年，永田秀次郎去世，享年六十七歲。上面的詩句是他歌頌東京市民在災後仍然充滿活力的代表作。如果當成詩碑欣賞，這塊石碑或許過於嚴肅，其實這只是為了表揚永田秀次郎的功績而建的彰顯碑啊。立碑時間為昭和二十八年（一九五三年），這一年剛好是關東大地震三十周年，也是永田秀次郎去世十周年紀念。

彰顯碑的左側樹壇裡還有一塊橫臥地面的長方形石碑。白色花崗岩基石上面安置一塊黑色石碑，碑上橫寫兩個大字：「追悼」。下面還有一排字：「關東大地震朝鮮人犧牲者」。旁邊的另一塊石碑上記載著立碑緣由：

「一九二三年九月發生了關東大地震，在震災的混亂中，誤導性煽動與流言蜚語使得六千多名朝鮮人失去寶貴的生命。我們在此紀念震災五十周年的同時，衷心悼念這些朝鮮人犧牲者。只有認清事件的真相，才能避免不幸的歷史重演，也才能拋棄民族歧視，尊重人權，友好睦鄰，奠定開拓和平之道的基石。當初合力建立此碑的日本人，超越了思想與信仰的差異，期待他們的努力能成為促成日本與朝鮮兩個民族永遠親善的動力。

一九七三年九月 關東大地震朝鮮人犧牲者追悼典禮執行委員會」

碑文的內容十分嚴肅，但我不能不承認，這是一篇經過深思熟慮寫成的文章。在關東大地震過後半世紀，這塊劃時代的紀念碑終於誕生。我看到碑前擺著幾束供花、水果，還有韓國馬格利酒。今天公園裡雖然人潮不斷，但這塊隱蔽在樹壇角落的紀念碑卻顯得十分低調。因為現在才三月，這塊紀念碑受人重視的時間是在九月啊。

關東大地震之後，東京的市面上立即傳出各種流言蜚語。有人說，朝鮮人正在到處放火；有人說，朝鮮人把毒藥撒進水井；也有人說，朝鮮人正在攻擊火藥庫；還有人說，大批朝鮮人正在趕來攻擊日本人。這些謠言最先出現在受災嚴重的橫濱，轉眼之間，就傳到了東京。同時還有其他的謠言也在各地陸續湧現。大地震之後的餘震頻繁發生，謠言也越來越多。於是警視廳立刻派出警衛，負責保護政府要人，各村各町也組織自衛團，四處逮捕朝鮮人。

另一方面，軍方也同時命令東京周圍的鄰縣派出軍隊。習志野騎兵連隊的見習士官越中谷利一在他的回憶錄（一九六三年）裡記載，他在九月二日中午以前緊急出動，身上配備了戰時武裝的六十發實彈，經由千葉街道急速前進，下午兩點左右到達龜戶，然後接受嚴格盤查之後搭上列車。「不論哪一節車廂都擠得滿滿的，就連堆在火車頭的煤炭堆，也像群聚的蒼蠅似的趴滿群眾，任何人只要發現混雜在人群裡的朝鮮人，立刻就把他拉出來，當場用長劍或刺刀把他們一個一個刺死。旁邊的日本難民群眾則高喊萬歲，並且歡呼道：叛國賊！把朝鮮人通通宰掉！我所屬的連隊就把這場殺戮當成出師前的祭旗儀式，從那天的黃昏到深夜，一直在路上追捕朝鮮人。」

據《現代史資料6・關東大地震與朝鮮人》（美篶書房）記載，當時因為兩國、錦糸町發生了火災，所以難民全都湧向沒有著火的龜戶車站。情勢在瞬間發生急劇變化。

九月二日下午六點，東京市和周邊五郡頒布了戒嚴令，第二天的九月三日，戒嚴令實施範圍擴大到東京府和神奈川縣，九月四日再擴大到千葉縣和埼玉縣。政府並向民眾反覆發出警告：「誇大傳播不法團體群起作亂的謠言，反而會讓情勢更加混亂，給大眾帶來不利影響。」政府並規定，只有憲兵和警察才能向民眾進行盤查，「地方自衛團與一般民眾不准攜帶武器或兇器」。

然而，戒嚴司令官卻又發布公告指出，朝鮮人和社會主義人士等不法團體群起作亂的傳言確屬事實。官方發出這種證實謠言的警告，不就是在煽動民情嗎？

在逮捕朝鮮人的同時，政府也開始追捕社會主義人士，當時在龜戶也對社會主義人士進行了相當殘酷的迫害行動。由於之前已有很多工廠遷到鄉間，工人運動開始在全國各地蓬勃發展。就在朝鮮人遭到殺害的同時，南葛飾郡工會組織的平澤計七、川合義虎等十名幹部也因為製造衝突而被龜戶警察局拘禁後殺害。現在我們還可以看到當時的照片，畫面的幾具無頭屍體全身赤裸地被拋棄在地上。

有些朝鮮人為了躲避軍隊與自衛團的追捕，主動向警察求助，也有些社會主義人士因為被捕而免遭殺害。警察當中有人進行追殺，也有人出面保護。鈴木茂三郎在他的著作《一個社會主義人士的半生》（一九五八年）中曾經提到當時那種混亂的場景：「黑田壽男作為南葛工會的領袖人物，跟會員生活在一起……大地震的前一天晚上，他因為傷寒而住院治療，所以沒被千葉騎兵連隊刺殺。淺沼稻次郎、稻村順三、北原龍雄、森崎源吉等人則從近衛騎兵連隊營房移送到淀橋警察局戶塚分局後處以拘留，所以這幾人也僥倖留下一條命。」這部著作等於就是日本工人運動領袖在二戰前後遭受壓迫的受難史。「南葛」這個地名後來也變成象徵勞工榮耀的同義詞。

一九一七年十月俄國革命之後第六年，社會主義的蘇聯推翻了帝俄，這項史實正好反證掌權者對社會主義者有多恐懼。

九月十六日，無政府主義人士大杉榮、伊藤野枝和她六歲的外甥橘宗伊，被憲兵甘粕正彥殺害後，屍體被拋棄在東京憲兵隊的古井裡。這件事很快就被人發現，甘粕大尉被送上軍事法庭受審，最後被判十年徒刑。但在服刑三年後，甘粕獲得假釋出獄。他後來渡海前往中國大陸，在滿州國混得很不錯，還成為當地的要人。敗戰後，滿州國解體，甘粕舉槍自盡。這時已是他殺害大杉等人的二十二年之後。

甘粕的例子在當時算是很特別的，因為他至少受到了法律制裁。其他發生在極度混亂期間的事件，漸漸地都被騎兵連隊、龜戶警察局和自衛團視為戒嚴時期的正當行為。在那段時間被殺的朝鮮人當中，據說也有很多日本人和中國人，總之，那時只要被有關單位盯上就沒救了。下面再向各位介紹另一段小插曲吧。

建築家伊藤為吉當時住在千駄之谷，他的小兒子圀夫（十九歲）從一位擔任近衛連隊長的親戚那兒聽說，政府軍已開到多摩川邊列陣迎戰神奈川那邊打來的朝鮮人團體。圀夫聽到這消息，立刻抓起登山杖加入鄰里組織的自衛團。當他跟團員一起爬上中央線的高堤，突然聽到身後有人喊道：「朝鮮人！朝鮮人！」圀夫連忙朝著叫喊的人跑過去，誰知有人猛地一下用力朝他腰上打了一拳，他才明白對方所說的「朝鮮人」，正是自己。鄰里的警衛團員也立刻圍上來，並舉起燈籠照著他的臉，眾人異口同聲向他叫罵道：你這個不法分子！看我宰了你！圀夫連忙掏出早稻田大學的學生證給大家看，但卻沒人相信他。為了證明他不是朝鮮人，警衛團不但命他默寫日文的五十音，還叫他背誦天皇頒發的教育詔書。後來背誦歷代天皇名號的時候，他一下子想不起來，正在暗自著急。就在這時，忽然有人站出來作證說：「哎呀！這是伊藤家少爺啦。」自從那次虎口餘生之後，圀夫終生都自稱名字叫做「千田是也（せんだこれや）」，因為這個名字的發音跟「千駄之谷朝鮮人（せんだがやでコーリア）」非常相似。上面這段軼事摘自今井清一編著的《日本的百年6・地震帶來動盪》（筑摩學藝文庫）。

自衛團的成員裡面也有女人和小孩。無政府主義人士大杉榮也曾帶著木棍，參加他家附近町內會組成的夜間巡邏。這類活動屬於當地民間人士的互動，通常是由後備軍人負責帶領。

千田是也的身材魁梧，姿態英武，說起話來滔滔不絕。所以他被捕時的表現應該非常突出吧。日本男人的平均身高從大江戶時代以後就一直偏矮。直到戰後，那時我還很年輕，我的朝鮮朋友都長得非常高大。日本人的身高好像是在最近才逐漸趕上朝鮮人的。

關東大地震發生時，東京的報社全都陷入停頓狀態，無法發行報紙，而日本的廣播事業當時還沒展開。所以關於上述不法團體群起作亂的「事實」，只有某些照常發行的地方報紙做了報導。「東京放送電台」是從大正十四年七月開始播放節目，但就算這家電台提早兩年開播，朝鮮人受迫害的結果應該是一樣的。因為提高情報機能等於就是加速傳播流言吧。然而，為什麼關於朝鮮人作亂的消息一傳出來，大家都立刻相信了？而且是舉國上下全體一致都深信不疑？

明治四十三年（一九一〇年）八月二十九日，日本合併了韓國。但「合併」這個字眼在韓國卻被改為「佔領」。其實日本的這種行為是繼甲午戰爭、日俄戰爭之後，再次對外國進行武力侵犯。從開國以來，日本雖然一直努力避免淪為列強的殖民地，卻沒想到自己最後竟然變成掠奪別人的國家。所謂的「脫亞入歐」，其實就是加入強盜陣營！所以自己當然躲不過跟其他強盜發生衝突的命運。

甲午戰爭之後，俄國立刻把魔掌伸進韓國，開始干涉韓國的政局。由於韓國皇后閔妃是親俄派，日本軍人後來就闖進皇宮，殺害了閔妃。這個事件在國際間引起極大的關注，所以日本政府只好把首犯三浦梧樓公使等人召回日本。不過，後來政府又以證據不足為由，判處這些人無罪。殺害別國的皇后這件事，日本真的做得不對！日俄戰爭之後，日本又打出「前進大陸」的國策，開始掠奪朝鮮半島的資源、勞力與產業。

大正八年（一九一九年）是日韓「合併」第十年，這一年的三月一日，韓國的京城（今首爾）和平壤街頭擠滿遊行的人群，人人高舉畫著太極旗的標語牌，上面寫著：「大韓獨立萬歲！」遊行隊伍很快就擴散到整個朝鮮半島。這就是所謂的「三．一獨立運動」。被外敵佔據的民族想要藉此發洩心中的悲憤。

當地政府軍的子彈立刻飛向遊行隊伍，遊行活動也被政府定性為「暴動」，遊行群眾很快就遭到徹底鎮壓。不過，暴亂被平定為止，政府軍總共花費了三個月的時間。據日本憲兵隊資料顯示，這次暴動裡喪生的朝鮮人共有五百多人，而韓國方面的紀錄卻顯示，死者共有七千五百多人。詳細內容請參閱《日韓歷史共通教材．日韓交流的歷史》（明石書店）。

我記得在家裡的畫報上看過有關這段往事的照片。畫面裡，整排「帶頭策動遊行的朝鮮犯人」被繩子吊著腦袋，旁邊的日本兵則人人捧著一支上了刺刀的步槍。或許，那是「三．一運動」結束後仍然持續很久的鎮暴鏡頭，總之，那時的新聞都很長壽，可以流傳很長一段時間。那時的畫報幾乎就是現在的電視，每個家庭都有一大堆畫報。

不願臣服日本的朝鮮人似乎認為，從皇后到百姓，不論犧牲多少人，沒人能夠強迫他們改變想法。他們對那種具有嚇阻作用的鎮壓行動一點也不害怕，反而一而再，再而三地掀起「暴動」。日本人則從掌權者到庶民，都對朝鮮人的反抗感到恐懼。但也因為朝鮮人平時不受管束，蔑視日本，所以日本人對他們的恐懼逐漸變成了憎恨。

「三・一運動」之後過了四年半，也就是一九二三年的八月二十九日，那天正好是韓國紀念「被佔領」的國恥日，三天之後，日本發生了關東大地震。各種謠言開始在全國四處流傳，甚至還有人造謠說，朝鮮人把炸彈丟進三原山的火山口，所以才引起了大地震。我真沒想到一個民族擁有殖民地之後，竟會墮落到如此地步。

敢向日本人表達反抗的人就得殺掉。那年的十一月中旬，國內的戒嚴令解除了，但戒嚴令下那種高壓氣氛卻被日本人帶到海外。譬如像滿州、中國。之後又引起了柳條湖事件、盧溝橋事變。

警衛團從事的各項活動在國內被視為愛護鄉土的表現，人人讚許他們的行為。警衛團後來發展成警防團，經常舉辦防空演習，並且還順便在日常活動裡負起防諜、監視國內不滿分子的任務。警防團的幹部都是後備軍人，他們甚至還穿上貌似憲兵的黑領制服。就在這種狀況下，關東大地震之後的第二十二年，日本戰敗了。而且是從頭就注定一路走向這種結局。

6

「記憶的場所」是在東京大空襲之後五十六年建立的。寫著「追悼」的紀念碑，是在關東大地震之後五十年建立的。兩者都是在事件發生後半個世紀，才終於出現在世人面前。這也是它們的共通點。由此可見，歲月雖然飛逝，往事卻不一定會從人們心頭消失。

「追悼」碑在昭和四十八年（一九七三年）建造完成。當時的東京都知事美濃部亮吉正在全力推行革新都政。前一年的一九七二年九月，首相田中角榮前往中國訪問，跟中國簽訂了日中共同聲明。在這份文件中，日本對侵略中國的責任表達了痛切且深刻的反省，中國則放棄要求賠償，兩國同意終止戰爭狀態，進行國交正常化。我想這塊紀念碑也反映了當時的時代趨勢吧。

每次到橫網町公園來，我都看到紀念碑前有人供上插滿鮮花的花瓶或水罐。甚至還看過有人將整排小型聖母像放在碑前。當然有時也會看到碑前空空如也。有一次，剛好碰到一群畢業旅行的韓國學生，大家都很專注地傾聽嚮導用他們的母語熱心講解。還有一次，我碰到幾個日本山妙法寺的黃衣僧侶，他們正以雲遊四方的方式紀念「三月一日比基尼日」（反對氫彈實驗運動紀念日），據那幾位僧侶表示，他們先到夢之島的第五福龍丸展示館參觀，然後來到這裡。他們在慰靈堂和這塊紀念碑前誦唸回向經文之後，才高舉寫著「南無妙法蓮華經」的旌旗轉身離去。

在今天的紛雜人群中，樹蔭角落的青嵐俳句碑顯得十分低調落寞。不過，等到九月一日，碑前的景象就會跟今天完全不同。

寫到這兒，我想還是乾脆把那天的狀況也向各位描述一下吧。每年的九月一日，大殿正面掛起銀杏徽紋的紫色帷幕，早上在大殿舉行秋季慰靈法事，下午供奉在殿內的各種裝飾與鮮花都跟春季大典差不多，但會另外擺設增上寺的供花，祭壇的前方還會放置消暑的冰柱。排隊參拜的人潮雖然也很擁擠，卻遠遠比不上三月十日。納骨堂的門扉向兩邊敞開，「記憶的場所」的那條水底通道也會浮出水面。雖說每年僅有兩次參拜的機會，但九月一日卻不必排隊就能進去。公園裡依舊搭起兩頂認購板塔婆的帳篷，服務人員卻閒得直打呵欠。其實對這座震災紀念堂來說，九月一日才是最重要的日子啊。然而，八十多年過去了，當年的震災經驗者和遺族的人數已經所剩無幾。所以每年的這一天，反而是「追悼」碑周圍顯得特別熱鬧。

只見一頂長方形帳篷立在碑前，前面豎著一塊看板，上面寫著：「朝鮮人犧牲者追悼典禮」。帳篷裡外擠滿了參加典禮的來賓，同時也夾雜著許多跟我一樣看熱鬧的群眾。儀式的項目包括祭祀的誦經與舞蹈，主辦單位是「關東大地震朝鮮人犧牲者追悼典禮執行委員會」，帳篷周圍掛著一圈揭示板，上面貼著震災時的剪報等相關資料。這項祭典從建碑以來每年都按時舉行，換句話說，至今已經舉辦了三十多次，算是比較年輕的祭祀活動吧。我看到前來參拜的群眾，大部分都是中老年人，而負責張羅典禮活動的，都是年輕人，此外也有很多少年少女正在排隊等候獻花，每個人的臉上都帶著笑容。每年的九月一日這天，至少在這天的下午，多虧有了這塊紀念碑，橫網町公園才終於充滿慰靈日該有的熱鬧氣氛。

事實上，除了這座公園之外，還有一個地方，也是在九月一日這天聚集了特別多的參拜者。

讓我們先回到車站去吧。

走出橫網町公園後，我來到公園南邊的道路。路邊有兩座高層大樓，其中二十七層樓那座是「NTT DOCOMO墨田大廈」，另一座貌似高牆的二十五層樓是「國際時尚中央大樓」（第一飯店 兩國），這兩座大樓的前方還有幾座建築，一座是「日本大學附屬第一中學第一高中」的紅色樓房，另外還有墨田區立兩國中學以及校內的白色體育館。這附近從前是本所區公所，還有兩國中學一望無際的廣闊校園。前些年剛完成的都市開發計畫把這塊土地建成了現在的模樣，而且為了符合建築容積率的規定，區內還被闢出一塊種滿綠樹的中庭式廣場。

事實上，眼前這片大型高樓區正好就是從前的被服廠舊址。八十多年前，三萬八千多人在這裡被火苗吞噬。不過，那已是從前的舊事了，跟現在毫無關聯。現在這裡已像從未發生過任何事情似的，改建為閃亮光鮮的商業街。喔，不對，就在那座二十七層樓和二十五層樓的大廈之間，卻有一座古樸的建築，巨大的屋頂鋪著瓦片，屋脊向上微微翹起。正門右邊門柱上寫著：「震災紀念 慈光院」，左邊門柱上寫著：「築地本願寺 江東學園幼稚園」。這就是證據啊！平時這座寺院總是冷冷清清的，根本看不到訪客。下面就先介紹一下這座寺院的由來吧。

關東大地震時，築地本願寺雖被大火全部燒毀，寺中的僧侶卻迅速趕往被服廠舊址參加救助工作。當時京都的本寺也派了僧侶來幫忙。他們為大批燒死者誦經祈福，同時搭起簡陋的臨時傳道所，安撫倖存者的情緒；另一方面，僧侶們還開設了一間托兒所。當時的傳道所後來就變成了這間「慈光院」，托兒所也變成了幼稚園，一直經營到現在。我想當時其他佛教宗派一定也派人參加了救助活動，但本願寺的確不愧是淨土真宗的寺院，一聽到群眾受苦受難，立刻率先投入活動。怪不得門柱上的看板寫著「震災紀念」。境內的構造很簡單，只有大殿、住持的生活區、鐘樓和幼稚園。那些在大火中犧牲的死者雖然連墳墓都沒有，但據說這裡的主佛阿彌陀佛像是用木曾檜雕刻而成，外面則塗上用金粉混合震災死者骨灰做成的蒔繪漆料。當年，那些被火焰旋風追著狂奔的群眾，一面發出猴子哭嚎般的慘叫，一面層層堆疊倒在地上，他們堆成屍體小山的位置，應該就在這附近吧。那些悲慘的骨灰，現在已跟主佛化為一體了。

二十二年之後發生東京大空襲時，同愛醫院到兩國車站之間的土地卻奇蹟般地躲過燒毀的命運。更神奇的是，那塊土地的中心點，剛好就是這座寺院。當年那座瓦頂木造建築的模樣，直到今天也不曾絲毫改變。

三月十日就是那個奇蹟的紀念日。大殿前方垂掛著紫色帷幕，門前豎著一塊看板，上面寫著「戰災紀念法事」。我到達門口時，看到寺院境內擠滿了幼稚園的家長和孩童，大家都是來參加正午開始的「免費招待麵糰湯」活動。只是活動開始不到三十分鐘，就結束了，麵糰湯的鍋子也已空空如也。

如果在九月一日那天來到這座慈光院，大家會看到門前也豎著一塊大看板，上面寫著「免費招待麵糰湯」。大殿前方垂掛紫色帷幕，屋柱上寫著「震災紀念法事」。境內人聲嘈雜，四處擠滿了大人和小孩，彷彿是幼稚園正在舉辦什麼慶典似的。就連大殿裡面也充滿熱鬧的氣氛，年輕母親和孩童們像在野餐似的笑語連連。看到這種情形，我忍不住也走進大殿，領了一碗麵糰湯吃了起來。

麵糰湯這玩意已經好久沒吃了。老實說，這是一種令人倒胃口的替代品，日本戰敗前後大家都用這東西代替主食，吃起來平淡無味。不過當年關東大地震之後，那些身無一物的災民，也是靠這種臨時在野外烹煮的麵糰湯撿回一條命吧？只要想到那些災民的苦難……不論這碗麵糰湯吃起來再怎麼無味，也都能吃下肚了。現在每年八月十五日戰敗紀念日，有些機構為了緬懷當年戰火遍地的時代，也會舉辦各種施捨雜炊等食物的活動，但是大家現在一年到頭都過著飽食生活，只吃一餐粗食又有什麼意義呢？

老實說，年幼的孩童哪裡懂得什麼緬懷？今天在這裡舉辦的是震災紀念法事，這些孩子跟他們年輕的媽媽一起吃著麵糰湯，等於就是代替三萬八千多冤魂在這裡接受供奉了，不是嗎？這就是普渡眾生啊。而我今天也在無意中加入這群人，吃到一碗麵糰湯。雖然還想再來一碗，我還是節制一點吧。

所以說，當年死屍累累的那片土地，後來變成了建築基石，基石上面建起了前方那兩座二十七層和二十五層的高樓。如果僅從二十一世紀新景觀的角度來看，這兩座高樓所象徵的，正是一堆虛無飄渺的火焰吧。那火焰的高度或許是一百公尺、兩百公尺，也可能是六百公尺。

穿過慈光院跟「DOCOMO 墨田大廈」之間的道路，來到高樓區內的中庭式廣場，再從體育館旁邊越過日大第一高中與兩國高中之間的道路，前方突然出現一條兩旁種著路樹的道路。透過樹幹之間的空隙，可以望見江戶東京博物館的白色建築全貌。

從前這附近還是大江戶御竹藏的時候，這條種植路樹的道路下面是城渠，明治後期以後，這條路變成被服廠和總武線兩國車站之間的分界線。靠車站那邊的土地後來闢出一塊，改建為青果市場。昭和六十年（一九八五年）一月，新國技館在這裡竣工，大相撲競賽也從藏前遷到這裡。然後到了平成五年（一九九三年），江戶東京博物館也在國技館隔壁落成開幕。

在江戶東京博物館竣工的大前年，東京都廳從丸之內遷到了新宿。據說這兩項建設都是浪費大量稅金的硬體工程，由於都廳把東京的重心從東邊移向西邊，為了補償東邊的損失，才把博物館送給東邊。這兩個項目都是鈴木俊一都知事留給東京的大禮。

我重新抬頭打量眼前的江戶東京博物館。狀似長著四腳的大桌子，剛好正面朝向被服廠舊址。安置在桌上的梯形建築的外層白牆上，無數的橫線和直線勾勒出幾百個四方形，就像三重塔的納骨堂裡堆疊在一起的無數白瓷骨灰罈。對了，這座建築物所象徵的，就是那些骨灰罈啊！

如此說來，眼前的整棟建築就是墳前的香燭台啊！為了追悼那些堆疊累累的屍體，其中包括在這裡喪生的關東大地震罹難者，還有年代久遠的明曆大火死者，以及不久前的東京大空襲犧牲者，這是為了悼祭那些亡者的香燭台。是因為都會這種不自然的生活型態，才造成了無數不自然的死者嗎？也多虧那些死者，我們才能在無數屍體之上，營營碌碌，匆匆忙忙，在各式各樣的街頭巷尾體驗人生的喜怒哀樂。而把這段歷史拋到腦後的群體，除了毀滅以外，將來還會迎來怎樣的未來呢？

其實像這樣的香燭台，也不能算是超級巨大吧。如果要準備一座香燭台，畢竟還是得在這裡，就是江戶東京博物館。而且是以這種形態才最合適啊。阿彌陀佛。

後記

哎呀，真的走了好多好多路。究竟是出於什麼動機？為了什麼目的？我竟走了這麼多路，還寫了這本書？我覺得大部分的理由，好像在本書的字裡行間已經向讀者交代過了，所以就不必重複了吧。

然而，在結束本書之際，我似乎又有義務重複一下這些理由。我不是自謙也不是自豪，活到這把年紀，我既沒親自下田種過水稻，也沒親手抓過一條沙丁魚，就連使用打火石生火，我也從沒試過，更別說什麼鑿井取水之類的事情。換句話說，有關生存所需的各種技能，我始終一竅不通，我就這樣活了八十年。儘管如此無能，我卻總是不自量力地對抗先輩，欺負晚輩，或許也被大家討厭，就這樣，我躲在塵世的角落活到了今天。為什麼能這樣呢？可能是因為打從呱呱落地那天起，我始終住在東京的緣故吧。都會這種地方啊，就連半吊子也能自以為是地活得像模像樣呢。真的，真對不住大家了。

東京啊，感謝妳多年來一直關照我。在我走過那麼多地方之後，現在回頭重讀這些文字，真的很想為妳頒發一張感謝狀。為了用具體行動向東京致謝，我收集到《江戶切繪圖》之類各種古今賢達留下的文獻，在我寫作時加以活用。所以，這本書也可算是一種類似拼貼畫的作品吧。原本應該心懷感激地列出書中引用的文字出處，但卻無法一一列舉，只能在此先向各位賢達致以深摯謝意。

本書記錄我長達八十年的人生經歷，特別是年輕時代遇到的各種往事，就像書中提到的那些生長在東京的親身體驗。另外值得一提的是，從前當學生的時候，我寫過一篇名為〈新東京感傷散步〉的短篇散文。內容是跟女友在東京各處閒逛的感想，文章的長度只有二十五張稿紙。這篇文章後來有幸受到花田清輝先生的賞識，我也因而踏入寫作這一行。物換星移，五十七年過去了。現在我又寫完這本大約三百頁的作品。也算是有頭有尾了。而我書寫的主題則從感傷變成了骨灰。今後就此擱筆吧。

說起寫作本書的動機，多虧筑摩書房的長嶋美穗子女士一直給我鼓勵。從前發表舊作《跟著那人逛東京》（一九九三年）時，長嶋女士一手包辦了所有的編輯作業，甚至連編輯以外的事情，她也向我提供了各種援助。她讓我深切體會，寫作這一行，真的是作者與編輯的一項共同作業。這次寫作本書的過程中，我也獲得長嶋女士全程從旁協助。開始動筆是在平成十三年（二〇〇一年），也就是說，寫出這本書的八章內容，我整整花了八年的時間。這段期間發生了很多事，新日本文學會解散了，我因為肺結核復發住進醫院……因為種種原因，我在寫作期間停筆了兩三年。等我重新拿起筆來，卻發現東京的街頭完全變樣了。所以我只好重新出門探訪。結果這本書裡的每一條路線，我都走了好幾遍。雖然從書中的文字看來，彷彿都是我一個人去走那些路線，其實有時也有朋友同行，因為四個或六個眼珠，總比兩個眼珠看到更多東西嘛。在此也向那些經常伴我走在漫長旅途上的朋友說一聲：謝謝！

我真的很佩服長嶋女士，她從沒放棄過我，還不斷督促我繼續寫作。本書的封面照片是由矢幡英文先生提供的，我想他應該是從「聖路加高塔大廈」頂端向下俯瞰拍攝的吧。這張照片把東京那種神奇的感覺完全展現了出來。還有負責書籍裝訂的間村俊一先生，他把本書的外觀設計得如此鮮亮耀眼，吸引了更多同好加入探訪行列。其實我已經決定擱筆了呢。最後更要感謝各位讀者，一本書的問世過程就像進行一場接力賽，需要經過多方共同合作才能達成目標。我想各位讀者就是這場接力賽的最後一棒吧。親愛的讀者，如果你剛好拿起這本書，盼望你能加入我們的隊伍。緣牽一線也就是三生有緣啊。

二〇〇九年七月二十二日

小澤信男

三年之後（文庫版後記）

這本書是在二〇〇九年九月問世的。我在單行本的後記裡寫道：三年後重新提起筆來，「卻發現東京的街頭完全變樣了，所以我只好重新出門探訪。」不過現在看來，大部分的變化好像跟從前大同小異吧。現在這本書即將變成便於攜帶的文庫版，大家可以放在口袋裡，隨時拿出來參考。各章的地圖畫得簡單明瞭，也掌握了文章的重點。這些地圖都是長嶋美穗子女士的傑作，她被我拉去走過書中每一章的參觀路線，所以地圖製作得非常實用。

當然，發生極大變化的地方也是有的。譬如從前在上野車站搭上常盤線，電車快到南千住車站時，「斬首地藏菩薩」的腦袋就會出現在右側的車窗外。但這個大腦袋後來突然不見了。

我在本書的正文裡也介紹過，這座佛像的正式名稱叫做「延命地藏菩薩像」，建造時間大約是在兩百七十年前。佛像全身用二十七塊大小花崗岩組成，建造完成後，佛像一直安坐在刑場南邊角落的低凹處。明治二十八年（一八九五年），佛像被文明開化的鐵道趕到現在的位置，佛身重新安坐在新砌的石牆頂端。之後的一百一十六年之間，佛像一直平安無事。直到去年（二〇一一年）三月十一日下午兩點四十六分發生了那場大地震，佛像捧著寶珠的左臂被震斷了，佛身也被震歪了。

大正十二年（一九二三年）九月一日上午十一點五十八分發生的關東大地震，地震規模為七·九級，當時位於淺草的十二層紅磚高樓被攔腰震斷，但是斬首地藏菩薩卻平安無事，絲毫不受六級地震的影響。更幸運的是，那次地震引起的大火燒到附近就被撲滅了。

八十八年之後又發生了東日本大地震，震央位於三陸灣，地震規模為九·〇，東京感受到的震度為五級。這次斬首地藏菩薩卻沒能逃過震倒的命運。為什麼會這樣呢？我想，最大的原因應該是近年來附近掀起的施工熱潮吧。譬如緊鄰佛像的位置正在搭建高架鐵軌。我真不知地鐵為何需要把鐵軌高架化？不僅如此，附近的地底還有「筑波快線」通過，再加上周圍的道路不斷拓寬，都更的高樓陸續聳立。這樣從早到晚前後左右搖個不停，就算當初採用卓越技術建造的組合石像，終究還是會被搖散的。

以上只是我個人的推斷，或許並不是唯一的原因吧。仔細想想，千住是奧州街道與日光街道的起點。芭蕉在《奧之細道》裡所寫的「前途三千里」，也是從這裡開始。或許因為千住跟東日本大災難之間有著千絲萬縷的緣分，斬首地藏菩薩才用斷落的左臂展現慈悲為懷與感同身受吧。

這座文化財石像後來被分解成二十多塊。菩薩的腦袋暫時安置在石牆旁邊，基座和其他的石塊全部排列在廣場上，看起來就像剛被海嘯的巨浪沖洗過似的。接下來的一年零幾個月，斬首地藏菩薩始終保持那樣的姿態。之後，相關單位開始進行考古調查。基座下面的土堆挖開後，下面盡是江戶時代的骨灰。果然不出所料。傳說這附近原本就是隨便一挖，就能挖出一大堆骨骸和骷髏。這次考古調查正好證明了這個傳說。目前這項佛像復原作業正在進行，基座下面的土堆將會使用水泥鞏固。想必等到本書文庫版發行時，地藏菩薩像的重建工程應該已經大功告成了，彷彿就像在呼應東日本的災後重建吧。

延命寺的入口原本是一條狹窄的小路，現在已經拓寬，周圍的建築也已全部拆除，從外面的大路就能看到境內。地藏菩薩身後的墓園也已重新裝修，靠外側部分是原本淨土宗的施主家墓地。內側部分闢為不分宗派的新墓園，如今正在公開徵募使用者。這片墓園從前位於高架軌道之間的谷底，是一片黑暗潮濕的低地，現在已堆高成微微高起的山丘，陽光燦爛，日照充足。

離開延命寺後，經過回向院門前，再往前走就到了白骨通商店街，道路兩邊的拱頂遮雨棚都不見了。據說當初是以雨棚老化為由進行拆除，已經拆掉三年了。真實理由也可能是這裡的商店一家接著一家拉下鐵門，景象看起來太慘澹吧。不過現在每家商店都換上嶄新的遮陽棚，景觀令人耳目一新，簡直鮮亮得令人睜不開眼。只是視界變清晰之後，道路彷彿就縮短了，老實說，這種街道逛起來真不過癮。天王寺的祭典還是跟從前一樣熱鬧，從江戶時代傳至第七代的老店仍像從前一樣照常營業。

四谷若葉町商店街靠近從前鮫橋的地區，最近三年裡建造了幾間外觀雅緻的公寓。相對地，從前那種髒兮兮的昭和小巷變少了，這一點令我有點遺憾。好在那條彎路的兩側仍有許多販賣日常用品的商店，從前那種世外桃源的氣氛依然存在。這個地區的變化也可用大同小異來形容吧。

新宿御苑周圍的遊步道沿途，已經建了一條人工渠道。如果把它形容為紀念玉川上水的清溪，或許有點誇張，但那潺潺水聲確實能夠提高我們的想像力唷。另外值得一提的是，這條遊步道不收任何費用，然而，對外開放的時間卻跟新宿御苑一樣。週末假日也不開放。因為這條路屬於新宿御苑的一部分，並不是一般道路。

都立新宿高中的定時制學部在前年（二〇一〇年）三月結束了。這種學制擔負的「為勤勉少年提供學習場所」的任務已近完成，現在定時制學部正在申請跟普通高中部合併。另一方面，同樣在新宿區的山吹町，卻有一所特別的學校，叫做都立新宿山吹高中，這所學校是由定時制和函授制兩個部分組成，學生不用穿制服，也沒有升級、留級或年齡之類的限制。上課之前沒有鐘聲，學生可從學校排定的全天科目表裡選課，並自行安排各科學習時間。雖然這所高中是四年制，但學生只要經由上述自主學習的方式獲得學分，就可以在三年之內畢業。聽說這所高中已有二十多年歷史了。真沒想到形象土氣的都立高中裡面，居然也有這種作風脫俗的學校。回想起來，加藤芳郎的母校跟這所高中比起來，簡直就是老古董嘛。他那所母校的七樓校舍現在大概更顯多餘了。不過，其實山吹高中的校舍也是六層建築……

谷中靈園正在建造合葬墓地。不過這裡的合葬墓造得十分樸素低調，跟都立多磨靈園大門兩邊的大納骨堂和大合葬墓地簡直無法相比。前年剛完成的第一號合葬墓地位於廣津和郎墓園的後方。從種滿櫻花路樹的十字路口向東轉，越過葫蘆橫丁，就能看到廣津和郎墓園後面有個水泥平房的屋頂。

進來墓地後，我先走向納骨堂，只見正面設有香燭台，左右兩側的牆上嵌著許多色紙（方形厚紙箋）形狀的墓碑，橫排一列共有三十六塊，上下共分四層。也就是說，這棟房屋的左右兩側牆壁分別是一座四層棚架，每層共有三十六個相當於骨灰罈的儲藏櫃，整面牆裡共有兩百八十八個儲藏櫃，每個儲藏櫃的牆壁表面嵌上色紙型墓碑。我看到已有住戶的墓碑上刻著「大石」或「吉良家」之類的字跡。整體看來，現在的墓碑都像住家大門的名牌一樣，只寫姓氏或家族名稱，兩者大約各佔一半。這座墓地也已看不到以家族為單位的墳墓了。

旁邊的案內板上標示著這座墓園的正式名稱：「都立谷中靈園立體埋葬設施」。令人搞不懂其中含意。其實，這座墓地的地下設置了合葬設施，也就是說，儲藏櫃裡的骨灰存放二十年之後，會被移到地下的合葬墓穴裡，儲藏櫃空出來之後可以換別人的骨灰入住，屆時只需把牆上的色紙型墓碑換一塊就行了。所以說，這是一個混合納骨與合葬為一體的埋葬設施，真是煞費苦心的設計啊。這個名稱想必也是挖空心思想出來的。不過這名稱實在有點土。建議乾脆叫做「納骨埋葬堂」吧。中央的大型墓碑上刻著入住者姓名，目前只有兩百零六人，顯然還有很多空位。

第二號合葬墓地跟第一號的外型相同，只是體積較小，今年春天才剛竣工。從上野櫻木町方向進入靈園後左轉，一直走到來島恒喜的墳墓前就能看到。因為才落成沒多久，目前還沒有任何入住者。接下來還有第三號合葬墓地，最近已經開始動工，位置在葫蘆橫丁路旁的鳩山一郎墓地斜對面。等到第三號建成後，這種合葬墓地應該就比較引人注目了。據說谷中靈園管理單位也計畫繼續增建合葬墓地，所以這裡收容骨灰的能力肯定很快就能加強。

谷中墓地最近有一項比較引人注意的工程，就是寬永寺那邊著手重新整頓規模龐大的德川家墓園，這項工程現在已經完成，清理出來的空地即將建成「寬永寺谷中靈園」。由於目前還在興建中，四處都能看到正在建設的新墳。順便再向各位介紹一下，像這種都立的納骨埋葬場所，最早是由姬路城的舊城主酒井家帶頭捐出土地給東京都才開始的。換句話說，等於是十九世紀的王公貴族縮小自己的墓地規模，然後把空出來的土地讓給二十一世紀的東京市民使用。

日本橋小傳馬町十思公園旁邊的舊十思小學，即將在校園裡建造一座五層樓房。按照相關規定，動工前必須先在空地上進行考古挖掘與調查。今年八月十日、十一日兩天，相關單位在校園裡舉辦了一場「傳馬町牢屋敷遺跡參觀會」。

我到達現場時，校園半邊的水泥地已被挖開，只見眼下有個橫向的長方形凹洞，洞口下面數公尺的地底深處，可以看到江戶後期牢屋敷的地面與地下。牢屋敷的中央有塊貌似中庭的空地，正中央有一口圓形水井，還有幾根神田上水的水管縱橫交錯從土中穿過。另外還可以看到石牆底部的堅固基石，這道牆隔開了監獄裡的官廳和牢房。屬於官廳的部分包括審訊室、同心長屋等。據說平時待在官廳的人數約一百人，其中包括牢屋同心、下男等；牢房裡關著三、四百名犯人，幕府末期甚至還多達九百人。這麼多人住在牢屋敷裡面，每天究竟需要多少水才夠呢？據相關紀錄顯示，牢屋敷的上水蓄水井或水管變舊了，立刻就會換新的；牢房的泥地上準備了很多洗澡專用的水桶；夏季時，犯人每個月可以洗澡六、七次，冬季則改為三次。我想就算牢房裡還有其他好幾口水井，但是鼠小僧可能也用過這口圓井裡打上來的水洗澡吧？

這座牢屋敷先後遭遇過十六次火災，現在我眼前層層堆疊的土層顯示，從前這裡每次燒成焦土之後，就會立刻夷平地面，重新建造新屋。據說像這種位於繁華市區的古蹟，能夠如此完整地保存在地下，是非常少見的。真不愧是「牢屋之原」啊。是校園的水泥地像蓋子一樣把這片遺跡密封在地下吧。這次的考古調查作業將在十月結束，之後，這片土地將被徹底挖開，然後展開新大樓的興建工程。新大樓共有地上五層，地下一層，屋主是中央區的區長。因為區公所將在這座大樓裡經營多種設施，其中包括一間小規模的特別照顧老人院、公共浴室、體育館。對了，現在街頭的錢湯正在迅速消失呢。原來這裡馬上要開一家區營的錢湯了。以後大家可以在這裡洗澡，都應該要感恩牢屋敷啊。

以上這段文字也可算是「大江戶．大東京的散亂骨灰史（補遺篇）」吧。

前年（二〇一〇年）四月四日星期天的《朝日新聞》讀書版公布了一份書單，題目叫做「〇年代的五十本書」。報社邀請一百五十位有識之士，從二〇〇〇年—二〇〇九年的十年當中發行的書籍中每人票選五冊。不料調查結果顯示，得票最多的五十冊當中，我這本拙作竟然名列第八。這真讓我大吃一驚。各位曾經投我一票的先生女士，雖然不知道您的尊姓大名，我還是要在此向您致謝。接著，也是在二〇一〇年的十一月，這本拙作又獲得了小學館《Serai 雜誌》編輯部頒發的第九屆「Serai 大賞」。我也要藉此機會，向各位協助本書出版的先進前輩再度致以深摯謝意。還有提案出版文庫版的各位好友，感謝你們幫我校閱、裝訂、撰寫解說。真的非常感謝。

我在小學時期得過優等賞之後，一直跟獲獎無緣。直到二〇〇一年，舊作《裸之大將一代記——山下清的夢想》才獲得第四回「桑原武夫學藝賞」。這次入選前五十名書單，是繼那次獲獎之後的另一項榮譽。雖說是僥倖獲獎，但既然榮獲入選，我還是很高興的。上了年紀之後得到的讚賞，就像長途步行之後享受一頓腰腿按摩帶來的慰藉。所以，今後我還是會繼續四處閒逛的。說走就走吧。

二〇一二年八月十五日 寫在戰敗紀念日

小澤信男

日本再發現 022
東京骨灰紀行

國家圖書館出版品預行編目 (CIP) 資料

東京骨灰紀行 / 小澤信男作；章蓓蕾譯. -- 初版. -- 臺北市：健行文化出版事業有限公司出版：九歌出版社有限公司發行, 2023.01
面； 公分. -- (日本再發現；22)
ISBN 978-626-7207-10-9(平裝)

1.CST: 人文地理 2.CST: 歷史 3.CST: 日本東京都

731.726085 111019633

著　者——小澤信男
譯　者——章蓓蕾
責任編輯——莊琬華
發 行 人——蔡澤蘋
出　版——健行文化出版事業有限公司
台北市 105 八德路 3 段 12 巷 57 弄 40 號
電話／02-25776564・傳真／02-25789205
郵政劃撥／19382439
九歌文學網 www.chiuko.com.tw
印　刷——晨捷印製股分有限公司
法律顧問——龍躍天律師・蕭雄淋律師・董安丹律師
發　行——九歌出版社有限公司
台北市 105 八德路 3 段 12 巷 57 弄 40 號
電話／02-25776564・傳真／02-25789205
初　版——2023 年 1 月
定　價——450 元
書　號——0211022
I S B N——978-626-7207-10-9
9786267207116 (PDF)